張文治編

國學治要
第五編下

古文治要

中華書局印行

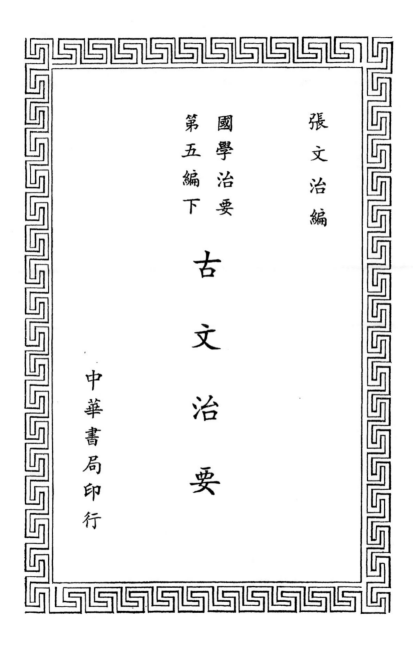

古文治要卷三序

國學治要五

歷代論文名著

古人不以文名家。文卽語言辭命之載於竹帛者也。故間有論之者。皆零星而不成篇。漢揚雄嘗自悔所作。有似雕蟲之技。其法言吾子篇中。深以淫麗爲戒。殆可謂論文篇章之嚆矢矣。魏晉以後。文筆寖盛。推論漸詳。而梁劉勰之文心雕龍。尤卓然爲古今論文專書之冠。降及唐宋。論文之語。多託之書牘。或指示塗徑。或摘抉利病。要多原本經史。折衷韓歐與六朝文人持論之境。或少變異耳。清自方姚起於桐城。古文中乃有文派之爭。阮氏力闡文筆之說。而駢散復見對壘。惟李兆洛文鈔一書。持論平允。朱一新答問。更指示切近。然大率皆各有所明。互爲補苴。故今特采自漢揚雄以下。訖於清季。不分門戶。第擇其論述之尤篤實者。按時編錄。俾讀者詳究乎斯文之源流正變。而審其工拙得失之由。庶不致盲從附興。遺笑於大方之家。都計爲篇若干。耑其已見於古文十七家者。則不重及。其未見者。蓋又不徒以論文勝。卽就其詞章而言。以之補續歷代各家名文之未備。亦未始不可爲其諷誦揣摩之軌範焉。

古文治要卷三目錄

歷代論文名著

古文治要卷四序

歷代小說名著

小說之書。漢志附於諸子之末。或以其記錄雜事。混入史部。要之小說所載。不外軼事瑣聞。與寓言神話數端而已。言史則無關國家大故。言子則不能自名一家。故由李唐以還。單篇盛行。藻飾彌加。遂一變而入於文。歷代古文名家集中。所在多有。近日泰西學者。尤盛言小說爲文藝之事。其說亦頗有可印證者。然而推究本原。則小說實濫觴於子史。(古代文與子史不分、謂子史爲文、亦可、)莊列喩言。齊諧誌怪。固無庸摘舉。卽如子長史記滑稽遊俠諸傳。事本瑣雜。半出藻飾。(如滑稽傳、優孟爲楚莊王時人、而稱述趙韓魏國名、與史事矛盾、卽作者藻飾過甚之逗漏處、)亦與小說無異。後漢張衡賦曰。小說九百。本自虞初。虞初爲漢武帝時人。與子長同時。或者子長之史記。亦頗采虞初之說。與今錄小說。卽託始史記。(莊列諸子之文、間有爲小說之濫觴者、然已多采及、附見諸子治要編中、故不贅錄、)以後循次精擇其篇數。約與歷代各家名文相等。孔子曰。雖小道。必有可觀者焉。蓋斯選也。不獨博聞淸談。聊爲資助。卽藉以考論古今篇章之究變。亦有心文學者所不能廢也。(按類別小說之事、以體裁論、則有章回傳記之殊、以文字論、則有文言平話不同、惟章回小說、多屬平話、平話小說、則不盡爲章回、其體皆起於宋元之時、是編名曰古文治要、其平話小說、言不雅馴、若以之附錄於後、則不類、實甚、況章回小說、篇幅繁重、世俗亦多有通行本、故今一切刪除、惟據歷代之文言傳記小說、(小說以實質分類、則有社會倫理武俠士女神仙怪異等名、是選擇尤而錄、大要各類略備、)擇尤編次、庶幾不蔓不枝、以輔歷

古文治要卷四目錄

歷代小說名著

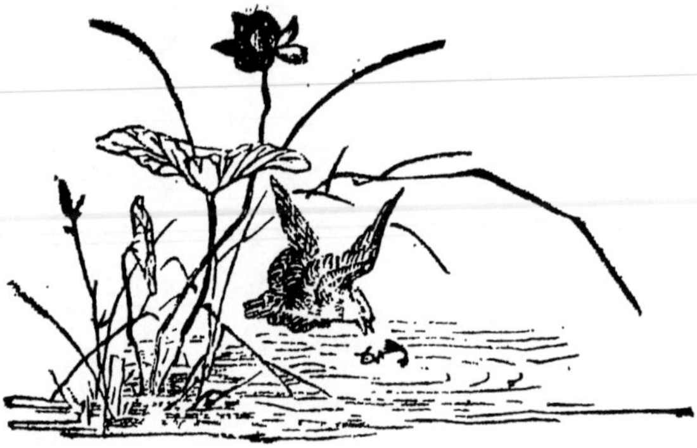

古文治要卷三

歷代論文名著

揚雄 小傳見古文十七家。

吾子篇 法言

或問吾子少而好賦。曰。然。童子彫蟲篆刻。俄而曰。壯夫不爲也。或曰。賦可以諷乎。曰。諷則已。不已。吾恐不免於勸也。或曰。霧縠之組麗。曰。女工之蠹矣。劍客論曰。劍可以愛身。曰。狴犴使人多禮乎。或問景差唐勒宋玉枚乘之賦也益乎。曰。必也淫。淫則奈何。曰。詩人之賦麗以則。辭人之賦麗以淫。如孔氏之門用賦也。則賈誼升堂。相如入室矣。如其不用何。或問蒼蠅紅紫。曰。明視。問鄭衛之似。曰。聰聽。或曰。朱曠不世。如之何。曰。亦精之而已矣。或問交五聲十二律也。或雅或鄭。何也。曰。中正則雅。多哇則鄭。請問本。曰。黃鍾以生之。中正以平之。確乎鄭衛不能入也。或曰。女有色。書亦有色乎。曰。有。女惡華丹之亂窈窕也。書惡淫辭之淈法度也。或問屈原智乎。曰。如玉如瑩。爰變丹青。如其智。如其智。或曰。君子尚辭乎。曰。君子事之爲尚。事勝辭則伉。辭勝事則賦。事辭稱則經。足言足容。德之藻矣。或問公孫龍詭辭數萬以爲法。法歟。曰。斷木爲棋。梡革爲鞠。亦皆有法焉。不合乎先王之法者。君子不法也。觀書者。譬諸觀山及水升東嶽而知衆山之峛崺也。況介丘乎。浮滄海而知江河之惡沱也。況枯澤乎。捨舟航而濟乎瀆者末矣。捨五經而濟乎道者末矣。弃常珍而嗜乎異饌者惡覩其識味也。山巠之蹊。不可勝由矣。向牆之戶。不可勝入矣。曰惡由入。曰孔氏。孔氏者戶也。曰子戶乎。曰戶哉戶哉。吾獨有不戶者矣。或欲學蒼頡史篇。曰史乎史乎。愈於妄闕也。或曰有人焉自姓孔而字仲尼。入其門。升其堂。伏其几。襲其裳。則可謂仲尼乎。曰其文是也。其質非也。敢問質。曰羊質而虎皮。見草而說。見豺而戰。忘其皮之虎也。聖人虎別。其文炳也。君子豹別。其文蔚也。辯人貍別。其文萃也。貍變則豹。豹變則虎。好書而不要諸仲尼。書肆也。好說而不見諸仲尼。說鈴也。君子言也無擇。聽也無淫。擇則亂。淫則辟。述正道而稍邪哆者有矣。未有述邪哆而稍正也。孔子之道。其較且易也。或曰童而習之。白紛如也。何其較且易。曰謂其不姦姦。不詐詐也。如姦姦而詐詐。雖有耳目。焉得而正諸。多聞則守之以約。多見則守之以卓。寡聞則無約也。寡見則無卓也。綠衣三百。色如之何矣。紵絮三千。寒如之何矣。君子之道有四易。簡而易用也。要而易守也。炳而易見也。法而易言也。震風淩雨。然後知夏屋之爲帡幪也。虐政虐世。然後知聖人之爲郛郭也。古者楊墨塞路。孟子辭而闢之。廓如也。後之塞路者有矣。竊自比於孟子。或曰人各是其所是而非其所非。將誰使正之。曰萬物紛錯則懸諸天。衆言淆亂則折諸聖。或曰惡覩乎聖而折諸。曰在則人。亡則書。其統一也。

王充　後漢上虞人。字仲任。師班彪。博學强記。仕爲郡功曹。以數諫諍不合去。著論衡八十餘篇。其言多警切新穎。蔡邕寶祕之以爲談助。

論文四則 集錄論衡

或曰。士之論高。何必以文。答曰。夫人有文質乃成。物有華而不實。有實而不華者。易曰。聖人之情見乎辭。出口爲言。集札爲文。文辭施設。實情敷烈。夫文德世服也。空書爲文。實行爲德。著之於衣爲服。故曰德彌盛者文彌縟。德彌彰者人彌明。大人德擴其文炳。小人德熾其文斑。官尊而文繁。德高而文積。華而睆者。大夫之簀。曾子寢疾。命元起易。由此言之。衣服以品賢。賢以文爲差。愚傑不別。須文以立折。非唯於人。物亦咸然。龍鱗有文。於蛇爲神。鳳羽五色。於鳥爲君。虎猛。毛蚡蜦。龜知。背負文。四者體不質。於物爲聖賢。且夫山無林則爲土山。地無毛則爲瀉土。人無文則爲樸人。土山無麋鹿。瀉土無五穀。人無文德。不爲聖賢。上天多文。而后土多理。二氣協和。聖賢稟受。法象本類。故多文彩。瑞應符命。莫非文者。晉唐叔虞。魯成季友。惠公夫人號曰仲子。生而怪奇。文在其手。張良當貴。出與神會。老父授書。卒封留侯。河神故出圖。洛靈故出書。竹帛所記怪奇之物。不出潢洿。物以文爲表。人以文爲基。棘子成欲彌文。子貢譏之。謂文不足奇者。子成之徒也。

夫俗好珍古不貴今。謂今之文不如古書。夫古今一也。才有高下。言有是非。不論善惡而徒貴古。是謂古人賢今人也。案東番鄒伯奇。臨淮袁太伯袁文術。會稽吳君高。周長生之輩。位雖不至公卿。誠能知之囊橐。文雅之英雄也。觀伯奇之元思。太伯之易章句。文術之箴銘。君高之越紐錄。長生之洞曆。劉子政揚子雲不能過也。善才有淺深。無有古今。文有眞僞。無有故新。廣陵陳子迴。顏方。今尙書郞班固。蘭臺令楊終。傅毅之徒。雖無篇章。賦頌記奏。文辭斐炳。賦象屈原賈生。奏象唐林谷永。並比以觀好。其美一也。當今未顯。使在百世之後。則子政子雲之黨也。

夫文由語也。或淺露分別。或深迂優雅。孰爲辯者。故口言以明志。言恐滅遺。故著之文字。文字與言同趨。何爲猶當隱閉指意。獄當嫌辜。卿決疑事。渾沌難曉。與彼分明可知。孰爲良吏。夫口論以分明爲公。筆辯以荴露爲通。吏文以昭察爲良。深覆典雅。指意難睹。唯賦頌耳。經傳之文。賢聖之語。古今言殊。四方談異也。當言事時。非務難知。使指閉隱也。後人不曉。世相離遠。此名曰語異。不名曰材鴻。淺文讀之難曉。名曰不巧。不名曰知明。秦始皇讀韓非之書。歎曰。朕獨不得此人同時。其文可曉。故其事可思。如深鴻優雅。須師乃學。投之於地。何歎之有。夫筆著者。欲其易曉而難爲。不貴難知而易造。口論務解分而可聽。不務深迂而難睹。孟子相賢以眸子明瞭者。察文以義可曉。

充書文重。或曰。文貴約而指通。言尙省而趨明。辯士之言要而達。文人之辭寡而章。今所作新書出萬言。繁不省。則讀者不能盡。篇非一。則傳者不能領。被躁人之名。以多爲不善。語約易言。文重難得。玉少石多。多者不爲珍。龍少魚衆。少者固爲神。答曰。有是言也。蓋寡言無多而華文無寡。爲世用者。百篇無害。不爲用者。一章無補。如皆爲用。則多者爲上。少者爲下。累積千金。比於一百。孰爲富者。蓋文多勝寡。財寡愈貧。世無一卷。吾有百篇。人無一字。吾有萬言。孰者爲賢。今不曰所言非。而云泰多。不曰世不好善。而云不能領。斯蓋吾書所以不得省也。夫宅舍多。土地不得小。戶口衆。簿籍不得少。今失實之事多。華虛之語衆。指實定宜。辯爭之言。安得約徑。

王逸　後漢宜陽人。字叔師。順帝時爲侍中。著楚辭章句。明張溥漢魏六朝百三家集中有其集。

楚辭章句序

敍曰。昔者孔子叡聖明哲。天生不羣。定經術。刪詩書。正禮樂。制作春秋。以爲後王法。門人三千。罔不昭達。臨終之日。則大義乖而微言絕。其後周室衰微。戰國並爭。道德陵遲。譎詐萌生。於是楊墨鄒孟孫韓之徒。各以所知著造傳記。或以述古。或以明世。而屈原履忠被譖。憂悲愁思。獨依詩人之義而作離騷。上以諷諫。下以自慰。遭時闇亂。不見省納。不勝憤懣。遂復作九歌以下凡二十五篇。楚人高其行義。瑋其文采。以相教傳。至於孝武帝。恢廓道訓。使淮南王安作離騷經章句。則大義粲然。後世雄俊。莫不瞻慕。舒肆妙慮。纘述其詞。逮至劉向典校經書分爲十六卷。孝章卽位。深弘道藝。而班固賈逵復以所見改易前疑。各作離騷經章句。其餘十五卷闕而不說。又以壯爲狀。義多乖異。事不要括。今臣復以所識所知。稽之舊章。合之經傳。作十六卷章句。雖未能究其微妙。然大指之趣。略可見矣。且人臣之義。以忠正爲高。以伏節爲賢。故有危言以存國。殺身以成仁。是以伍子胥不恨於浮江。比干不悔於剖心。然後忠立而行成。榮顯而名著。若夫懷道以迷國。詳愚而不言。顚則不能扶。危則不能安。婉娩以順上。逡巡以避患。雖保黃耇終壽百年。蓋志士之所恥。愚夫之所賤也。今若屈原膺忠貞之質。體清潔之性。直若砥矢。言若丹青。進不隱其謀。退不顧其命。此誠絕世之行。俊彥之英也。而班固謂之露才揚己。競於羣小之中。怨恨懷王。譏刺椒蘭。苟欲求進。强非其人。不見容納。忿恚自沈。是虧其高明。而損其清潔者也。昔伯夷叔齊讓國守分。不食周粟。遂餓而死。豈可復謂有求於世而怨望哉。且詩人怨主刺上曰。嗚呼小子。未知臧否。匪面命之。言提其耳。風諫之語。於斯爲切。然仲尼論之。以爲大雅。引此比彼。屈原之詞。優游婉順。寧以其君不智之故。欲提攜其耳乎。而論者以爲露才揚己。怨刺其上。强非其人。殆失厥中矣。夫離騷之文。依託五經以立義焉。高陽之苗裔。則厥初生民。時惟姜嫄也。紉秋蘭以爲佩。則將翺將翔。佩玉瓊琚也。夕攬洲之宿莽。則易潛龍勿用也。駟玉虬而乘鷖。則時乘六龍以御天也。就重華而敶詞。則尙書咎繇之謀謨也。登崑崙而涉流沙。則禹貢之敷土也。故智彌盛者其言博。才益多者其識遠。屈原之詞誠博遠矣。自終沒以來。名儒博達之士。著造詞賦。莫不擬則其儀表。祖式其模範。取其要妙。竊其華藻。所謂金相玉質。百世無匹。名垂罔極。永刊不滅者矣。

魏文帝　小傳見歷代各家名文。

論文 典論

文人相輕。自古而然。傅毅之於班固。伯仲之間耳。而固小之。與弟超書曰。武仲以能屬文爲蘭臺令史。下筆不能自休。夫人善於自見。而文非一體。鮮能備善。是以各以所長。相輕所短。里語曰。家有弊帚。享之千金。斯不自見之患也。今之文人。魯國孔融文舉。廣陵陳琳孔璋。山陽王粲仲宣。北海徐幹偉長。陳留阮瑀元瑜。汝南應瑒德璉。東平劉楨公幹。斯七子者。於學無所遺。於辭無所假。咸以自騁騏驥於千里。仰齊足而並馳。以此相服。亦良難矣。蓋君子審己以度人。故能免於斯累。而作論文。

王粲長於辭賦。徐幹時有齊氣。然粲之匹也。如粲之初征登樓槐賦征思。幹之玄猿漏卮員扇橘賦。雖張蔡不過也。然於他文。未能稱是。琳瑀之章表書記。今之雋也。應瑒和而不壯。劉楨壯而不密。孔融體氣高妙。有過人者。然不能持論。理不勝詞。至於雜以嘲戲。及其所善。揚班儔也。常人貴遠賤近。向聲背實。又患闇於自見。謂己爲賢。夫文本同而末異。蓋奏議宜雅。書論宜理。銘誄尚實。詩賦欲麗。此四科不同。故能之者偏也。唯通才能備其體。文以氣爲主。

氣之淸濁有體。不可强而致。譬諸音樂。曲度雖均。節奏同檢。至於引氣不齊。巧拙有素。雖在父兄。不能以移子弟。蓋文章經國之大業。不朽之盛事。年壽有時而盡。榮樂止乎其身。二者必至之常期。未若文章之無窮。是以古之作者。寄身於翰墨。見意於篇籍。不假良史之辭。不託飛馳之勢。而聲名自傳於後。故西伯幽而演易。周旦顯而制禮。不以隱約而弗務。不以康樂而加思。夫然則古人賤尺璧而重寸陰。懼乎時之過已。而人多不强力。貧賤則懾於飢寒。富貴則流於逸樂。遂營目前之務。而遺千載之功。日月逝於上。體貌衰於下。忽然與萬物遷化。斯志士之大痛也。融等已逝。唯幹著論。成一家言。

陸機　小傳見歷代各家名文。

文賦

余每觀才士之所作。竊有以得其用心。夫放言遣辭。良多變矣。妍蚩好惡。可得而言。每自屬文。尤見其情。恆患意不稱物。文不逮意。蓋非知之難。能之難也。故作文賦。以述先士之盛藻。因論作文之利害所由。他日殆可謂曲盡其妙。至於操斧伐柯。雖取則不遠。若夫隨手之變。良難以辭逮。蓋所能言者。具於此云。

佇中區以玄覽。頤情志於典墳。遵四時以歎逝。瞻萬物而思紛。悲落葉於勁秋。喜柔條於芳春。心懍懍以懷霜。志眇眇而臨雲。詠世德之駿烈。誦先人之淸芬。游文章之林府。嘉麗藻之彬彬。慨投篇而援筆。聊宣之乎斯文。其始也。皆收視反聽。耽思傍訊。精騖八極。心遊萬仞。其致也。情曈曨而彌鮮。物昭晰而互進。傾羣言之瀝液。漱六藝之芳潤。浮天淵以安流。濯下泉而潛浸。於是沈辭怫悅。若遊魚銜鉤而出重淵之深。浮藻聯翩。若翰鳥纓繳而墜曾雲之峻。收百世之闕文。採千載之遺韻。謝朝華於已披。啟夕秀於未振。觀古今之須臾。撫四海於一瞬。然後選義按部。考辭就班。抱景者咸叩。懷響者畢彈。或因枝以振葉。或沿波而討源。或本隱以之顯。或求易而得難。或虎變而獸擾。或龍見而鳥瀾。或妥帖而易施。或岨峿而不安。罄澄心以凝思。眇衆慮而爲言。籠天地於形內。挫萬物於筆端。始躑躅於燥吻。終流離於濡翰。理扶質以立榦。文垂條以結繁。信情貌之不差。故每變而在顏。思涉樂其必笑。方言哀而已歎。或操觚以率爾。或含毫而邈然。伊茲事之可樂。固聖賢之所欽。課虛無以責有。叩寂寞而求音。函緜邈於尺素。吐滂沛乎寸心。言恢之而彌廣。思按之而愈深。播芳蕤之馥馥。發青條之森森。粲風飛而猋豎。鬱雲起乎翰林。體有萬殊。物無一量。紛紜揮霍。形難爲狀。辭程才以效技。意司契而爲匠。在有無而僶俛。當淺深而不讓。雖離方而遯員。期窮形而盡相。故夫夸目者尚奢。愜心者貴當。言窮者無隘。論達者唯曠。詩緣情而綺靡。賦體物而瀏亮。碑披文以相質。誄纏綿而悽愴。銘博約而温潤。箴頓挫而清壯。頌優游以彬蔚。論精微而朗暢。奏平徹以閑雅。說煒曄而譎誑。雖區分之在茲。亦禁邪而制放。要辭達而理舉。故無取乎冗長。其爲物也多姿。其爲體也屢遷。其會意也尙巧。其遣言也貴妍。暨音聲之迭代。若五色之相宣。雖逝止之無常。固崎錡而難便。苟達變而識次。猶開流以納泉。如失機而後會。恆操末以續顚。謬玄黃之秩敍。故淟涊而不鮮。或仰逼於先條。或俯侵於後章。或辭害而理比。或言順而意妨。離之則雙美。合之則兩傷。考殿最於錙銖。定去留於毫芒。苟銓衡之所裁。固應繩其必當。或文繁理富。而意不指適。極無兩致。盡不可益。立片言而居要。乃一篇之警策。雖衆辭之有條。必待茲而效績。亮功多而累寡。故取足而不易。或藻思綺合。清麗千眠。炳若縟繡。悽若繁絃。必所擬之不殊。乃闇合乎曩篇。雖杼柚於予懷。怵他人之我先。苟傷廉而愆義。亦雖愛而必捐。或苕發穎竪。離衆絕致。形不可逐。響難爲係。塊孤立而特峙。非常音之所緯。心牢落而無偶。意徘徊而不能揥。石韞玉而山輝。水懷珠而川媚。彼榛楛之勿翦。亦蒙榮於集翠。綴下里於白雪。吾亦濟夫所偉。或託言於短韻。對窮迹而孤興。俯寂寞而無友。仰寥廓而莫承。譬偏絃之獨張。含清唱而靡應。或寄辭於瘁音。言徒靡而弗華。混妍蚩而成體。累良質而爲瑕。象下管之偏疾。故雖應而不和。或遺理以存異。徒尋虛而逐微。言寡情而鮮愛。辭浮漂而不歸。猶絃么而徽急。故雖和而不悲。或奔放以諧合。務嘈囋而妖冶。徒悅目而偶俗。固高聲而曲下。寤防露與桑閒。又雖悲而不雅。或清虛以婉約。每除煩而去濫。闕大羹之遺味。同朱絃之清氾。雖一唱而三歎。固既雅而不豔。若夫豐約之裁。俯仰之形。因宜適變。曲有微情。或言拙而喻巧。或理朴而辭輕。或襲故而彌新。或沿濁而更淸。或覽之而必察。或研之而後精。譬猶舞者赴節以投袂。歌者應絃而遣聲。是蓋輪扁所不得言。故亦非華說之所能精。普辭條與文律。良余膺之所服。練世情之常尤。識前修之所淑。雖濬發於巧心。或受欺於拙目。彼瓊敷與玉藻。若中原之有菽。同橐籥之罔窮。與天地乎並育。雖紛藹於此世。嗟不盈於予掬。患挈缾之屢空。病昌言之難屬。故踸踔於短韻。放庸音以足曲。恆遺恨以終篇。豈懷盈而自足。懼蒙塵於叩缶。顧取笑乎鳴玉。若夫應感之會。通塞之紀。來不可遏。去不可止。藏若景滅。行猶響起。方天機之駿利。夫何紛而不理。思風發於胸臆。言泉流於脣齒。紛葳蕤以馺遝。唯毫素之所擬。文徽徽以溢目。音泠泠而盈耳。及其六情底滯。志往神留。兀若枯木。豁若涸流。攬營魂以探賾。頓精爽於自求。理翳翳而愈伏。思乙乙其若抽。是以或竭情而多悔。或率意而寡尤。雖茲物之在我。非余力之所勠。故時撫空懷而自惋。吾未識夫開塞之所由。伊茲文之爲用。固衆理之所因。恢萬里而無閡。通億載而爲津。俯貽則於來葉。仰觀象乎古人。濟文武於將墜。宣風聲於不泯。塗無遠而不彌。理無微而弗綸。配霑潤於雲雨。象變化乎鬼神。被金石而德廣。流管絃而日新。

摯虞　晉長安人。字仲洽。才學博通。舉賢良。武惠間擢太子舍人。歷光祿太常卿。懷帝時京洛荒亂。以餒卒。著有文章志論者謂爲總集之權輿今已不傳又有文章流別論亦殘缺漢魏六朝百三家集中有其集

文章流別論十一則

文章者。所以宣上下之象。明人倫之敘。窮理盡性。以究萬物之宜者也。王澤流而詩作。成功臻而頌興。德勳立而銘著。嘉美終而誄集。祝史陳辭。官箴王闕。周禮太師掌教六詩。曰風。曰賦。曰比。曰興。曰雅。曰頌。言一國之事。繫一人之本。謂之風。言天下之事。形四方之風。謂之雅。頌者。美盛德之形容。賦者。敷陳之稱也。比者。喻類之言也。興者。有感之辭也。後世之為詩者多矣。其功德者謂之頌。其餘則總謂之詩。頌。詩之美者也。古者聖帝明王。功成治定。而頌聲興。於是史錄其篇。工歌其章。以奏於宗廟。告於鬼神。故頌之所美者。聖王之德也。則以為律呂。或以頌形。或以頌聲。其細也。甚非古頌之意。昔班固為安豐戴侯頌。史岑為出師頌。和熹鄧后頌。與魯頌體意相類。而文辭之異。古今之變也。揚雄趙充國頌。頌而似雅。傅毅顯宗頌。文與周頌相似。而雜以風雅之意。若馬融廣成上林之屬。純為今賦之體。而謂之頌。失之遠矣。頌

書云。詩言志。歌永言。言其志謂之詩。古有采詩之官。王者以知得失。古之詩。有三言四言五言六言七言九言。古詩率以四言為體。而時有一句二句。雜在四言之間。後世演之。遂以為篇。古詩之三言者。振振鷺。鷺于飛之屬是也。漢郊廟歌多用之。五言者。誰謂雀無角。何以穿我屋之屬是也。於俳諧倡樂多用之。六言者。我姑酌彼金罍之屬是也。樂府亦用之。七言者。

交交黃鳥止於桑之屬是也于俳諧倡樂時用之古詩之九言者洞酌彼行潦挹彼注玆之屬是也不入歌謠之章故世希爲之夫詩雖以情志爲本而以成聲爲節然則雅音之韻四言爲正其餘雖備曲折之體而非音之正也詩

七發始於枚乘借吳楚以爲客主先言出輿入輦蹷痿之損深宮洞房寒暑之疾靡曼美色宴安之毒厚味暖服淫曜之害宜聽世之君子要言妙道以疏神導體蠲淹滯之累既設此辭以顯明去就之路而後說以聲色逸遊之樂其說不入乃陳聖人辯士講論之娛而霍然疾瘳此因膏粱之常疾以爲匡勸雖有甚泰之辭而不沒其諷諭之義也其流遂廣其義遂變率有辭人淫麗之尤矣崔駰既作七依而假非有先生之言曰嗚呼揚雄有言童子雕蟲篆刻俄而曰壯夫不爲也孔子疾小言破道斯文之族豈不謂義不足而辯有餘者乎賦者將以諷吾恐其不免於勸也七

賦者敷陳之稱古詩之流也古之作詩者發乎情止乎禮義情之發因辭以形之禮義之旨須事以明之故有賦焉所以假象盡辭敷陳其志前世爲賦者有孫卿屈原尚頗有古詩之義至宋玉則多淫浮之病矣楚辭之賦賦之善者也故揚雄稱賦莫深於離騷賈誼之作則屈原儔也古詩之賦以情義爲主以事類爲佐今之賦以事形爲本以情義爲助情義爲主則言省而文有例矣事形爲本則言當而辭無常矣文之煩省辭之險易蓋由於此夫假象

過大則與類相遠。逸辭過壯。則與事相違。辯言過理。則與義相失。麗靡過美。則與情相悖。此四過者。所以背大體而害政教。是以司馬遷割相如之浮說。揚雄疾辭人之賦麗以淫也。賦

揚雄依虞箴作十二州箴。十二官箴。而傳於世。不具九官。崔氏累世彌縫其闕。胡公又以次其首目而爲之解。署曰百官箴。箴

夫古之銘至約。今之銘至煩。亦有由也。質文時異。則既論之矣。且上古之銘。銘於宗廟之碑。蔡邕爲楊公作碑。其文典正。末世之美者也。後世以來。器銘之佳者。有王莽鼎銘嘉量諸侯大夫銘太常勒鐘鼎之義。所言雖殊。而令德一也。李尤爲銘。自山河都邑至于刀筆符契。無不有銘。而文多穢病。討論而潤色。亦可采錄。銘

詩頌箴銘之篇。皆有往古成文。可放依而作。惟誄無定制。故作者多異焉。見於典籍者。左傳有魯哀爲孔子誄。誄

哀辭者。誄之流也。崔瑗蘇順馬融等爲之。率以施於童殤夭折。不以壽終者。建安中文帝與臨淄侯各失稚子。命徐幹劉楨等爲之哀辭。哀辭之體。以哀痛爲主。緣以歎息之辭。哀辭

若解嘲之宏緩優大。應賓之淵懿溫雅。達旨之壯厲慷慨。應閒之綢繆契闊。郁郁彬彬。靡不有長焉矣。文

圖讖之屬。雖非正文之制。然以取其縱橫有義。反覆成章。圖讖

古有宗廟之碑。後世立碑於墓。顯之衢路。其所載者銘辭也。碑銘

沈約

南朝梁武康人。字休文。仕宋及齊。武帝篡齊自立。爲尚書僕射。遷尚書令。卒年七十三。謚隱。約歷仕三代。該悉舊章。博物洽聞。當時取則。時謝玄暉善爲詩。任彥昇工於筆。約兼而有之。又撰四聲譜。窮其妙旨。自謂入神之作。今不傳。有晉書宋書齊紀及文集等書。

宋書謝靈運傳論

史臣曰。民稟天地之靈。含五常之德。剛柔迭用。喜慍分情。夫志動於中。則歌詠外發。六義所因。四始攸繫。升降謳謠。紛披風什。雖虞夏以前。遺文不覩。稟氣懷靈。理無或異。然則歌詠所興。宜自生民始也。周室既衰。風流彌著。屈平宋玉。導清源於前。賈誼相如。振芳塵於後。英辭潤金石。高義薄雲天。自茲以降。情志愈廣。王褒劉向揚班崔蔡之徒。異軌同奔。遞相師祖。雖清辭麗曲。時發乎篇。而蕪音累氣。固亦多矣。若夫平子艷發。文以情變。絕唱高蹤。久無嗣響。至於建安。曹氏基命。三祖陳王。咸蓄盛藻。甫乃以情緯文。以文被質。自漢至魏。四百餘年。辭人才子。文體三變。相如工爲形似之言。二班長於情理之說。子建仲宣以氣質爲體。並標能擅美。獨映當時。是以一世之士。各相慕習。源其飈流所始。莫不同祖風騷。徒以賞好異情。故意製相詭。降及元康。潘陸特秀。律異班賈。體變曹王。縟旨星稠。繁文綺合。綴平臺之逸響。采南皮之高韻。遺風餘烈。事極江右。在晉中興。元風獨扇。爲學窮於柱下。博物止乎七篇。馳騁

文辭義殫乎此自建武暨於義熙歷載將百雖比響聯辭波屬雲委莫不寄言上德託意玄珠遒麗之辭無聞焉耳仲文始革孫許之風叔源大變太玄之氣爰逮宋氏顏謝騰聲靈運之興會標舉延年之體裁明密並方軌前秀垂範後昆若夫敷衽論心商榷前藻工拙之數如有可言夫五色相宣八音協暢由乎元黃律呂各適物宜欲使宮羽相變低昂舛節若前有浮聲則後須切響一簡之內音韻盡殊兩句之中輕重悉異妙達此旨始可言文至於先士茂製諷高歷賞子建函京之作仲宣灞岸之篇子荊零雨之章正長朔風之句並直舉胸情非傍詩史正以音律調韻取高前式自靈均以來多歷年代雖文體稍精而此祕未覩至於高言妙句音韻天成皆暗與理合匪由思至張蔡曹王曾無先覺潘陸謝顏去之彌遠世之知音者有以得之此言非謬如曰不然請待來哲

蕭統　南朝梁蘭陵人字德施武帝長子生而聰睿讀書過目皆憶天監中立為皇太子東宮有書三萬卷引納賢士相與商榷古今一時名才並集所撰文選一編蒐集秦漢以來詩文甚富實為見行總集之祖自唐以來皆寶重之年三十一而卒諡昭明有文集及文苑英華等書

文選序

式觀元始眇覿元風冬穴夏巢之時茹毛飲血之世世質民淳斯文未作逮乎伏羲氏之王天下也始畫八卦造書契以代結繩之政由是文籍生焉易曰觀乎天文以察時變觀乎人

文。以化成天下。文之時義遠矣哉。若夫椎輪爲大輅之始。大輅寧有椎輪之質。增冰爲積水所成。積水曾微增冰之凜。何哉。蓋踵其事而增華。變其本而加厲。物既有之。文亦宜然。隨時變改。難可詳悉。嘗試論之曰。詩序云。詩有六義焉。一曰風。二曰賦。三曰比。四曰興。五曰雅。六曰頌。至於今之作者。異乎古昔。古詩之體。今則全取賦名。荀宋表之於前。賈馬繼之於末。自茲以降。源流實繁。述邑居則有憑虛亡是之作。戒畋遊則有長楊羽獵之制。若其紀其事。詠一物。風雲草木之興。魚蟲禽獸之流。推而廣之。不可勝載矣。又楚人屈原。含忠履潔。君匪從流。臣進逆耳。深思遠慮。遂放湘南。耿介之意既傷。壹鬱之懷靡愬。臨淵有懷沙之志。吟澤有憔悴之容。騷人之文。自茲而作。詩者。蓋志之所之也。情動於中而形於言。關雎麟趾。正始之道著。桑間濮上。亡國之音表。故風雅之道。粲然可觀。自炎漢中葉。厥塗漸異。退傅有在鄒之作。降將著河梁之篇。四言五言。區以別矣。又少則三字。多則九言。各體互興。分鑣並驅。頌者。所以遊揚德業。褒讚成功。吉甫有穆若之談。季子有至矣之歎。舒布爲詩。既言如彼。總成爲頌。又亦若此。次則箴興於補闕。戒出於弼匡。論則析理精微。銘則序事清潤。美終則誄發。圖像則讚興。又詔誥教令之流。表奏牋記之列。書誓符檄之品。弔祭悲哀之作。答客指事之制。三言八字之文。篇辭引序。碑碣誌狀。衆制鋒起。源流間出。譬陶匏異器。並爲入耳之娛。黼黻不同。俱爲悅目之翫。作者之致。蓋云備矣。余監撫餘閒。居多暇日。歷觀文囿。泛覽辭林。未嘗不心遊目。想移暑忘倦。自姬漢以來。眇焉悠邈。時更七代。數逾千祀。詞人才子。則名溢於縹囊。飛文染翰。則卷盈乎緗帙。自非略其蕪穢。集其清英。蓋欲兼功。大半難矣。若夫姬公之籍。孔父之書。與日月俱懸。鬼神爭奧。孝敬之准式。人倫之師友。豈可重以芟夷。加之翦截。老莊之作。管孟之流。蓋以立意爲宗。不以能文爲本。今之所撰。又以略諸。若賢人之美辭。忠臣之抗直。謀夫之話。辨士之端。冰釋泉涌。金相玉振。所謂坐狙丘。議稷下。仲連之卻秦軍。食其之下齊國。留侯之發八難。曲逆之吐六奇。蓋乃事美一時。語流千載。概見墳籍。旁出子史。若斯之流。又亦繁博。雖傳之簡牘。而事異篇章。今之所集。亦所不取。至於記事之史。繫年之書。所以褒貶是非。紀別異同。方之篇翰。亦已不同。若其讚論之綜緝辭采。序述之錯比文華。事出於沈思。義歸乎翰藻。故與夫篇什。雜而集之。遠自周室。迄于聖代。都爲三十卷。名曰文選云爾。凡次文之體。各以彙聚。詩賦體既不一。又以類分。類分之中。各以時代相次。

梁簡文帝　名綱字世讚武帝第三子昭明太子母弟也武帝崩即位時政權悉屬於侯景帝爲景所廢尋更害之在位凡二年帝識悟過人文章富麗所爲詩自謂傷於輕豔當時號爲宮體有文集

與湘東王論文書

吾輩亦無所遊賞。正事披閱。性既好文。時復短詠。雖是庸音。不能閣筆。有慚伎癢。更同故態。比見京師文體。懦鈍殊常。競學浮疏。爭爲闡緩。玄冬修夜。思所不得。既殊比興。正背風騷。若夫六典三禮。所施則有地。吉凶嘉賓。用之則有所。未聞吟詠情性。反擬內則之篇。操筆寫志。更摹酒誥之作。遲遲春日。翻學歸藏。湛湛江水。遂同大傳。吾既拙於爲文。不敢輕有掎摭。但以當世之作。歷方古之才人。遠則揚馬曹王。近則潘陸顏謝。而觀其遣辭用心。了不相似。若以今文爲是。則古文爲非。若昔賢可稱。則今體宜棄。俱爲盍各。則未之敢許。又時有效謝康樂裴鴻臚文者。亦頗有惑焉。何者。謝客吐言天拔。出於自然。時有不拘。是其糟粕。裴氏乃是良史之才。了無篇什之美。是爲學謝則不屆其精華。但得其冗長。師裴則蔑絕其所長。惟得其所短。謝故巧不可階。裴亦質不宜慕。故胸馳臆斷之侶。好名忘實之類。方分肉於仁獸。逞卻克於邯鄲。入鮑忘臭。效尤致禍。決羽謝生。豈三千之可及。伏膺裴氏。懼兩唐之不傳。故玉徽金銑。反爲拙目所嗤。巴人下里。更合郢中之聽。陽春高而不和。妙聲絕而不尋。竟不精討錙銖。覈量文質。有異巧心。終愧妍手。是以握瑜懷玉之士。瞻鄭邦而知退。章甫翠履之人。望閩鄉而歎息。詩既若此。筆又如之。徒以煙墨不言。受其驅染。紙札無情。任其搖襞。甚矣哉。文之橫流。一至於此。至如近世謝朓沈約之詩。任昉陸倕之筆。斯實文章之冠冕。述作之楷模。張士簡之賦。周升逸之辯。亦成佳手。難可復遇。文章未墜。必有英絕領袖之者。非弟而誰。每欲論之。無可與語。思言子建。一共商榷。辯茲清濁。使如涇渭。論茲月旦。類彼汝南。朱丹既定。雌黃有別。使夫懷鼠知慚。濫竽自恥。譬斯袁紹。畏見子將。同彼盜牛。遙羞王烈。相思不見。我勞如何。

劉勰 梁莒人。字彥和。天監中。兼東宮通事舍人。篤志好學。昭明太子深愛接之。撰文心雕龍十卷。沈約謂其深得文理。清四庫簡明目錄曰。是書分上下二篇。上篇二十有五。論體裁之別。下篇二十有四。論工拙之由。合序志一篇。亦爲二十五篇。其書於文章利病。窮極微妙。摯虞流別。久已散逸。論文之書。莫古於是編。亦莫精於是編矣。後出家爲沙門。改名慧地。

徵聖 文心雕龍下並同

夫作者曰聖。述者曰明。陶鑄性情。功在上哲。夫子文章。可得而聞。則聖人之情。見乎文辭矣。先王聖化。布在方冊。夫子風采。溢于格言。是以遠稱唐世。則煥乎爲盛。近褒周代。則郁哉可從。此政化貴文之徵也。鄭伯入陳。以立辭爲功。宋置折俎。以多方舉禮。此事蹟貴文之徵也。褒美子產。則云言以足志。文以足言。泛論君子。則云情欲信。辭欲巧。此修身貴文之徵也。然則志足而言文。情信而辭巧。迺含章之玉牒。秉文之金科矣。夫鑒周日月。妙極機（幾疑作）神。文成規矩。思合符契。或簡言以達旨。或博文以該情。或明理以立體。或隱義以藏用。故春秋一字以褒貶。喪服舉輕以包重。此簡言以達旨也。邠詩聯章以積句。儒行縟說以繁辭。此博文以該情也。書契斷決以象夬。文章昭晰以象離。此明理以立體也。四象精義以曲隱。五例微辭以婉晦。此隱義以藏用也。故知繁略殊形。隱顯異術。抑引隨時。變通會適。徵之周孔。則文有師矣。是以子政論文。必徵於聖。稚圭勸學。必宗於經。易稱辨物正言。斷辭則備。書云辭尙體要。弗惟好異。故知正言所以立辨。體要所以成辭。辭成無好異之尤。辨立有斷辭之義。雖精義曲隱。無傷其正言。微辭婉晦。不害其體要。體要與微辭偕通。正言共精義並用。聖人文章。亦可見也。顏闔以爲仲尼飾羽而畫。徒事華辭。雖欲訾聖。弗可得已。然則聖文之雅麗。固銜華而佩實者也。天道難聞。猶或鑽仰。文章可見。胡寧勿思。若徵聖立言。則文其庶矣。

贊曰。妙極生知。睿哲惟宰。精理爲文。秀氣成采。鑒懸日月。辭富山海。百齡影徂。千載心在。

宗經

三極彝訓。其書言經。經也者。恆久之至道。不刊之鴻教也。故象天地。效鬼神。參物序。制人紀。洞性靈之奧區。極文章之骨髓者也。皇世三墳。帝世五典。重以八索。申以九丘。歲歷綿曖。條流紛糅。自夫子刋述。而大寶咸耀。於是易張十翼。書標七觀。詩列四始。禮正五經。春秋五例。義既極乎性情。辭亦匠於文理。故能開學養正。昭明有融。然而道心惟微。聖謨卓絕。牆宇重峻。而吐納自深。譬萬鈞之洪鍾。無錚錚之細響矣。易惟談天。入神致用。故繫稱旨遠辭文。言中事隱。韋編三絕。固哲人之驪淵也。書實記言。而詁訓茫昧。通乎爾雅。則文意曉然。故子夏歎書昭昭若日月之明。離離如星辰之行。言昭灼也。詩主言志。詁訓同書。摛風裁興。藻辭譎喻。温柔在誦。故最附深衷矣。禮記一作以立體。據事制範。章條纖曲。執而後顯。採掇聖言。莫非寶也。春秋辨理。一字見義。五石六鷁。以詳略成文。雉門兩觀。以先後顯旨。其婉章志晦。諒以邃矣。尚書則覽文如詭。而尋理卽暢。春秋則觀辭立曉。而訪義方隱。此聖人之殊致。表裏之異體者也。至根柢槃深。枝葉峻茂。辭約而旨豐。事近而喻遠。是以往者雖舊。餘味日新。後進追取而非晚。前修文用而未先。可謂太山徧雨。河潤千里者也。故論說辭序。則易統其首。詔策章奏。則書發其源。賦頌歌讚。則詩立其本。銘誄箴祝。則禮總其端。紀傳銘（疑當作移）檄。則春秋爲根。並窮高以樹表。極遠以啟疆。所以百家騰躍。終入環內者也。若稟經以製式。酌雅以富言。是仰山而鑄銅。煮海而爲鹽也。故文能宗經。體有六義。一則情深而不詭。二則風清而不雜。三則事信而不誕。四則義直而不回。五則體約而不蕪。六則文麗而不淫。揚子比雕玉以作器。謂五經之含文也。夫文以行立。行以文傳。四教所先。符采相濟。勵德樹聲。莫不師聖。而建言修辭。鮮克宗經。是以楚豔漢侈。流弊不還。正末歸本。不其懿歟。

贊曰。三極彝道。訓深稽古。致化歸一。分教斯五。性靈鎔匠。文章奧府。淵哉鑠乎。羣言之祖。

神思

古人云。形在江海之上。心存魏闕之下。神思之謂也。文之思也。其神遠矣。故寂然凝慮。思接千載。悄焉動容。視通萬里。吟詠之間。吐納珠玉之聲。眉睫之前。卷舒風雲之色。其思理之致乎。故思理爲妙。神與物游。神居胸臆。而志氣統其關鍵。物沿耳目。而辭令管其樞機。樞機方通。則物無隱貌。關鍵將塞。則神有遯心。是以陶鈞文思。貴在虛靜。疏瀹五藏。澡雪精神。積學以儲寶。酌理以富才。研閱以窮照。馴致以繹辭。然後使玄解之宰。尋聲律而定墨。獨照之匠。闚意象而運斤。此蓋馭文之首術。謀篇之大端。夫神思方運。萬塗競萌。規矩虛位。刻鏤無形。登山則情滿於山。觀海則意溢於海。我才之多少。將與風雲而並驅矣。方其搦翰。氣倍辭前。暨乎篇成。半折心始。何則。意翻空而易奇。言徵實而難巧也。是以意授於思。言授於意。密則無際。疏則千里。或理在方寸。而求之域表。或義在咫尺。而思隔山河。是以秉心養術。無務苦慮。含章司契。不必勞情也。人之稟才。遲速異分。文之制體。大小殊功。相如含筆而腐毫。揚雄輟翰而驚夢。桓譚疾感於苦思。王充氣竭於思慮。張衡研京以十年。左思練都以一紀。雖有巨文。亦思之緩也。淮南崇朝而賦騷。枚皐應詔而成賦。子建援牘如口誦。仲宣舉筆似宿構。阮瑀據案而制書。禰衡當食而草奏。雖有短篇。亦思之速也。若夫駿發之士。心總要術。敏在慮前。應機立斷。覃思之人。情饒歧路。鑒在疑後。研慮方定。機敏故造次而成功。慮疑故愈久而致績。難易雖殊。並資博練。若學淺而空遲。才疏而徒速。以斯成器。未之前聞。是以臨篇綴慮。必有二患。理鬱者苦貧。辭溺者傷亂。然則博聞（一作見）爲饋貧之糧。貫一爲拯亂之藥。博而能一。亦有助乎心力矣。若情數詭雜。體變遷貿。拙辭或孕於巧義。庸事或萌於新意。視布於麻。雖云未費。杼軸獻功。煥然乃珍。至於思表纖旨。文外曲致。言所不追。筆固知止。至精而後闡其妙。至變而後通其數。伊摯不能言鼎。輪扁不能語斤。其微矣乎。

贊曰。神用象通。情變所孕。物以貌求。心以理應。刻鏤聲律。萌芽比興。結慮司契。垂帷制勝。

體性

夫情動而言形。理發而文見。蓋沿隱以至顯。因內而符外者也。然才有庸儁。氣有剛柔。學有淺深。習有雅鄭。並情性所鑠。陶染所凝。是以筆區雲譎。文苑波詭者矣。故辭理庸儁。莫能翻其才。風趣剛柔。寧或改其氣。事義淺深。未聞乖其學。體式雅鄭。鮮有反其習。各師成心。其異如面。若總其歸塗。則數窮八體。一曰典雅。二曰遠奧。三曰精約。四曰顯附。五曰繁縟。六曰壯麗。七曰新奇。八曰輕靡。典雅者。鎔式經誥。方軌儒門者也。遠奧者。馥采典文。經理玄宗者也。精約者。覈字省句。剖析毫釐者也。顯附者。辭直義暢。切理厭心者也。繁縟者。博喻釀采。煒燁枝派者也。壯麗者。高論宏裁。卓爍異采者也。新奇者。擯古競今。危側趣詭者也。輕靡者。浮文弱植。縹緲附俗者也。故雅與奇反。奧與顯殊。繁與約舛。壯與輕乖。文辭根葉。苑囿其中矣。若夫八體屢遷。功以學成。才力居中。肇自血氣。氣以實志。志以定言。吐納英華。莫非情性。是以賈生俊發。故文潔而體清。長卿傲誕。故理侈而辭溢。子雲沈寂。故志隱而味深。子政簡易。故趣昭而事博。孟堅雅懿。故裁密而思靡。平子淹通。故慮周而藻密。仲宣躁銳。故穎出而才果。公幹氣褊。故言壯而情駭。嗣宗俶儻。故響逸而調遠。叔夜儁俠。故興高而采烈。安仁輕敏。故鋒發而韻流。士衡矜重。故情繁而辭隱。觸類以推。表裏必符。豈非自然之恆資。才氣之大略哉。夫才有天資。學愼始習。斲梓染絲。功在初化。器成綵定。難可翻移。故童子雕琢。必先雅製。沿根討葉。思轉自圓。八體雖殊。會通合數。得其環中。則輻輳相成。故宜摹體以定習。因性以練才。文之司南。用此道也。

贊曰。才性異區。文體繁詭。辭爲膚根。志實骨髓。雅麗黼黻。淫巧朱紫。習亦凝眞。功沿漸靡。

風骨

詩總六義。風冠其首。斯乃化感之本源。志氣之符契也。是以怊悵述情。必始乎風。沈吟鋪辭。莫先於骨。故辭之待骨。如體之樹骸。情之含風。猶形之包氣。結言端直。則文骨成焉。意氣駿爽。則文風淸焉。若豐藻克贍。風骨不飛。則振采失鮮。負聲無力。是以綴慮裁篇。務盈守氣。剛健旣實。輝光乃新。其爲文用。譬征鳥之使翼也。故練於骨者。析辭必精。深乎風者。述情必顯。捶字堅而難移。結響凝而不滯。此風骨之力也。若瘠義肥辭。繁雜失統。則無骨之徵也。思不環周。索莫乏氣。則無風之驗也。昔潘勗錫魏。思摹經典。羣才韜筆。乃其骨髓峻也。相如賦仙。氣號淩雲。蔚爲辭宗。迺其風力遒也。能鑒斯要。可以定文。茲術或違。無務繁采。故魏文稱文以氣爲主。氣之淸濁有體。不可力强而致。故其論孔融。則云體氣高妙。論徐幹。則云時有齊氣。論劉楨。則云時有逸氣。公幹亦云。孔氏卓卓。信含異氣。筆墨之性。殆不可勝。並重氣之旨也。夫翬翟備色。翾翥百步。饑豐而力沈也。鷹隼乏采。翰飛戾天。骨勁而氣猛也。文章才力。有似於此。若風骨乏采。則鷙集翰林。采乏風骨。則雉竄文囿。唯藻耀而高翔。固文筆之鳴鳳也。若夫鎔冶經典之範。翔集子史之術。洞曉情變。曲昭文體。然後能孚甲新意。雕畫奇辭。昭體故意新而不亂。曉變故辭奇而不黷。若骨采未圓。風辭未練。而跨略舊規。馳騖新作。雖獲巧意。危敗亦多。豈空結奇字。紕繆而成經矣。周書云。辭尚體要。弗惟好異。蓋防文濫也。然文術多門。各適所好。明者弗授。學者弗師。於是習華隨侈。流遁忘反。若能確乎正式。使文明以健。則風清骨峻。篇體光華。能研諸慮。何遠之有哉。

贊曰。情與氣偕。辭共體並。文明以健。珪璋乃騁。蔚彼風力。嚴此骨鯁。才鋒峻立。符采克炳。

情采

聖賢書辭。總稱文章。非采而何。夫水性虛而淪漪結。木體實而華萼振。文附質也。虎豹無文。則鞟同犬羊。犀兕有皮。而色資丹漆。質待文也。若乃綜述性靈。敷寫器象。鏤心鳥跡之中。織辭魚網之上。其爲彪炳縟彩明矣。故立文之道。其理有三。一曰形文。五色是也。二曰聲文。五音是也。三曰情文。五性是也。五色雜而成黼黻。五音比而成韶夏。五情（疑作性、）發而爲辭章。神理之數也。孝經垂典。喪言不文。故知君子常言。未嘗質也。老子疾僞。故稱美言不信。而五千精妙。則非棄美矣。莊周云。辯雕萬物。謂藻飾也。韓非云。豔采辯說。謂綺麗也。綺麗以豔說。藻飾以辯雕。文辭之變。於斯極矣。研味孝老。則知文質附乎性情。詳覽莊韓。則見華實過乎淫侈。若擇源於涇渭之流。按轡於邪正之路。亦可以馭文采矣。夫鉛黛所以飾容。而盼倩生於淑姿。文采所以飾言。而辯麗本於情性。故情者文之經。辭者理之緯。經正而後緯成。理定而後辭暢。此立文之本源也。昔詩人什篇。爲情而造文。辭人賦頌。爲文而造情。何以明其然。蓋風雅之興。志思蓄憤。而吟詠情性。以諷其上。此爲情而造文也。諸子之徒。心非鬱陶。苟馳夸飾。鬻聲釣世。此爲文而造情也。故爲情者要約而寫眞。爲文者淫麗而煩濫。而後之作者。採濫忽眞。遠棄風雅。近師辭賦。故體情之製日疏。逐文之篇愈盛。故有志深軒冕。而汎詠皐壤。心纏幾務。而虛述人外。眞宰弗存。翩其反矣。夫桃李不言而成蹊。有實存也。男子樹蘭而不芳。無其情也。夫以草木之微。依情待實。況乎文章。述志爲本。言與志反。文豈足徵。是以聯辭結采。將欲明理。采濫辭詭。則心理愈翳。固知翠綸桂餌。反所以失魚。言隱榮華。殆謂此也。是以衣錦褧衣。惡文太章。賁象窮白。貴乎反本。夫能設謨（疑作模）、以位理。擬地以置心。心定而後結音。理正而後摛藻。使文不滅質。博不溺心。正采耀乎朱藍。間色屏於紅紫。乃可謂雕琢其章。彬彬君子矣。

贊曰。言以文遠。誠哉斯驗。心術既形。英華乃贍。吳錦好渝。舜英徒豔。繁采寡情。味之必厭。

聲律

夫音律所始。本於人聲者也。聲含宮商。肇自血氣。先王因之。以制樂歌。故知器寫人聲。聲非學（疑作效）器者也。故言語者。文章神明樞機。吐納律呂。脣吻而已。古之教歌。先揆以法。使疾呼中宮。徐呼中徵。夫商徵響高。宮羽聲下。抗喉矯舌之差。攢脣激齒之異。廉肉相準。皎然可分。今操琴不調。必知改張。摘文乖張。而不識所調。響在彼絃。乃得克諧。聲萌我心。更失和律。其故何哉。良由內聽難爲聽也。（由字下一本有外聽易爲口而六字、）故外聽之易。絃以手定。內聽之難。聲與心紛。可以數求。難以聲逐。凡聲有飛沈。響有動靜。（動靜一作雙疊、一作翕散、）雙聲隔字而每舛。疊韻雜句而必睽。沈則響發而斷。飛則聲颺不還。並轆轤交往。逆鱗相比。迂（疑作迕、）其際會。則往蹇來連。其爲疾病。亦文家之吃也。夫吃文爲患。生於好詭。逐新趣異。故喉脣糺紛。將欲解結。務在剛斷。左礙而尋右。末滯而討前。則聲轉於吻。玲玲如振玉。辭靡於耳。纍纍如貫珠矣。是以聲畫妍蚩。寄在吟詠。吟詠滋味。流於字句。氣力窮於和韻。異音相從。謂之和。同聲相應。謂之韻。韻氣一定。故餘聲易遣。和體抑揚。故遺響難契。屬筆易巧。選和至難。綴文難精。而作韻甚易。雖纖意曲變。非可縷言。然振其大綱。不出茲論。若夫宮商大和。譬諸吹籥。翻迴取均。頗似調瑟。瑟資移柱。故有時而乖貳。籥含定管。故無往而不壹。陳思潘岳。吹籥之調也。陸機左思。瑟柱之和也。槩舉而推。可以類見。又詩人綜韻。率多清切。楚辭辭楚。故訛韻寔繁。及張華論韻。謂士衡多楚。文賦亦稱知楚不易。可謂銜靈均之聲餘。失黃鐘之正響也。凡切韻之動。勢若轉圜。訛音之作。甚於枘方。免乎枘方。則無大過矣。練才洞鑒。剖字鑽響。疏識闊略。隨音所遇。若長風之過籟。南郭之吹竽疑作噓耳。古之佩玉。左宮右徵。以節其步。聲不失序。音以律文。其可忘哉。

贊曰。標清務遠。比音則近。吹律胸臆。調鐘脣吻。聲得鹽梅。響滑榆槿。割棄支離。宮商難隱。

章句

夫設情有宅。置言有位。宅情曰章。位言曰句。故章者。明也。句者。局也。局言者。聯字以分疆。明情者。總義以包體。區畛相異。而衢路交通矣。夫人之立言。因字而生句。積句而爲章。積章而成篇。篇之彪炳。章無疵也。章之明靡。句無玷也。句之清英。字不妄也。振本而末從。知一而萬畢矣。夫裁文匠筆。篇有小大。離章合句。調有緩急。隨變適會。莫見定準。句司數字。待相接以爲用。章總一義。須意窮而成體。其控引情理。送迎際會。譬舞容迴環。而有綴兆之位。歌聲靡曼。而有抗墜之節也。尋詩人擬喻。雖斷章取義。然章句在篇。如繭之抽緒。原始要終。體必鱗次。啟行之辭。逆萌中篇之意。絕筆之言。追媵前句之旨。故能外文綺交。內義脈注。跗萼相銜。首尾一體。若辭失其明。則羈旅而無友。事乖其次。則飄寓而不安。是以搜句忌於顛倒。裁章貴於順序。斯固情趣之指歸。文筆之同致也。若夫筆句無常。而字有條數。四字密而不促。六字格而非緩。或變之以三五。蓋應機之權節也。至於詩頌大體。以四言爲正。唯祈父肇禋。以二言爲句。尋二言肇於黃世。竹彈之謠是也。三言興於虞時。元首之詩是也。四言廣於夏年。

洛汭之歌是也。五言見於周代。行露之章是也。六言七言。雜出詩騷。而[疑有脫字]、體之篇。成於兩漢。情數運周。隨時代用矣。若乃改韻從調。所以節文辭氣。賈誼枚乘。兩韻輒易。劉歆桓譚。百句不遷。亦各有其志也。昔魏武論賦。嫌於積韻。而善於資代。陸雲亦稱四言轉句。以四句爲佳。觀彼制韻。志出枚賈。然兩韻輒易。則聲韻微躁。百句不遷。則脣吻告勞。妙才激揚。雖觸思利貞。曷若折之中和。庶保無咎。又詩人以兮字入於句限。楚辭用之。字出於句外。尋兮字承句。乃語助餘聲。舜詠南風。用之久矣。而魏武弗好。豈不以無益文義耶。至於夫惟蓋故者。發端之首唱。之而於以者。乃劄句之舊體。乎哉矣也。亦送末之常科。據事似閑。在用實切。巧者迴運。彌縫文體。將令數句之外。得一字之助矣。外字難謬。況章句歟。

贊曰。斷章有檢。積句不恆。理資配主。辭忌告朋。環情草調。宛轉相騰。離合同異。以盡厥能。

麗辭

造化賦形。支體必雙。神理爲用。事不孤立。夫心生文辭。運裁百慮。高下相須。自然成對。唐虞之世。辭未極文。而皐陶贊云。罪疑惟輕。功疑惟重。益陳謨云。滿招損。謙受益。豈營麗辭。率然對耳。易之文繫。聖人之妙思也。序乾四德。則句句相銜。龍虎類感。則字字相儷。乾坤易簡。則宛轉相承。日月往來。則隔行懸合。雖句字或殊。而偶意一也。至於詩人偶章。大夫聯辭。奇偶適變。不勞經營。自揚馬張蔡。崇盛麗辭。如宋畫吳冶。刻形鏤法。麗句與深采並流。偶意共逸韻俱發。至魏晉羣才。析句彌密。聯字合趣。剖毫析釐。然契機者入巧。浮假者無功。故麗辭之體。凡有四對。言對爲易。事對爲難。反對爲優。正對爲劣。言對者。雙比空辭者也。事對者。並舉人驗者也。反對者。理殊趣合者也。正對者。事異義同者也。長卿上林賦云。修容乎禮園。翺翔乎書圃。此言對之類也。宋玉神女賦云。毛嬙鄣袂。不足程式。西施掩面。比之無色。此事對之類也。仲宣登樓云。鍾儀幽而楚奏。莊舄顯而越吟。此反對之類也。孟陽七哀云。漢祖想枌榆。光武思白水。此正對之類也。凡偶辭胸臆。言對所以爲易也。徵（徵一作徵）人之學。事對所以爲難也。幽顯同志。反對所以爲優也。並貴共心。正對所以爲劣也。又以事對。各有反正。指類而求。萬條自昭然矣。張華詩稱。遊雁比翼翔。歸鴻知接翮。劉琨詩言。宣尼悲獲麟。西狩泣孔丘。若斯重出。卽對句之駢枝也。是以言對爲美。貴在精巧。事對所先。務在允當。若兩事相配。而優劣不均。是驥在左驂。駑爲右服也。若夫事或孤立。莫與相偶。是夔之一足。趻踔而行也。若氣無奇類。文乏異采。碌碌麗辭。則昏睡耳目。必使理圓事密。聯璧其章。迭用奇偶。節以雜佩。乃其貴耳。類此而思。理斯見也。

贊曰。體植必兩。辭動有配。左提右挈。精未兼載。炳爍聯華。鏡靜含態。玉潤雙流。如彼珩佩。

夸飾

夫形而上者謂之道。形而下者謂之器。神道難摹。精言不能追其極。形器易寫。壯辭可得喻其眞。才非短長。理自難易耳。故自天地以降。豫入聲貌。文辭所被。夸飾恆存。雖詩書雅言。風格訓世。事必宜廣。文亦過焉。是以言峻則嵩高極天。論狹則河不容舠。說多則子孫千億。稱少則民靡孑遺。襄陵舉滔天之目。倒戈立漂杵之論。辭雖已甚。其義無害也。且夫鴞音之醜。豈有泮林而變好。荼味之苦。寧以周原而成飴。並意深褒讚。故義成矯飾。大聖所錄。以垂憲草。孟軻所云說詩者不以文害辭。不以辭害意也。自宋玉景差。夸飾始盛。相如憑風。詭濫愈甚。故上林之館。奔星與宛虹入軒。從禽之盛。飛廉與鷦鷯案本賦作焦明。俱獲。及揚雄甘泉。酌其餘波。語瓌奇則假珍於玉樹。言峻極則顛墜於鬼神。至東都之比目。西京之海若。驗理則理無可驗。窮飾則飾猶未窮矣。又子雲校獵。鞭宓妃以饟屈原。張衡羽獵。困玄冥於朔野。變彼洛神。既非罔兩。惟此水師。亦非魑魅。而虛用濫刑。不其疏乎。此欲夸其威而飾其事。義睽剌也。至如氣貌山海。體勢宮殿。嵯峨揭業。熠燿焜煌之狀。光采煒煒而欲然。聲貌岌岌其將動矣。莫不因夸以成狀。沿飾而得奇也。於是後進之才。獎氣挾聲。軒翥而欲奮飛。騰擲而羞跼步。辭入煒燁。春藻不能程其豔。言在萎絕。寒谷未足成其凋。談歡則字與笑並。論慼則聲共泣偕。信可以發蘊而飛滯。披瞽而駭聾矣。然飾窮其要。則心聲鋒起。夸過其理。則名實兩乖。若能酌詩書之曠旨。翦揚馬之甚泰。使夸而有節。飾而不誣。亦可謂之懿也。

贊曰。夸飾在用。文豈循檢。言必鵬運。氣靡鴻漸。倒海探珠。傾崑取琰。曠而不溢。奢而無玷。

練字

夫文象列而結繩移。鳥跡明而書契作。斯乃言語之體貌。而文章之宅宇也。蒼頡造之。鬼哭粟飛。黃帝用之。官治民察。先王聲教。書必同文。輶軒之使。紀言殊俗。所以一字體。總異音。周禮保氏。掌教六書。秦滅舊章。以吏爲師。及李斯刪籀。而秦篆興。程邈造隸。而古文廢。漢初草律。明著厥法。太史學童。教試六體。又吏民上書。字謬輒劾。是以馬字缺畫。而石建懼死。雖云性慎。亦時重文也。至孝武之世。則相如譔篇。及宣成二帝。徵集小學。張敞以正讀傳業。揚雄以奇字纂訓。並貫練雅頌。總閱音義。鴻(原作鳴)筆之徒。莫不洞曉。且多賦京苑。假借形聲。是以前漢小學。率多瑋字。非獨制異。乃共曉難也。暨乎後漢。小學轉疏。複文隱訓。臧否太半。及魏代綴藻。則字有常檢。追觀漢作。翻成阻奧。故陳思稱揚馬之作。趣幽旨深。讀者非師傳不能析其辭。非博學不能綜其理。豈直才懸。抑亦字隱。自晉來用字。率從簡易。時並習易。人誰取難。今一字詭異。則羣句震驚。三人弗識。則將成字妖矣。後世所同曉者。雖難斯易。時所共廢。雖易斯難。趣舍之間。不可不察。夫爾雅者。孔徒之所纂。而詩書之襟帶也。蒼頡者。李斯之所輯。而鳥籀之遺體也。雅以淵源詁訓。頡以苑囿奇文。異體相資。如左右肩股。該舊而知新。亦可以屬文。若夫義訓古今。興廢殊用。字形單複。妍媸異體。心既託聲於言。言亦寄形於字。諷誦則績在宮商。臨文則能歸字形矣。是以綴字屬篇。必須練擇。一避詭異。二省聯邊。三權重出。四調單複。詭異者。字體瓌怪者也。曹攄詩稱。豈不願斯遊。褊心惡㘆呶。兩字詭異。大疵美篇。況乃過此。其可觀乎。聯邊者。半字同文者也。狀貌山川。古今咸用。施於常文。則齟齬爲瑕。如不獲免。可至三接。三接之外。其字林乎。重出者。同字相犯者也。詩騷適會。而近世忌同。若兩字俱要。則寧在相犯。故善爲文者。富於萬篇。貧於一字。一字非少。相避爲難也。單複者。字形肥瘠者也。瘠字累句。則纖疏而行劣。肥字積文。則黯黕而篇闇。善酌字者。參伍單複。磊落如珠矣。凡此四條。雖文不必有。而體例不無。若値而莫悟。則非精解。至於經典隱曖。方冊紛綸。簡蠹帛裂。三寫易字。或以音訛。或以文變。子思弟子。於穆不祀者。音訛之異也。晉之史記。三豕渡河。文變之謬也。尚書大傳。有別風淮雨。帝王世紀云。列風淫雨。別列淮淫。字似潛移。淫列義當而不奇。淮別理乖而新異。傳毅制誄。已用淮雨。固知愛奇之心。古今一也。史之闕文。聖人所愼。若依義棄奇。則可與正文字矣。

贊曰。篆隸相鎔。蒼雅品訓。古今殊跡。妍蚩異分。字靡異流。文阻難運。聲畫昭精。墨采騰奮。

養氣

昔王充著述。制養氣之篇。驗己而作。豈虛造哉。夫耳目鼻口。生之役也。心慮言辭。神之用也。率志委和。則理融而情暢。鑽礪過分。則神疲而氣衰。此性情之數也。夫三皇辭質。心絕於道華。帝世始文。言貴於敷奏。三代春秋。雖沿世彌縟。並適分胸臆。非牽課才外也。戰代枝詐。攻奇飾說。漢世迄今。辭務日新。爭光鬻采。慮亦竭矣。故淳言以比澆辭。文質懸乎千載。率志以方竭情勞逸。差於萬里。古人所以餘裕。後進所以莫遑也。凡童少鑒淺而志盛。長艾識堅而氣衰。志盛者思銳以勝勞。氣衰者慮密以傷神。斯實中人之常資。歲時之大較也。若夫器分有限。智用無涯。或慙鳧企鶴。瀝辭鐫思。於是精氣內銷。有似尾閭之波。神志外傷。同乎牛山之木。怛惕之盛疾。亦可推矣。至如仲任置硯以綜述。叔通懷筆以專業。既暄之以歲序。又煎之以日時。是以曹公懼爲文之傷命。陸雲歎用思之困神。非虛談也。夫學業在勤。故有錐股自厲。和熊以苦之人。志於文也。則申寫鬱滯。故宜從容率情。優柔適會。若銷鑠精膽。蹙迫和氣。秉牘以驅齡。灑翰以伐性。豈聖賢之素心。會文之直理哉。且夫思有利鈍。時有通塞。沐則心覆。且或反常。神之方昏。再三愈黷。是以吐納文藝。務在節宣。清和其心。調暢其氣。煩而即捨。勿使壅滯。意得則舒懷以命筆。理伏則投筆以卷懷。逍遙以針勞。談笑以藥倦。常弄閑於才鋒。賈餘於文勇。使刃發如新。湊理無滯。雖非胎息之萬術。斯亦衛氣之一方也。

贊曰。紛哉萬象。勞矣千想。玄神宜寶。素氣資養。水停以鑒。火靜而朗。無擾文慮。鬱此精爽。

時序

時運交移。質文代變。古今情理。如可言乎。昔在陶唐。德盛化鈞。野老吐何力之談。郊童含不識之歌。有虞繼作。政阜民暇。薰風詩於元后。爛雲歌於列臣。盡其美者何。乃心樂而聲泰也。

至大禹敷土。九序詠功。成湯聖敬。猗歟作頌。逮姬文之德盛。周南勤而不怨。太王之化淳。邠風樂而不淫。幽厲昏而板蕩怒。平王微而黍離哀。故知歌謠文理。與世推移。風動於上。而波震於下者。春秋以後。角戰英雄。六經泥蟠。百家飇駭。方是時也。韓魏力政。燕趙任權。五蠹六蝨。嚴於秦令。唯齊楚兩國。頗有文學。齊開莊衢之第。楚廣蘭臺之宮。孟軻賓館。荀卿宰邑。故稷下扇其清風。蘭陵鬱其茂俗。鄒子以談天飛譽。騶奭以雕龍馳響。屈平聯藻於日月。宋玉交彩於風雲。觀其豔說。則籠罩雅頌。故知暐燁之奇意。出乎縱橫之詭俗也。爰至有漢。運接燔書。高祖尙武。戲儒簡學。雖禮律草創。詩書未遑。然大風鴻鵠之歌。亦天縱之英作也。施及孝惠。迄於文景。經術頗興。而辭人勿用。賈誼抑而鄒枚沈。亦可知已。逮孝武崇儒。潤色鴻業。禮樂爭輝。辭藻競騖。柏梁展朝讌之詩。金隄製恤民之詠。徵枚乘以蒲輪。申主父以鼎食。擢公孫之對策。歎兒寬之擬奏。買臣負薪而衣錦。相如滌器而被繡。於是史遷壽王之徒。嚴終枚皐之屬。應對固無方。篇章亦不匱。遺風餘采。莫與比盛。越昭及宣。實繼武績。馳騁石渠。暇豫文會。集雕篆之軼材。發綺縠之高喻。於是王褒之倫。底祿待詔。自元暨成。降意圖籍。美玉屑之譚。清金馬之路。子雲銳思於千首。子政讎校於六藝。亦已美矣。爰自漢室。迄至成哀。雖世漸百齡。辭人九變。而大抵所歸。祖述楚辭。靈均餘影。於是乎在。自哀平陵替。光武中興。深懷圖讖。頗略文華。然杜篤獻誄以免刑。班彪參奏以補令。雖非旁求。亦不遐棄。及明帝疊耀。

崇愛儒術。肄禮璧堂。講文虎觀。孟堅珥筆於國史。賈逵給札於瑞頌。東平擅其懿文。沛王振其通論。帝則藩儀。輝光相照矣。自安和已下。迄至順桓。則有班傅三崔。王馬張蔡。磊落鴻儒。才不時乏。而文章之選。存而不論。然中興之後。羣才稍改前轍。華實所附。斟酌經辭。蓋歷政講聚。故漸靡儒風者也。降及靈帝。時好辭製。造羲皇之書。開鴻都之賦。而樂松之徒。招集淺陋。故楊賜號爲驩兜。蔡邕比之俳優。其餘風遺文。蓋蔑如也。自獻帝播遷。文學蓬轉。建安之末。區宇方輯。魏武以相王之尊。雅愛詩章。文帝以副君之重。妙善辭賦。陳思以公子之豪。下筆琳琅。並體貌英逸。故俊才雲蒸。仲宣委質於漢南。孔璋歸命於河北。偉長從宦於青土。公幹徇質於海隅。德璉綜其斐然之思。元瑜展其翩翩之樂。文蔚休伯之儔。于叔德祖之侶。傲雅觴豆之前。雍容衽席之上。灑筆以成酣歌。和墨以藉談笑。觀其時文。雅好慷慨。良由世積亂離。風衰俗怨。並志深而筆長。故梗概而多氣也。至明帝纂戎。制詩度曲。徵篇章之士。置崇文之觀。何劉羣才。迭相照耀。少主相仍。唯高貴英雅。顧盼合章。動言成論。於時正始餘風。篇體輕澹。而嵇阮應繆。並馳文路矣。逮晉宣始基。景文克構。並跡沈儒雅。而務深方術。至武帝惟新。承平受命。而膠序篇章。弗簡皇慮。降及懷愍。綴旒而已。然晉雖不文。人才實盛。茂先搖筆而散珠。太沖動墨而橫錦。岳湛曜聯璧之華。機雲標二俊之采。應傅三張之徒。孫摯成公之屬。並結藻清英。流韻綺靡。前史以爲運涉季世。人未盡才。誠哉斯談。可爲歎息。元皇中興。

披文建學。劉刁禮吏而寵榮。景純文敏而優擢。逮明帝秉哲。雅好文會。升儲御極。孳孳講藝。練情於誥策。振采於賦辭。庾以筆才逾親。溫以文思益厚。揄揚風流。亦彼時之漢武也。及成康促齡。穆哀短祚。簡文勃興。淵乎淸峻。微言精理。函滿玄席。澹思醲采。時灑文囿。至孝武不嗣。安恭已矣。其文史則有袁殷之曹。孫干之輩。雖才或淺深。珪璋足用。自中朝貴玄。江左稱盛。因談餘氣。流成文體。是以世極迍邅。而辭意夷泰。詩必柱下之旨歸。賦乃漆園之義疏。故知文變染乎世情。興廢繫乎時序。原始以要終。雖百世可知也。自宋武愛文。文帝彬雅。秉文之德。孝武多才。英采雲構。自明帝以下。文理替矣。爾其縉紳之林。霞蔚而飈起。王袁聯宗以龍章。顏謝重葉以鳳采。何范張沈之徒。亦不可勝也。蓋聞之於世。故舉略大較。暨皇齊馭寶。運集休明。太祖以聖武膺籙。高祖以睿文纂業。文帝以貳離含章。中宗以上哲興運。並文明自天。緝遐熙疑作景祚。今聖歷方興。文思光被。海岳降神。才英秀發。馭飛龍於天衢。駕騏驥於萬里。經典禮章。跨周轢漢。唐虞之文。其鼎盛乎。鴻風懿采。短筆敢陳。颺言讚時。請寄明哲。贊曰。蔚映十代。辭采九變。樞中所動。環流無倦。質文沿時。崇替在選。終古雖遠。曠焉如面。

顏之推　北朝齊臨沂人。字介。初在梁。後奔齊。官黃門侍郎。隋開皇中。太子召爲學士。尋卒。之推博覽羣書。詞情典麗。著有家訓。傳世論學。評文。皆頗可觀。

文章篇　節錄家訓

夫文章者。原出五經。詔命策檄。生於書者也。序述論議。生於易者也。歌詠賦頌。生於詩者也。祭祀哀誄。生於禮者也。書奏箴銘。生於春秋者也。朝廷憲章。軍旅誓誥。敷顯仁義。發明功德。牧民建國。施用多途。至於陶冶性靈。從容諷諫。入其滋味。亦樂事也。行有餘力。則可習之。然而自古文人。多陷輕薄。屈原露才揚己。顯暴君過。宋玉體貌容冶。見遇俳優。東方曼倩滑稽不雅。司馬長卿竊貲無操。王褒過章童約。揚雄德敗美新。李陵降辱夷虜。劉歆反覆莽世。傅毅黨附權門。班固盜竊父史。趙元叔抗竦過度。馮敬通浮華擯壓。馬季長佞媚獲誚。蔡伯喈同惡受誅。吳質詆訶鄉里。曹植悖慢犯法。杜篤乞假無厭。路粹隘狹已甚。陳琳實號麤疏。繁欽性無檢格。劉楨屈強輸作。王粲率躁見嫌。孔融禰衡誕傲致殞。楊修丁廙扇動取斃。阮籍無禮敗俗。嵇康淩物凶終。傅玄忿鬬免官。孫楚矜誇淩上。陸機犯順履險。潘岳乾沒取危。顏延年負氣摧黜。謝靈運空疏亂紀。王元長凶賊自貽。謝玄暉侮慢見及。凡此諸人。皆其翹秀者。不能悉紀。大較如此。至於帝王。亦或未免。自昔天子而有才華者。唯漢武魏太祖文帝明帝宋孝武帝。皆負世議。非懿德之君也。自子游子夏荀況孟軻枚乘賈誼蘇武張衡左思之儔。有盛名而免過患者。時復聞之。但其損敗居多耳。每嘗思之。原其所積。文章之體。標舉興會。發引性靈。使人矜伐。故忽於持操。果於進取。今世文士。此患彌切。一事愜當。一句清巧。神厲九霄。志淩千載。自吟自賞。不覺更有傍人。加以砂礫所傷。慘於矛戟。諷刺之禍。速乎風塵。

深宜防慮。以保元吉。

或問揚雄曰。吾子少而好賦。雄曰然。童子雕蟲篆刻。壯夫不爲也。余竊非之曰。虞舜歌南風之詩。周公作鴟鴞之詠。吉甫史克雅頌之美者。未聞皆在幼年累德也。孔子曰。不學詩無以言。自衞返魯。樂正雅頌各得其所。大明孝道。引詩證之。揚雄安敢忽之也。若論詩人之賦麗以則。辭人之賦麗以淫。但知變之而已。又未知雄自爲壯夫何如也。著劇秦美新。妄投於閣。周章怖慴。不達天命。童子之爲耳。桓譚以勝老子。葛洪以方仲尼。使人歎息。此人直以曉算術。解陰陽。故著太玄經。爲數子所惑耳。其遺言餘行。孫卿屈原之不及。安敢望大聖之清塵。且太玄今竟何用乎。不啻覆醬瓿而已。　齊世有辛毗者。清幹之士。官至行臺尚書。嗤鄙文學。嘲劉逖云。君輩辭藻。譬若榮華。須臾之翫。非宏才也。豈比吾徒十丈松樹。常有風霜。不可凋悴矣。劉應之曰。既有寒木。又發春華。何如也。辛笑曰。可矣。凡爲文章。猶人乘騏驥。雖有逸氣。當以銜勒制之。勿使流亂軌躅。放意塡坑岸也。文章當以理致爲心腎。氣調爲筋骨。事義爲皮膚。華麗爲冠冕。今世相承。趨末棄本。率多浮豔。辭與理競。辭勝而理伏。事與才爭。事繁而才損。放逸者流宕而忘歸。穿鑿者補綴而不足。時俗如此。安能獨違。但務去泰去甚耳。必有盛才重譽。改革體裁者。實吾所希。古人之文。宏材逸氣。體度風格。去今實遠。但緝綴疏朴。未爲密緻耳。今世音律諧靡。章句偶對。避諱精詳。賢於往昔多矣。宜以古之製裁爲本。今之辭調爲末並須兩存不可偏棄也。　沈隱侯曰文章當從三易。易見事一也。易識字二也。易讀誦三也。邢子才常曰沈侯文章用事不使人覺若胸臆語也。深以此服之祖孝徵亦嘗謂吾曰。沈詩云崖傾護石髓此皆似用事耶。邢子才魏收俱有重名時俗準的以爲師匠邢賞服沈約而輕任昉魏愛慕任昉而毀沈約每於談讌辭色以之。鄴下紛紜各有朋黨祖孝徵嘗謂吾曰。任沈之是非乃邢魏之優劣也。

王通　隋龍門人。字仲淹。隱居河汾受業者千餘人。卒年三十五。諡文中子。著有中說等種。

論文九則　論詩語附集錄中說

子曰學者博誦云乎哉。必也貫乎道。文者苟作云乎哉。必也濟乎義。

房玄齡問史子曰古之史也辯道。今之史也耀文。問文子曰古之文也約以達。今之文也繁以塞。

子謂荀悅史乎史乎。謂陸機文乎文乎。皆思過半矣。

子謂文士之行可見謝靈運小人哉。其文傲君子則謹沈休文小人哉。其文冶君子則典。鮑照江淹古之狷者也。其文急以怨。吳筠孔珪古之狂者也。其文怪以怒。謝莊王融古之纖人也。其文碎。徐陵庾信古之夸人也。其文誕。或問孝綽兄弟子曰鄙人也。其文淫。或問湘東王兄弟子曰貪人也。其文繁。謝朓淺人也。其文捷。江總詭人也。其文虛。皆古之不利人也。

子曰。君子哉思王也。其文深以典。

子謂顏延之王儉任昉有君子之心焉。其文約以則。

李伯藥見子而論詩。子不答。伯藥退謂薛收曰。吾上陳應劉。下述沈謝。分四聲八病。剛柔淸濁。各有端序。音若塤篪。而夫子不應我。其未達歟。薛收曰。吾嘗聞夫子之論詩矣。上明三綱。下達五常。於是徵存亡。辯得失。故小人歌之以貢其俗。君子賦之以見其志。聖人采之以觀其變。今子營營馳騁乎末流。是夫子之所痛也。不答則有由矣。薛收問續詩。子曰。有四名焉。有五志焉。何謂四名。一曰化。天子所以風天下也。二曰政。蕃臣所以移其俗也。三曰頌。以成功告於神明也。四曰歎。以陳誨立誡也。凡此四者。或美焉。或勉焉。或傷焉。或惡焉。或誡焉。是謂五志。

薛收問曰。今之民胡無詩。子曰。詩者民之情性也。情性能亡乎。非民無詩。職詩者之罪也。

柳冕　唐河東人。字敬叔。芳之子。博學富文辭。世爲史官。父子復並居集賢院。貞元中以言論剴切當道惡之。出爲婺州刺史。尋徙福建觀察使。卒。

與滑州盧大夫論文書

別後九年。年已老大。平生好文。老亦興盡。日爲外事所撓。有筆語兩大卷。或不得已而爲之。或有爲而爲之。既爲頗近教化。謹錄呈上。望覽訖一笑。夫文生於情。情生於哀樂。哀樂生於治亂。故君子感哀樂而爲文章。以知治亂之本。屈宋以降。則感哀樂而亡雅正。魏晉以還。則感聲色而亡風教。宋齊以下。則感物色而亡興致。教化興亡。則君子之風盡。故淫麗形似之文。皆亡國哀思之音也。自夫子至梁陳。三變以至衰弱。嗟乎。關雎興而周道盛。王澤竭而詩不作。作則王道興矣。天其或者肇往時之亂。爲聖唐之治。興三代之文者乎。老夫雖知之。不能文之。縱文之不能至之。況已衰矣。安能鼓作者之氣。盡先王之教。在吾子復而行者。鼓而生之。冕頓首。

與徐給事論文書

文章本於教化。形於治亂。繫於國風。故在君子之心爲志。形君子之言爲文。論君子之道爲教。易云。觀乎人文以化成天下。此君子之文也。自屈宋已降。爲文者本於哀豔。務於恢誕。亡於比興。失古義矣。雖揚馬形似。曹劉骨氣。潘陸藻麗。文多用寡。則是一技。君子不爲也。昔武帝好神仙。而相如爲大人賦以諷。帝覽之。飄然有淩雲之氣。故揚雄病之。曰。諷則諷矣。吾恐不免於勸也。蓋文有餘而質不足則流。才有餘而雅不足則蕩。流蕩不返。使人有淫麗之心。此文之病也。雄雖知之。不能行之。行之者。惟荀孟賈生董仲舒而已。僕自下車。爲外事所感。感而應之。爲文不覺成卷。意雖復古。而不逮古。則不足以議古人之文。噫。古人之文不可及之矣。得見古人之心。在於文乎。苟無文。又不得見古人之心。故未能亡言。亦志之所之也。

裴度　唐聞喜人。字中立。貞元進士。累官中書侍郎。以討平淮蔡策勳。封晉國公。加中書令。正色立朝。言無不盡。以身係天下安危者三十年。後因閹宦擅權。力請罷職。治第東都。作別墅曰綠野堂。野服蕭散。與白居易劉禹錫等觴咏其間。不問世事。卒謚文忠。

寄李翺書

前者唐生至自滑。猥辱致書札。兼獲所貺新作十二篇。度俗流也。不盡窺見。若愍女碑烈婦傳。可以激揚敎義。煥於史氏。鍾銘謂以功伐名於器。非爲銘。與弟正辭書謂文非一藝。斯皆可謂救文之失。廣文之用也。甚善甚善。然僕之知弟也。未知其他。直以弟敏於學而好於文。就六經而正焉。故每遇名輩。稱弟不容於口。自謂彌久益無愧詞。竊料弟亦以直諒見待。不以悅媚相容。故不唯嗟悒。亦欲商度其萬一耳。若弟擯落今古。脫遺經籍。斯則如獻白豕。何足採取。若猶有祖述。則願陳其梗概。以相參會耳。愚謂三五之代。上垂拱而無爲。下不知其帝力。其道漸被於天地萬物。不可得而傳也。夏殷之際。聖賢相遇。其文在於盛德大業。又鮮可得而傳也。厥後周公遭變。仲尼不當世。其文遺於册府。故可得而傳也。於是作周孔之文。荀孟之文。左右周孔之文也。理身理家理國理天下。一日失之。敗亂至矣。騷人之文。發憤之文也。雅多自賢。頗有狂態。相如子雲之文。譎諫之文也。自爲一家。不是正氣。賈誼之文。化成之文也。鋪陳帝王之道。昭昭在目。司馬遷之文。財成之文也。馳騁數千載。若有餘力。董仲舒劉向之文。通儒之文也。發明經術。究極天人。其餘擅美一時。流譽千載者多矣。不足為弟道焉。然皆不詭其詞而詞自麗。不異其理而理自新。若夫典謨訓誥。文言繫辭。國風雅頌。經聖人之筆削者。則又至易也。至直也。雖大彌天地。細入無間。而奇言怪語。未之或有。意隨文而可見。事隨意而可行。此所謂文可文非常文也。其可文而文之何常之有。俾後之作者有所裁準。而請問於弟。謂之何哉。謂之不可。非僕敢言。謂之可也。則大學之道。在明明德。在止至善矣。能止於止乎。若遂過之。猶不及也。觀弟近日制作大旨。常以時世之文。多偶對儷句。屬綴風雲。羈束聲韻。為文之病甚矣。故以雄詞遠致。一以矯之。則是以文字為意也。且文者。聖人假之以達其心。心達則已。理窮則已。非故高之下之。詳之略之也。愚欲去彼取此。則安步而不可及。平居而不可踰。又何必遠關經術。然後騁其材力哉。昔人有見小人之違道者。恥與之同形貌。共衣服。遂思倒置眉目。反易冠帶以異也。不知其倒之反之之非也。雖非於小人。亦異於君子乎。故文之異。在氣格之高下。思致之深淺。不在磔裂章句。隳廢聲韻也。人之異。在風神之清濁。心志之通塞。不在於倒置眉目。反易冠帶也。庶幾高明少納庸妄。若以為未幸。不以苦言見革其惑。惟僕心慮荒散。百事罷息。然意之所在。敢隱於故人邪。昌黎韓愈僕識之舊矣。中心愛之。不覺驚賞。然其人信美材也。近或聞諸儕類云。恃其絕足。往往奔放不以文立制。而以文為戲。可矣乎。可矣乎。今之作者。不及則已。及之者當大為防焉爾。弟索居多年。勞想深至。窮陰凝沍。動息何如。入奉晨昏之歡。出參帷幄之畫。固多適耳。昨弟來。字欲度及時干進。度昔歲取名。不敢自高。今孤煢若此。遊宦謂何。是不復能從故人之所勗耳。但寘力田園。省過朝夕而已。然待春氣微和。農事未動。或當策蹇謁賢大夫。兼與弟道舊。未爾閒猶希尺牘。珍重珍重。力書無餘。從表兄裴度奉簡。」

李翺　唐趙郡人。字習之。貞元進士。官國子監博士史官修撰。卒謚文。翺學古文於韓愈。持論率有根柢。清儲欣因明茅坤之唐宋八家文鈔。定爲唐宋十家全集錄。卽益以翺及孫樵二家。後高宗輯唐宋文醇。又因儲書而芟訂之。仍爲十家。可以知翺文之所至矣。有李文公集。

答王載言書

翺頓首。足下不以翺卑賤無所可。乃陳辭屈慮。先我以書。且曰。余之藝及心不能棄於時。將求知者問誰可。則皆曰其李君乎。告足下者過也。足下因而信之又過也。果若來陳。雖道備德具。且猶不足辱厚命。況如翺者。多病少學。其能以此堪足下所望博大而深宏者耶。雖然。盛意不可以不答。故敢略陳其所聞。蓋行己莫如恭。自責莫如厚。接衆莫如弘。用心莫如直。進道莫如勇。受益莫如擇友。好學莫如改過。此聞之於師者也。相人之術有三。迫之以利而審其邪正。設之以事而察其厚薄。問之以謀而觀其智與不才。賢不肖分矣。此聞之於友者也。列天地。立君臣。親父子。別夫婦。明長幼。浹朋友。六經之旨也。浩乎若江海。高乎若邱山赫乎若日火。包乎若天地。掇章稱詠。津潤怪麗。六經之詞也。創意造言。皆不相師。故其讀春秋也。如未嘗有詩也。其讀詩也。如未嘗有易也。其讀易也。如未嘗有書也。其讀屈原莊周也。如未嘗有六經也。故義深則意遠。意遠則理辯。理辯則氣直。氣直則辭盛。辭盛則文工。如山有恆華嵩衡焉。其同者高也。其草木之榮。不必均也。如瀆有淮濟河江焉。其同者出源到海也。其曲直淺深色黃白。不必均也。如百品之雜焉。其同者飽於腸也。其味鹹酸苦辛。不必均也。此因學而知者也。此創意之大歸。天下之語文章。有六說焉。其尚異者。則曰文章辭句奇險而已。其好理者。則曰文章敘意。苟通而已。其溺於時者。則曰文章必當對。其病於時者。則曰文章不當對。其愛難者。則曰文章宜深。不當易。其愛易者。則曰文章宜通。不當難。此皆情有所偏滯而不流。未識文章之所主也。義不深不至於理。言不信不在於教勸。而詞句怪麗者有之矣。劇秦美新。王褒僮約是也。其理往往有是者。而詞章不能工者有之矣。劉氏人物表王氏中說。俗傳太公家敎是也。古之人能極於工而已。不知其詞之對與否易與難也。詩曰。憂心悄悄。慍於羣小。此非對也。又曰。遘閔既多。受侮不少。此非不對也。書曰。朕堲讒說殄行。震驚朕師。詩曰。菀彼桑柔。其下侯旬。捋采其劉。瘼此下人。此非易也。書曰。允恭克讓。光被四表。格於上下。詩曰。十畝之間兮。桑者閑閑兮。行與子旋兮。此非難也。學者不知其方。而稱說云云。如前所陳者。非吾之敢聞也。六經之後。百家之言興。老聃列禦寇莊周鶡冠田穰苴孫武。屈原。宋玉。孟軻。吳起。商鞅。墨翟。鬼谷子。荀況。韓非。李斯。賈誼。枚乘。司馬遷。相如。劉向。揚雄。皆足以自成一家之文。學者之所師歸也。故義雖深。理雖當。詞不工者不成文。宜不能傳也。文理義三者兼幷。乃能獨立於一時。而不泯滅於後代。能必傳也。仲尼曰。言之無文。行之不遠。子貢曰。文猶質也。質猶文也。虎豹之鞹。猶犬羊之鞹。此之謂也。陸機曰。怵他人之我先。韓退之曰。惟陳言之務去。假令述笑哂之狀。曰莞爾。則論語言之矣。曰啞啞。則易言之矣。曰粲然。則穀梁子言之矣。曰攸爾。則班固言之矣。曰囅然。則左思言之矣。吾復言之。與前文何以異也。此造言之大歸也。吾所以不協於時。而學古文者。悅古人之行也。悅古人之行者。愛古人之道也。故學其言。不可以不行其行。行其行。不可以不重其道。重其道。不可以不循其禮。古之人相接。有等輕重有儀。列於經傳。皆可詳引。如師之於門人則名之。於朋友則字而不名。稱之於師。則雖朋友亦名之。子曰。吾與回言。又曰。參乎。吾道一以貫之。又曰。若由也不得其死然。是師之名門人驗也。夫子於鄭兄事子產。於齊兄事晏嬰平仲。傳曰。子謂子產有君子之道四焉。又曰。晏平仲善與人交。子夏曰。言游過矣。子張曰。子夏云何。曾子曰。堂堂乎張也。是朋友字而不名驗也。子貢曰。賜也何敢望回。又曰。師與商也孰賢。子游曰。有澹臺滅明者。行不由徑。是稱於師雖朋友亦名驗也。孟子曰。天下之達尊三。曰德爵年。惡得有其一以慢其二哉。足下之書曰。韋君詞。楊君潛。足下之德。與二君未知先後也。而足下齒幼而似卑。而皆名之傳。曰。吾見其與先生並行。非求益者。欲速成。竊懼足下不思。乃陷於此。韋賤之與翺書。亟敍足下之善。故敢盡辭。以復足下之厚意。計必不以爲犯。李翺頓首。

皇甫湜　唐新安人。字持正。元和進士。仕至工部郎中。湜與李翺皆韓愈弟子。其文各得一體。愈文謹嚴而奇崛。翺得其謹嚴。而湜得其奇崛。有皇甫持正集。

答李生第二書

湜白。生之書辭甚多。志氣甚橫流。論說文章。不可謂無意。若僕愚且困。廼生詞競於此。固非宜。雖然。惡言無從。不可不卒。勿恡。夫謂之奇。則非正矣。然亦無傷於正也。謂之奇。卽非常矣。非常者。謂不如常者。謂不如常。廼出常也。無傷於正而出於常。雖尙之亦可也。此統論奇之體耳。未以文言之失也。夫文者非他。言之華者也。其用在通理而已。固不務奇。然亦無傷於奇也。使文奇而理正。是尤難也。生意便其易者乎。夫言亦可以通理矣。而以文爲貴者。非他。文則遠。無文卽不遠也。以非常之文。通至正之理。是所以不朽也。生何嫉之深耶。夫繪事後素。既謂之文。豈苟簡而已哉。聖人之文。其難及也。作春秋。游夏之徒。不能措一辭。吾何敢擬議之哉。秦漢以來至今。文學之盛。莫如屈原宋玉李斯司馬遷相如揚雄之徒。其文皆奇。其傳皆遠。生書文亦善矣。比之數子。似猶未勝。何必心之高乎。傳曰。言之不出。恥躬之不逮也。生自視何如哉。書之文不奇。易之文可爲奇矣。豈礙理傷聖乎。如龍戰於野。其血玄黃。見豕負塗。載鬼一車。突如其來如。焚如死如棄如。此何等語也。生輕宋玉而稱仲尼班馬相如爲文學。按司馬遷傳屈原曰。雖與日月爭光可矣。生當見之乎。若相如之後。即祖習不暇者也。豈生稱誤耶。將識分有所至極耶。將彼之所立卓爾。非强爲所庶幾。遂讎嫉之耶。其何傷於日月乎。生笑紫貝闕兮珠宮。此與詩之金玉其相何異。天下人有金玉爲之質者乎。披薜荔兮帶女蘿。此與贈之以芍藥何異。文章不當如此說也。豈謂怒三四而喜四三。識出之白而性入之黑乎。生云虎豹之文非奇。夫長本非長。短形之則長矣。虎豹之形於犬羊。故不得不奇也。他皆倣此。生云自然者非性。不知天下何物非自然乎。生又云物與文學不相侔。此喻也。凡喻必以非類。豈可以彈喻彈乎。是不根者也。生稱以知難而退爲謙。夫無難而退。謙也。知難而退。宜也。非謙也。豈可見黃門而稱貞哉。生以一詩一賦爲非文章。抑不知一之少便非文章耶。直詩賦不是文章耶。如詩賦非文章。三百篇可燒矣。如少非文章。湯之盤銘是何物也。孔子曰。先行其言。既爲甲賦矣。不得稱不作聲病文也。孔子云必也正名乎。生既不以一第爲事。不當以進士冠姓名也。夫煥乎郁郁乎之文。謂制度。非止文詞也。前者捧卷軸而來。又以浮豔聲病爲說。似商量文詞。當與制度之文異日言也。近風教偷薄。進士尤甚。迺至有一謙三十年之說。爭爲虛張。以相高自謾。詩未有劉長卿一句。已呼阮籍爲老兵矣。筆語未有駱賓王一字。已罵宋玉爲罪人矣。書字未識偏旁。高談稷契。讀書未知句度。下視服鄭。

此時之大病。所當嫉者。生美才勿似之也。傳曰。惟善人能受善言。孔子曰。君子無所爭。必也射乎。問於湜者多矣。以生之有心也。聊有復。不能盡。不宣。湜再拜。

李德裕。唐贊皇人。字文饒。少力學。卓犖有大節。敬宗朝爲牛僧孺等所擯。不得進。後相武宗。當國六年。藩鎭之亂漸清。宣宗立。爲忌者所構貶。卒年六十三。有會昌一品集。

文章論

魏文典論稱。文以氣爲主。氣之清濁有體。斯言盡之矣。然氣不可以不貫。不貫則雖有英詞麗藻。如編珠綴玉。不得爲全璞之寶矣。鼓氣以勢壯爲美。勢不可以不息。不息則流宕而忘返。亦猶絲竹繁奏。必有希聲窈眇。聽之者悅聞。如川流迅激。必有洄洑逶迤。觀之者不厭。從兄翰嘗言。文章如千兵萬馬。風恬雨霽。寂無人聲。蓋謂是也。近世誥命。惟蘇廷碩敍事之外。自爲文章。才實有餘。用之不竭。沈休文獨以音韻爲切。重輕爲難。語雖甚工。旨則未遠矣。夫荆璧不能無瑕。隋珠不能無纇。文旨高妙。豈以音韻爲病哉。此可以言規矩之內。未可以言文外意也。較其師友。則魏文與王陳應劉討論之矣。江南惟於五言爲妙。故休文長於音韻。而謂靈均以來。此祕未覩。不亦誣人甚矣。古人辭高者。蓋以言妙而工。適情不取於音韻。（曹植七哀詩有徊泥諧依四韻、王粲詩有攀原安三韻、班固漢書贊及當時詞賦、多用協韻、猶歟元勳佐漢舉信是也、）意盡而止。成篇不拘於隻耦。（文選詩有五韻七韻十一韻十三韻二十一韻者、今之文自四韻六韻以至百韻、無有隻者、）故篇無定曲。詞寡累句。譬諸音樂。古辭如金石琴瑟。高於至音。今文如絲竹鞞鼓。迫於促節。則知聲律之爲弊也甚矣。世有非文章者曰。詞不出於風雅。思不越於離騷。模寫古人。何足貴也。余曰。譬諸日月。雖終古常見。而光景常新。此所以爲靈物也。余嘗爲文箴。今載於此。曰。文之爲物。自然靈氣。惚怳而來。不思而至。杼軸得之。澹而無味。琢刻藻繪。彌不足貴。如彼璞玉。磨礱成器。奢者爲之。錯以金翠。美質既彫。良寶斯棄。此爲文之大旨也。

杜牧　小傳見歷代各家名文。

答莊充書

某白。莊先輩足下。凡爲文以意爲主。以氣爲輔。以辭彩章句爲之兵衞。未有主彊盛而輔不飄逸者。兵衞不華赫而莊整者。四者高下圓折。步驟隨主所指。如鳥隨鳳。魚隨龍。師衆隨湯武。騰天潛泉。橫裂天下。無不如意。苟意不先立。止以文彩辭句。繞前捧後。是辭愈多而理愈亂。如入闤闠。紛紛然莫知其誰。暮散而已。是以意全勝者。辭愈朴而文愈高。意不勝者。辭愈華而文愈鄙。是意能遣辭。辭不能成意。大抵爲文之旨如此。觀足下所爲文百餘篇。實先意氣而後辭句。慕古而尚仁義者。苟爲之不已。資以學問。則古作者不爲難到。今以某無可取。欲命以爲序。承當厚意。惕息不安。復觀自古序其文者。皆後世宗師其人而爲之。詩書春秋左氏已降。百家之說。皆是也。古者其身不遇於世。寄志於言。求言遇於後世也。自兩漢已來。

富貴者千百。自今觀之。聲勢光明。孰若馬遷相如賈誼劉向揚雄之徒。斯人也。豈求知於當世哉。故親見揚子雲著書。欲取覆醬瓿。雄當其時。亦未嘗自有誇目。況今與足下並生今世欲序足下未已之文。此固不可也。苟有志古人。不難到。勉之而已。某再拜

孫樵　唐關東人。字可之。大中進士。僖宗時官職方郎中上柱國。爲韓愈三傳弟子。故其文具有典型。惟刻意求奇。不及愈之自然高古耳。有孫可之集。

與王秀才書

太原君足下。雷賦逾千六言。推之大易。參之元象。其旨甚微。其辭甚奇。如觀駭濤於重溟。徒知褫魄眙目。莫得畔岸。誠謂足下怪於文。方舉降旗。將大誇朋從間。且疑子雲復生。無何足下繼以翼旨及雜題十七篇。則與雷賦相闊數百里。足下未到其壺。則非樵所敢與知。直入其城。設不如意。亦宜上下銖兩。不當如此懸隔。不知足下以此見嘗耶。抑以背時戾衆。且欲餔粕啜醨。以期苟合耶。何自待則淺。而徇人反深。鸞鳳之音。必傾聽。雷霆之聲。必駭心。龍章虎皮。是何等物。日月五星。是何等象。儲思必深。摛辭必高。道人之所不道。到人之所不到。趨怪走奇。中病歸正。以之明道。則顯而微。以之揚名。則久而傳。前輩作者。正如是。譬玉川子月蝕詩。楊司城華山賦。韓吏部進學解。馮常侍清河壁記。莫不拔地倚天。句句欲活。讀之如赤手捕長蛇。不施控騎生馬。急不得暇。莫可捉搦。又似遠人入太興城。茫然自失。詎比十家縣

足未及東郭目已極西郭耶。樵嘗得爲文眞訣於來無擇。來無擇得之於皇甫持正。皇甫持正得之於韓吏部退之。然樵未始與人言及文章。且懼得罪於時。今足下有意於此而自疑尙多。其可無言乎。樵再拜。

與友人書

嘗與足下評古今文章。似好惡不相闗者。然不有所竟。顧樵何所得哉。古今所謂文者。辭必高。然後爲奇。意必深。然後爲工。煥然如日月之經天也。炳然如虎豹之異犬羊也。是故以之明道。則顯而微。以之揚名。則久而傳。今天下以文進取者。歲叢試於有司。不下八百輩。人人矜執自大。所得故其習於易者。則斥澀艱之辭。攻於難者。則鄙平淡之言。至有破句讀以爲工。摘俚語以爲奇。秦漢已降古文所稱工而奇者。莫若揚馬。然吾觀其書。乃與今之作者異耳。豈二子所工。不及今之人乎。此樵所以惑也。當元和長慶之間。達官以文馳名者。接武於朝。皆開設戶牖。主張後進。以磨定文章。故天下之文。薰然歸正。洎李御史甘以樂進後士。飄然南遷。由是達官皆闒闒齰舌。不敢上下後進。宜其爲文者得以盛任其意。無所取質。此誠可悲也。足下才力雄健。意語鏗耀。至於發論。尙往往爲時俗所拘。豈所謂以黃金注者昏耶。自顧頑朴。無所知曉。然嘗得爲文之道於來公無擇。來公無擇得之皇甫公持正。皇甫持正得之韓先生退之。其所聞者如前所述。豈樵所能臆說乎。

柳開　宋大名人。字仲塗。開寶進士。累官殿中侍御史。眞宗時終忻州刺史。爲文章步趨韓柳。力滌排偶。論者謂有宋一代矯五代之弊。而振興古體。實自開始。惟體近艱澀。是其所短也。有河東集。

應責

或責曰。子處今之世。好古文與古人之道。其不思乎。苟思之。則子胡能食乎粟。衣乎帛。安于衆哉。衆人所鄙賤之。子猶貴尙之。孰從子之化也。忽焉將見子窮餓而死矣。柳子應之曰。於乎。天生德于人。聖賢異代而同出。其出之也。豈以汲汲于富貴。私豐于己之身也。將以區區于仁義。公行于古之道也。己身之不足。道之足。何患乎不足。道之不足。身之足。則孰與足。今之世與古之世同矣。今之人與古之人亦同矣。古之教民以道德仁義。今之教民亦以道德仁義。是今與古。胡有異哉。古之教民者。得其位。則以言化之。是得其言也。衆從之矣。不得其位。則以書于後。傳授其人。俾知聖人之道易行。尊君敬長。孝乎父。慈乎子。大哉斯道也。非吾一人之私者也。天下之至公者也。是吾行之。豈有過哉。且吾今棲棲草野。位不及身。將已言化于人。胡後于吾矣。故吾有書自廣。亦將以傳授于人也。子責我以好古文。子之言何謂爲古文。古文者。非在辭澀言苦。使人難讀誦之。在于古。其理高。其意隨言短長。應變作制。同古人之行事。是謂古文也。子不能味吾書。取吾意。今而視之。今而誦之。不以古道觀吾心。不以古道觀吾志。吾文無過矣。吾若從世之文也。安可垂教于民哉。亦自愧于心矣。欲行古人之道。反類今人之文。譬乎游于海者。乘之以驥。可乎哉。苟不可。則吾從于古文。吾以此道化于民。若鳴金石于宮中。衆且曰。絲竹之音也。則以金石而聽之矣。食乎粟。衣乎帛。何不能于衆哉。苟不從于吾。非吾不幸也。是衆人之不幸也。吾非以衆人之不幸易我之幸乎。縱吾窮餓而死。死則死矣。吾之道豈能窮餓而死之哉。吾之道。孔子孟軻揚雄韓愈之道。吾之文。孔子孟軻揚雄韓愈之文也。子不思其言而妄責于我。責于我也卽可矣。責于吾之文吾之道也。卽子爲我罪人乎。

蘇轍　洵次子。字子由。晚年自稱潁濱遺老。與兄軾同舉進士。累官翰林學士門下侍郎。在朝先後與王安石章惇不合。屢謫出外。徽宗時致仕。卒年七十四。謚文定。轍性沉靜簡潔。爲文章汪洋淡泊。似其爲人。卽舊稱唐宋古文八大家之一也。有欒城集及詩傳春秋傳古史等種。

上樞密韓太尉書

太尉執事。轍生好爲文。思之至深。以爲文者氣之所形。然文不可以學而能。氣可以養而致。孟子曰。我善養吾浩然之氣。今觀其文章。寬厚宏博。充乎天地之間。稱其氣之小大。太史公行天下。周覽四海名山大川。與燕趙間豪俊交游。故其文疏蕩。頗有奇氣。此二子者。豈嘗執筆學爲如此之文哉。其氣充乎其中而溢乎其貌。動乎其言而見乎其文。而不自知也。轍生十有九年矣。其居家所與游者。不過其鄰里鄉黨之人。所見不過數百里之間。無高山大野。

可登覽以自廣。百氏之書。雖無所不讀。然皆古人之陳迹。不足以激發其志氣。恐遂汩沒。故決然捨去。求天下奇聞壯觀。以知天地之廣大。過秦漢之故都。恣觀終南嵩華之高。北顧黃河之奔流。慨然想見古之豪傑。至京師仰觀天子宮闕之壯。與倉廩府庫城池苑囿之富且大也。而後知天下之巨麗。見翰林歐陽公。聽其議論之宏辨。觀其容貌之秀偉。與其門人賢士大夫游。而後知天下之文章聚乎此也。太尉以才略冠天下。天下之所恃以無憂。四夷之所憚以不敢發。入則周公召公。出則方叔召虎。而轍也未之見焉。且夫人之學也。不志其大。雖多而何爲。轍之來也。於山見終南嵩華之高。於水見黃河之大且深。於人見歐陽公。而猶以爲未見太尉也。故願得觀賢人之光耀。聞一言以自壯。然後可以盡天下之大觀而無憾矣。轍年少。未能通習吏事。嚮之來。非有取於斗升之祿。偶然得之。非其所樂。然幸得賜歸待選。使得優游數年之間。將以益治其文。且學爲政。太尉苟以爲可教而辱教之。又幸矣。

黃庭堅　宋分寧人。字魯直。號山谷道人。舉進士。紹聖初知鄂州。爲章惇蔡卞所惡。貶宜州。卒年六十一。庭堅文章天成。與張耒晁補之秦觀俱遊蘇軾之門。天下稱爲四學士。而庭堅尤長於詩。爲江西詩派之祖。有山谷全集。

與王觀復書

蒲元禮來。辱書勤懇千萬。知在官雖勞勩。無日不勤翰墨。何慰如之。即日初夏。便有暑氣。不審起居何如。所送詩皆興寄高遠。但詩生硬。不諧律呂。或詞氣不逮初造意時。此病亦只是讀書未精博耳。長袖善舞。多錢善賈。至語也。南陽劉勰。嘗論文章之難。云意翻空而易奇。文徵實而難工。此語亦是沈謝輩爲儒林宗主時。好作奇語。故後生立論如此。好作奇語。自是文章病。但當以理爲主。理得而辭順。文章自然出羣拔萃。觀杜子美到夔州後詩。韓退之自潮州還朝後文章。皆不煩繩削而自合矣。往年嘗請問東坡先生作文章之法。東坡云。但熟讀禮記檀弓。當得之。既而取檀弓二篇。讀數百過。然後知後世作文章不及古人之病。如觀日月也。文章蓋自建安以來。好作奇語。故其氣象荼然。其病至今猶在。唯陳伯玉韓退之李習之。近世歐陽永叔王介甫蘇子瞻秦少游。乃無此病耳。公所論杜子美詩。亦未極其趣。試更深思之。若入蜀下峽年月。則詩中自可見。其曰九鑽巴巽火。三蟄楚祠雷。則往來兩川九年。在夔府三年。可知也。恐更須改定。乃可入石。適多病少安之餘。賓客妄謂不肖有東歸之期。日月到門。疲於應接。蒲元禮來告行。草草具此。世俗寒溫禮數。非公所望於不肖者。故皆略之。

答洪駒父書

駒父外甥教授。別來三歲。未嘗不思念。閑居絕不與人事相接。故不能作書。雖晉城亦未曾作書也。專人來。得手書。審在官不廢講學。眠食安勝。諸稚子長茂。慰喜無量。寄詩語意老重。數過讀不能去手。繼以歎息。少加意讀書。古人不難到也。諸文亦皆好。但少古人繩墨耳。可更熟讀司馬子長韓退之文章。凡作一文。皆須有宗有趣。終始關鍵。有開有闔。如四瀆雖納百川。或匯而爲廣澤汪洋千里。要自發源注海耳。老夫紹聖以前。不知作文章斧斤。取舊所作讀之。皆可笑。紹聖以後。始知作文章。但以老病惰懶。不能下筆也。外甥勉之。爲我雪恥。罵犬文雖雄奇。然不作可也。東坡文章妙天下。其短處在好罵。愼勿襲其軌也。甚恨不得相見。極論詩與文章之善病。臨書不能萬一。千萬强學自愛。少飮酒爲佳。所寄釋權一篇。詞筆從橫。極見日新之效。更須治經。深其淵源。方可到古人耳。靑瑣祭文。語意甚工。但用字時有未安處。自作語最難。老杜作詩。退之作文。無一字無來處。蓋後人讀書少。故謂韓杜自作此語耳。古之能爲文章者。眞能陶冶萬物。雖取古人之陳言入於翰墨。如靈丹一粒。點鐵成金也。文章最爲儒者末事。然索學之。又不可不知其曲折。幸熟思之。至於推之使高。如泰山之崇崛。如垂天之雲。作之使雄壯。如滄江八月之濤。海運吞舟之魚。又不可守繩墨令儉陋也。

張耒　宋淮陰人。字文潛。第進士。紹聖初。知潤州。坐黨謫官。徽宗立。召爲太常少卿。出知潁汝二州。又坐黨籍落職。卒年六十一。有宛邱集。

答李推官書

南來多事。久廢讀書。昨送簡人還。忽辱惠及所作病暑賦及雜詩等。誦詠愛歎。既有以起其竭涸之思。而又喜世之學者比來稍稍追求古人之文章。述作體製。往往已有所到也。耒不才少時喜爲文詞。與人游。又喜論文字。謂之嗜好則可。以爲能文。則世自有人。決不在我。足下與耒平居飲酒笑語。忘去屑屑而忽持大軸細書題官位姓名。如卑賤之見尊貴。此何爲者。豈妄以耒爲知文。謬爲恭敬若請教者乎。欲持納而貪而愛玩。勢不可得捨。雖恒然於以自寧。而既辱勤厚。不敢隱其所知於左右也。足下之文。可謂奇矣。捐去文字常體。力爲瓌奇險怪。務欲使人讀之。如見數千歲前科斗鳥跡所記。弦匏之歌。鍾鼎之文也。足下之所嗜者如此。固無不善者。抑耒之所聞。所謂能文者。豈謂其能奇哉。能文者固不能以奇爲主也。夫文何爲而設也。知理者不能言。世之能言者多矣。而文者獨傳。豈獨傳哉。因其能文也。而言益工。因其言工而理益明。是以聖人貴之。自六經以下。至於諸子百氏。騷人辯士論述。大抵皆將以爲寓理之具也。是故理勝者。文不期工而工。理愧者。巧爲粉澤而隙開百出。此猶兩人持牒而訟。直者操筆。不待累累。讀之如破竹。橫斜反覆。自中節目。曲者雖使假詞於子貢。問字於揚雄。如列五味而不能調和。食之於口。無一可愜。何況使人玩味之乎。故學文之端。急於明理。夫不知爲文者。無所復道。如知文而不務理。求文之工。世未嘗有是也。夫決水於江河淮海也。水順道而行。滔滔汨汨。日夜不止。衝砥柱。絕呂梁。放於江湖而納之海。其舒爲淪漣。鼓爲濤波。激之爲風飆。怒之爲雷霆。蛟龍魚黿。噴薄出沒。是水之奇變也。而水初豈如此哉。順道而決之。因其所遇而變生焉。溝瀆東決而西竭。下滿而上虛。日夜激之。欲見其奇。

彼其所至者。蛙蛭之玩耳。江河淮海之水。理達之文也。不求奇而奇至矣。激溝瀆而求水之奇。此無見於理而欲以言語句讀爲奇之文也。六經之文。莫奇於易。莫簡於春秋。夫豈以奇與簡爲務哉。勢自然耳。傳曰。吉人之辭寡。彼豈惡繁而好寡哉。雖欲爲繁而不可得也。自唐以來。至今文人好奇者不一。甚者或爲缺句斷章。使脈理不屬。又取古書訓詁。希於見聞者。衣被而說合之。或得其字不得其句。不知其章。反覆咀嚼。卒亦無有此。最文之陋也。足下之文。雖不若此。然其意靡靡。似主於奇矣。故預爲足下陳之。願無以僕之言質俚而不省也。

陸游

宋山陰人。字務觀。號放翁。孝宗朝擢編修。出知夔嚴二州。官至寶章閣待制。致仕。年八十六卒。游才氣超逸。尤長於詩。爲南宋一大家。有渭南文集。劍南詩稿等種。

上辛給事書

某官閣下。君子之有文也。如日月之明。金石之聲。江海之濤瀾。虎豹之炳蔚。必有是實。乃有是文。夫心之所養。發而爲言。言之所發。比而成文。人之邪正。至觀其文。則盡矣。決矣。不可復隱矣。爝火不能爲日月之明。瓦釜不能爲金石之聲。潢汙不能爲江海之濤瀾。犬羊不能爲虎豹之炳蔚。而或謂庸人能以浮文眩世。烏有此理也哉。使誠有之。則所可眩者。亦庸人耳。某聞前輩以文知人。非必鉅篇大筆。苦心致力之詞也。殘章斷藁。憤譏戲笑。所以娛憂而舒悲者。皆足知之。甚至於郵傳之題詠。親戚之書牘。軍旅官府倉卒之間。符檄書判類。皆可以洞見其人之心術才能。與夫平生窮達壽夭。前知逆決。毫芒不失。如對棋枰而指白黑。如觀人面而見其目衡鼻縱。不待思慮搜索而後得也。何其妙哉。故善觀鼂錯者。不必待東市之誅。然後知其刻深之殺身。善觀平津侯者。不必待淮南之謀。然後知其阿諛之易與。方發策決科時。其平生事業。已可望而知之矣。賢者之所養。動天地。開金石。其胸中之妙。充實洋溢而後發見於外。氣全力餘。中正閎博。是豈可容一毫之僞於其間哉。某束髮好文。才短識近。不足以望作者之藩籬。然知文之不容僞也。故務重其身而養其氣。貧賤流落。何所不有。而自信愈篤。自守愈堅。每以其全自養。以其餘見之於文。文愈自喜。愈不合於世。夫欲以此求合於世。某則愚矣。而世遂謂某終無所合。某亦不敢謂其言爲智也。恭惟閣下以皐陶之謨。周公之誥。清廟生民之詩。啟迪人主。而師表學者。雖鄉殊壤絕。百世之下。猶將想望而師尊焉。某近在屬部。而不能承下風。望餘光。則是自絕於賢人君子之域矣。雖然。非敢以文之工拙爲言也。某心之爲邪爲正。庶幾閣下一讀其文而盡得之。唐人有曰。士之致遠。先器識而後文藝。是不得爲知文者。天下豈有器識卑陋而文詞超然者哉。狂率冒犯。死有餘罪。

陳騤　宋臨海人。字叔進。紹興中舉進士第一。寧宗卽位。知樞密院事。兼參知政事。以忤韓侂胄。提舉洞霄宮。卒年七十四。謚文簡。所著文則。評論文章體製。指示作法。大率準經立制。條列義例。於初學頗爲切近。

論取喩之法　文則下同

易之有象。以盡其意。詩之有比。以達其情。文之作也。可無喻乎。博采經傳。約而論之。取喻之法。大概有十。略條于后。

一曰直喻。或言猶。或言若。或言如。或言似。灼然可見。孟子曰。猶緣木而求魚也。書曰。若朽索之馭六馬。論語曰。譬如北辰。莊子曰。淒然似秋。此類是也。

二曰隱喻。其文雖晦。義則可尋。禮記曰。諸侯不下漁色。（國君內取國中、象捕魚然、中網取之、是無所擇、）國語曰。沒平公軍無秕政。（秕、穀之不成者、以喻政、）又曰。雖蝎譖焉避之。（蝎木蟲、譖從中起、如蝎食木、木不能避也、）左氏傳曰。是豢吳也夫。（若人養犧牲、）公羊傳曰。其諸爲其雙雙而俱至者與。（言齊高固及子叔姬來、其雙行匹至似獸、山海經有獸名雙雙、）此類是也。

三曰類喻。取其一類。以次喻之。書曰。王省惟歲。卿士惟月。師尹惟日。歲月日一類也。賈誼新書曰。天子如堂。羣臣如陛。衆庶如地。堂陛地一類也。此類是也。

四曰詰喻。雖爲喻文。似成詰難。論語曰。虎兕出于柙。龜玉毀于櫝中。是誰之過歟。左氏傳曰。人之有牆。以蔽惡也。牆之隙壞。誰之咎也。此類是也。

五曰對喻。先比後證。上下相符。莊子曰。魚相忘乎江湖。人相忘乎道術。荀子曰。流丸止於甌臾。流言止於智者。此類是也。

六曰博喻。取以爲喻。不一而足。書曰。若金。用汝作礪。若濟巨川。用汝作舟楫。若歲大旱。用汝作霖雨。荀子曰。猶以指測河也。猶以戈舂黍也。猶以錐飡壺也。此類是也。

七曰簡喻。其文雖略。其意甚明。左氏傳曰。名德之輿也。揚子曰。仁宅也。此類是也。

八曰詳喻。須假多辭。然後義顯。荀子曰。夫耀蟬者。務在乎明其火。振其樹而已。火不明。雖振其樹。無益也。今人主有能明其德。則天下歸之。若蟬之歸明火也。此類是也。

九曰引喻。援取前言。以證其事。左氏傳曰。諺所謂庇焉而縱尋斧焉者也。禮記曰。蛾子時術之。其此之謂乎。此類是也。

十曰虛喻。既不指物。亦不指事。論語曰。其言似不足者。老子曰。飂兮似無所止。此類是也。

論援引之法

凡伯刺厲之詩而曰。先民有言。板三章曰、先民有言、詢于芻蕘、鄭康成云、此古賢者有言也、吉甫美宣之詩而曰。人亦有言。蒸民五章曰、人亦有言、柔則茹之、剛則吐之、此亦謂前人有言如此、允侯之征。乃舉政典。政典曰、先時者殺無赦、不及時者殺無赦、孔安國云、政典、夏后爲政之典盤庚之誥。亦載遲任。遲任有言曰、人惟求舊、器非求舊、惟新、孔安國云、遲任古賢人、或稱古人言。秦誓曰、古人有言曰、撫我則后、虐我則讎、籍、此類是也、是皆有所援引也。詩書而降。傳記籍籍。援引之言。不可具載。且左氏采諸國之事以爲經傳。戴氏集諸儒之篇以成禮志。援引詩書。莫不有法。推而論之。蓋有二端。一以斷行事。二以證立言。二者又各分三體。略條于後。

左氏傳載詩曰。自詒伊慼。其子臧之謂矣。此獨引詩以斷之。是一體也。

左氏傳載詩曰。于以采蘩。于沼于沚。于以用之。公侯之事。秦穆有焉。夙夜匪解。以事一人。孟明有焉。詒厥孫謀。以燕翼子。子桑有焉。此各引詩以合斷之。是二體也。表記載詩曰、莫莫葛藟、施于條枚、豈弟君子、求福不回、其舜禹文王周公之謂與、此又一詩總斷之體也、

國語載詩曰。其類維何。室家之壼。君子萬年。永錫祚允。類也者。不忝前哲之謂也。壼也者。廣裕民人之謂也。萬年也者。令聞不忘之謂也。祚允也者。子孫蕃育之謂也。單子朝夕不忘成王之德。可謂不忝前哲矣。膺保明德。以佐王室。可謂廣裕民人矣。若能類善物以混厚民人者。必有章譽蕃育之祚。則單子必當之矣。此既引詩文。又釋其義以斷之。是三體也。

大學載康誥曰。克明德。太甲曰。顧諟天之明命。帝典曰。克明峻德。皆自明也。湯之盤銘曰。苟日新。日日新。又日新。康誥曰。作新民。詩曰。周雖舊邦。其命維新。是故君子無所不用其極。此則采總羣言以盡其義。是一體也。

緇衣曰。好賢如緇衣。惡惡如巷伯。則爵不瀆而民作愿。刑不試而民咸服。大雅曰。儀刑文王。萬邦作孚。此則言終引證。是二體也。孝經諸篇悉用此體、左氏傳曰。周書所謂庸庸祗祗者。謂此物也。夫又曰。太誓所謂商兆民離。周十人同者。衆也。此乃斷析本文以成其言。是三體也。

夫取詩即云詩。取書即云書。蓋常體也。觀以康誥為先王之令。國語稱先王之令曰、天道賞善而罰淫、故凡我造國、無從非彝、此引湯誥文、以周書為西方之書。國語稱西方之書、蓋逸周書、韋昭云、詩言西方之人兮、則西方為周也、以咸有一德為尹告。禮記稱尹告曰、惟尹躬暨湯咸有一德、康成云、尹告伊尹之誥、以大禹謨為道經。荀子稱道經曰、人心惟危、道心惟微、楊倞云、此在虞書、曰道經者、言有道之經也、不

曰仲虺之誥。而曰仲虺之志。左氏傳曰、仲虺之志云、亂者取之、亡者侮之、不曰五子之歌。而曰夏訓有之。左氏傳曰、夏訓有之、曰、有窮后羿、直言鄭詩曹詩。國語稱鄭詩曰、仲可懷也、又稱曹詩曰、彼其之子、不遂其媾、止稱汋曰武曰。左氏傳汋曰、於鑠王師、武曰、無競惟烈、或稱芮良夫。左氏傳曰、周芮良夫之詩曰、大風有隧、貪人敗類、或稱周文公。國語周文公之頌曰、載戢干戈、載櫜弓矢、指那頌卒章爲亂辭。國語曰、戢之亂曰、自古在昔、先民有作、韋昭云、凡作篇章、義既成、撮其大要以爲亂辭、摘小宛首章爲篇目。國語曰、秦伯賦鳩飛、韋昭云、小宛之首章、宛彼鳴鳩、翰飛戾天是也、數章之末章。既謂之卒章。左氏傳曰、賦綠衣之卒章、此類是也、一章之末句。亦謂之卒章。左氏傳曰、作武員卒章曰、者定爾功、凡此似亦略施雕琢。少變雷同。作者考焉。毋誚無補。

左氏傳載諸國燕饗賦詩之事。但云賦某詩。或云賦某詩之卒章。皆不載詩文而意自具。其曰賦棠棣之七章以卒。則知賦七章已卒盡八章也。其曰在揚水卒章之四言矣。則知取我聞有命也。左氏於此等文最爲得體。

眞德秀　宋浦城人。字景元。後更字景希。慶元進士。理宗時拜參知政事。卒諡文忠。學者稱西山先生。德秀學宗朱熹。以昌明道學爲己任。所編文章正宗。大要以明理切用爲主。否則辭雖工亦不錄。與文選一派之總集。蓋判然兩途焉。

文章正宗綱目

正宗云者。以後世文辭之多變。欲學者識其源流之正也。自昔集錄文章者衆矣。若杜預摯虞諸家。往往堙沒弗傳。今行於世者。惟梁昭明文選。姚鉉文粹而已。由今眡之。二書所錄。果皆得源流之正乎。夫士之於學。所以窮理而致用也。文雖學之一事。要亦不外乎此。故今所輯。以明義理切世用爲主。其體本乎古。其指近乎經者。然後取焉。否則辭雖工。亦不錄。其目凡四。曰辭命。曰議論。曰敍事。曰詩賦。今凡二十餘卷云。紹定執除之歲正月甲申。學易齋書。

辭命　按周官太祝作六辭。以通上下親疏遠近。曰辭。（鄭氏曰、辭謂辭令、）曰命。（謂諦誥之命、）曰誥。（謂康誥盤庚之屬、）曰會。（謂胥命于蒲之命、）曰禱。（謂如衛大子蒯聵禱、）曰誄。（謂如哀公誄孔子之誄、）內史凡命諸侯及孤卿大夫則策命之。（策謂以簡策書王命、）御史掌贊書。（若今尚書作詔文、）質諸先儒注釋之說。則辭命以下皆王言也。太祝以下掌爲之辭。則所謂代言者也。以書考之。其可見者有三。一曰誥。以之播告四方。湯誥盤庚大誥多士多方康王之誥是也。二曰誓。以之行師。誓衆甘誓泰誓牧誓費誓秦誓是也。三曰命以之封國命官。微子蔡仲君陳畢命君牙冏命呂刑文侯之命是也。他皆無傳焉。意者王言之重。惟此三者。故聖人錄之以示訓乎。漢世有制有詔有冊有璽書。其名雖殊。要皆王言也。文章之施於朝廷。布之天下者。莫此爲重。故今以爲編之首。書之諸篇。聖人筆之爲經。不當與後世文辭同錄。獨取春秋內外傳所載周天子諭告諸侯之辭。列國往來應對之辭。下至兩漢詔冊而止。蓋魏晉以降。文辭猥下。無復深純溫厚之指。至偶儷之作興。而去古益遠矣。學者欲知王言之體。當以書之誥誓命爲祖。而參之以此編。則所謂正宗者。庶乎其可識矣。

議論　按議論之文。初無定體。都俞吁咈。發於君臣會聚之間。語言問答。見於師友切磋之際。與凡秉筆而書締思而作者。皆是也。大抵以六經語孟爲祖。而書之大禹皐陶謨益稷仲虺之誥伊訓太甲咸有一德說命高宗肜日旅獒召誥無逸立政。則正告君之體。學者所當取法。然聖賢大訓。不當與後之作者同錄。今獨取春秋內外傳所載諫爭論說之辭。先漢以後諸臣所上書疏封事之屬。以爲議論之首。他所纂述。或發明義理。或敷析治道。或褒貶人物。以次而列焉。書記往來。雖不關大體。而其文卓然爲世膾炙者。亦綴其末。學者之議論。一以聖賢爲準的。則反正之評。詭道之辨。不得而惑。其文辭之法度。又必本之此編。則華實相副。彬彬乎可觀矣。

敍事　按敍事起於古史官。其體有二。有紀一代之始終者。書之堯典舜典與春秋之經是也。後世本紀似之。有紀一事之始終者。禹貢武成金縢顧命是也。後世志記之屬似之。又有紀一人之始終者。則先秦蓋未之有。而昉於漢司馬氏。後之碑志事狀之屬似之。今於書之諸篇與史之紀傳。皆不復錄。獨取左氏史漢敍事之尤可喜者。與後世記序傳誌之典則簡嚴者。以爲作文之式。若夫有志於史筆者。自當深求春秋大義。而參之以遷固諸書。非此所能該也。

詩賦　按古者有詩。自虞賡歌夏五子之歌始。而備於孔子所定三百五篇。若楚辭則又詩之變而賦之祖也。朱文公嘗言。古今之詩凡有三變。蓋自書傳所記。虞夏以來。下及漢魏。自爲一等。自晉宋間顏謝以後。下及唐初。自爲一等。自沈宋以後。定箸律詩。下及今日。又爲一等。然自唐初以前。其爲詩者固有高下。而法猶未變。至律詩出。而後詩之古法始皆大變矣。故嘗欲鈔取經史諸書所載韻語。下及文選古詩。以盡乎郭景純陶淵明之作。自爲一編。而附於三百篇楚辭之後。以爲詩之根本準則。又於其下二等之中。擇其近於古者。各爲一編。以爲之羽翼輿衞。其不合者。則悉去之。不使其接於胸次。要使方寸之中。無一字世俗語言意思。則其爲詩不期於高遠而自高遠矣。今惟虞夏二歌與三百五篇不錄。外自餘皆以文公之言爲準。而拔其尤者列之此編。律詩雖工。亦不得與。若箴銘頌贊郊廟樂歌琴操。皆詩之屬。間亦採摘一二。以附其間。至於辭賦。則有文公集注楚辭後語。今亦不錄。或曰。此編以明義理爲主。後世之詩。其有之乎。曰。三百五篇之詩。其正言義理者蓋無幾。而諷詠之間。悠然得其性質之正。卽所謂義理也。後世之作。雖未可同日而語。然其間興寄高遠。讀之使人忘寵辱。去係吝。翛然有自得之趣。而於君親臣子大義。亦時有發焉。其爲性情心術之助。反有過於他文者。蓋不必顯言性命。而後爲關於義理也。讀者以是求之。斯得之矣。

蘇伯衡　明金華人。字平仲。轍九世孫。洪武初。擢國史院編修。以疾辭歸。伯衡博洽羣籍。爲古文有聲。宋濂嘗稱其蔚贍有法。不求似古人。而未嘗不似。有蘇平仲集。

答尉遲楚問文　空同子瞽說

尉遲楚好爲文謂空同子曰。敢問文有體乎。曰何體之有。易有似詩者。詩有似書者。書有似禮者。何體之有。有法乎。曰初何法。典謨訓誥國風雅頌初何法。難乎易乎。曰吾將言其難也。則古詩三百篇多出於小夫婦人。吾將言其易也則成一家言者一代不數人。宜繁宜簡。曰不在繁不在簡。狀情寫物在辭達。辭達則一二言而非不足。辭未達則千百言而非有餘。宜何如。曰如江河。何也。曰有本也。如鍵之於管。如樞之於戶。如將之於三軍。如腰領之於衣裳。何也。曰統攝也。如置陣。如構居第。如建國都。何也。曰謹布置也。如草木焉。根而榦。榦而枝。枝而葉。而葩。曰何也。曰條理精暢而有附麗也。如手足之十二脈焉。各有起。有出。有循。有注。有會。何也。曰支分脈別而榮衞流通也。如天地焉。包涵六合而不見端倪。何也。曰氣象沈鬱也。如漲海焉。波濤湧而魚龍張。何也。曰浩汗詭怪也。如日月焉。朝夕見而令人喜。何也。曰光景常新也。如煙霧。舒而雲霞布。何也。曰動蕩而變化也。如風霆。流而雨雹集。何也。曰神聚而冥會也。如重林。如邃谷。何也。曰深遠也。如秋空。如寒冰。何也。曰潔淨也。如太羹。如玄酒。何也。曰儁永也。如瀨之旋。如馬之奔。何也。曰回複馳騁也。如羊腸。如鳥道。何也。曰縈迂曲折也。如孫吳之兵。何也。曰奇正相生也。如常山之蛇。何也。曰首尾相應也。如父師之臨子弟。如孝子仁人之處親側。如元夫碩士端冕而立乎宗廟朝廷。何也。曰端嚴也。溫雅也。正大也。如楚莊王之怒。如杞梁妻之泣。如昆陽城之戰。如公孫大娘之舞劍。何也。曰激切也。雄壯也。頓挫也。如菽粟。如布帛。如精金。如美玉。如出水芙容。何也。曰有補於世也。不假磨礱雕琢也。將烏乎以及此也。曰易詩書三禮春秋所載。邱明高赤所傳。孟荀莊老之徒所著。朝焉夕焉。諷焉詠焉習焉。斯得之矣。雖然非力之可爲也。聖賢道德之光華。積於中而發乎外。其言不期文而文譬猶天地之化。雨露之潤。物之魂魄。以生華蔓羽毛。極人力所不能爲。孰非自然哉。故學於聖人之道。則聖人之言。莫之致而致之矣。學於聖人之言。非惟不得其道。并其所謂言亦且不能至矣。尉遲楚出以告公乘邱。曰楚之於文也。其猶在山徑之間歟。微空同之導。吾出也。吾不知大道之恢恢。於是盡心焉。將於文倜焉無難能者矣。

唐順之　明武進人。字應德。嘉靖進士。官至淮揚巡撫右僉都御史。卒年五十四。諡文襄。順之學問淵博。其文研求古法。循軌途。故不似李夢陽之學秦漢。描摹面貌。亦不似茅坤之學唐宋。掉弄機鋒。古文一派。屹爲大宗。有荊川集。

與茅鹿門主事論文

熟觀鹿門之文。及鹿門與人論文之書。門庭路徑。與鄙意殊有契合。雖中間小小異同。異日當自融釋。不待喋喋也。至於鹿門所疑於我。本是欲工文字之人。而不語人以求工文字者。此則有說。鹿門所見於我者。殆故吾也。而未嘗見夫槁形灰心之吾乎。吾豈欺鹿門者哉。其不語人以求工文字者。非謂一切抹摋以文字絕不足爲也。蓋謂學者先務有源委本末之別耳。文莫猶人。躬行未得。此一段公案。姑不敢論。只就文章家論之。雖其繩墨布置。奇正轉摺。自有專門法師。至於中一段精神命脈骨髓。則非洗滌心源。獨立物表。具今古隻眼者。不足以與此。今有兩人。其一人心地超然。所謂千古隻眼人也。卽使未嘗操紙筆呻吟學爲文章。但直攄胸臆。信手寫出。如寫家書。雖或疏鹵。然絕無煙火酸餡習氣。便是宇宙間一樣絕好文字。其一人猶然塵中人也。雖其專專學爲文章。其於所謂繩墨布置。則盡是矣。然番來覆去。不過是這幾句婆子舌頭語。索其所謂眞精神與千古不可磨滅之見。絕無有也。則文雖工而不免爲下格。此文章本色也。卽如以詩爲喩。陶彭澤未嘗較聲律雕句文。但信手寫出。便是宇宙間第一等好詩。何則。其本色高也。自有詩以來。其較聲律雕句文。用心最苦而立說最嚴者。無如沈約。苦卻一生精力。使人讀其詩。祇見其綑縛齷齪。滿卷累牘。竟不能道出一兩句好話。何則。其本色卑也。本色卑。文不能工也。而況非其本色者哉。且夫兩漢而下。文之不如古者。豈其所爲繩墨轉折之精之不盡如哉。秦漢以前。儒家者有儒家本色。至如老莊家有老莊本色。縱橫家有縱橫本色。名家墨家陰陽家皆有本色。雖其爲術也駁。而莫不皆有一段千古不可磨滅之見。是以老家必不肯勦儒家之說。縱橫家必不肯借墨家之談。各自其本色而鳴之爲言。其所言者其本色也。是以精光注焉。而其言遂不泯於世。唐宋而下。文人莫不語性命。談治道。滿紙炫然。一切自託於儒家。然非其涵養畜聚之素。非眞有一段千古不可磨滅之見。而影響勦說。蓋頭竊尾。如貧人借富人之衣。莊農作大賈之飾。極力裝做。醜態盡露。是以精光枵焉。而其言遂不久湮廢。然則秦漢而上。雖其老墨名法雜家之說而猶傳。今諸子之書是也。唐宋而下。雖其一切語性命談治道之說而亦不傳。歐陽永叔所見唐四庫書目。百不存一焉者是也。後之文人。欲以立言爲不朽計者。可以知所用心矣。然則吾之不語人以求工文字者。乃其語人以求工文字者也。鹿門其可以信我矣。雖然。吾槁形而灰心焉久矣。而又敢與知文乎。今復縱言至此。吾過矣。吾過矣。此後鹿門更見我之文。其謂我之求工於文者耶。非求工於文者耶。鹿門當自知我矣。一笑。

記李方叔論文語

文章之不可無者有四。一曰體。二曰志。三曰氣。四曰韻。述之以事。本之以道。考其理之所在。辨其義之所宜。卑高巨細。包括并載而無所遺。左右上下。各在有職而不亂者。體也。體立於此。折衷其是非。去取其可否。不徇於流俗。不謬於聖人。抑揚損益以稱其事。彌縫貫穿以足其言。行吾學問之力。從吾制作之用者。志也。充其體於立意之始。從其志於造語之際。生之於心。應之於言。心在和平。則溫厚典雅。心在安敬。則矜莊威重。大焉可使如雷霆之奮。鼓舞萬物。小焉可使如脈絡之行。出入無間者。氣也。如金石之有聲。而玉之聲清越。如草木之有華。而蘭華之臭芬薌。如鷄鶩之間而有鶴。清而不羣。犬羊之間而有麟。仁而不猛。如登培塿之丘。以觀崇山峻嶺之秀色。涉潢汙之澤。以觀寒溪澄潭之淸流。如朱絃之有遺音。太羹之有遺味者。韻也。文章之無體。譬之無耳目口鼻。不能成人。文章之無志。譬之雖有耳目口鼻而不知視聽臭味所能。若土木偶人。形質皆具而無所用之。文章之無氣。譬之雖知視聽臭味。而血氣不充於內。手足不衞於外。若奄奄病人。支離顚頓。生意消削。文章之無韻。譬之壯夫。其軀幹枵然。骨强氣盛。而神色昏瞢。言動凡濁。則庸俗鄙人而已。有體有志有氣有韻。夫是之謂成全。四者成全。然於其間。各因天資才品。以見其情狀。故其言迂疏矯厲。不切事情。此山林之文也。其人不必居藪澤。其間不必論巖谷也。其氣與韻則然也。其言鄙俚猥近。不離塵垢。此市井之文也。其人不必坐廛肆。其間不必論財利也。其氣與韻則然也。其言豐容安豫。不儉不陋。此朝廷卿士之文也。其人不必列官守。其間不必論職業也。其氣與韻則然也。其言寬仁忠厚。有任重容天下之風。此廟堂公輔之文也。其人不必位台鼎。其間不必論相業也。其氣與韻則然也。正直之人。其文敬以則。邪諛之人。其言夸以浮。功名之人。其言激以毅。苟且之人。其言儒以愚。排闔縱橫之人。其言辨以私。刻核忮忍之人。其言深以盡。則士欲以文章傳後世者。不可不謹其所言之文。不可不謹乎所養之德也。

茅坤　明歸安人。字順甫。號鹿門。嘉靖進士。累官廣西兵備僉事。破猺賊十七砦。一方以寧。後落職。卒年九十。坤善古文。必折唐順之。所編唐宋八大家文鈔。盛行於世。（八家之名。定自明初朱右。右有唐宋八先生集。而其書不傳。世稱八家。實沿坤此編也。）有白華樓藏稿玉芝山房稿耄年錄。

唐宋八大家文鈔總序

孔子之繫易曰。其旨遠。其辭文。斯固所以教天下後世爲文者之至也。然而及門之士。顏淵子貢以下。並齊魯間之秀傑也。或云身通六藝者七十餘人。文學之科。並不得與。而所屬者僅子游子夏兩人焉。何哉。蓋天生賢哲。各有獨稟。譬則泉之溫。火之寒。石之結綠。金之指南。人於其間。以獨稟之氣。而又必爲之專一以致其至。伶倫之於音。裨竈之於占。養由基之於射。造父之於御。扁鵲之於醫。僚之於丸。秋之於弈。彼皆以天縱之智。加之以專一之學。而獨得其解。斯固以之擅當時而名後世。而非他所得而相雄者。孔子沒而游夏輩各以其學授之諸侯之國。已而散逸不傳。而秦人焚經坑學士。而六藝之旨幾輟矣。漢興。招亡經。求學士。而鼂錯賈誼董仲舒司馬遷劉向揚雄班固輩。始乃稍稍出而西京之文。號爲爾雅。崔蔡以下。非不矯然龍驤也。然六藝之旨。漸流失。魏晉宋齊梁陳隋唐之間。文日以靡。氣日以弱。強弩之末。且不及魯縞矣。而況於穿札乎。昌黎韓愈首出而振之。柳柳州又從而和之。於是始知非六經不以讀。非先秦兩漢之書不以觀。其所著書論序記碑銘頌辯諸什。故多所獨開門戶。然大較並尋六藝之遺。略相上下而羽翼之者。貞元以後。唐且中墜。沿及五代。兵戈之際。天下寥寥矣。宋興百年。文運天啟。於是歐陽公修從隋州故家覆瓿中。偶得韓愈書。手讀而好之。而天下之士。始知通經博古爲高。而一時文人學士。彬彬然附離而起。蘇氏父子兄弟。及曾鞏王安石之徒。其間材旨小大音響緩亟雖屬不同。而要之於孔子所刪六籍之遺。則共爲家習而戶眇之者也。由今觀之。譬則世之走騕褭騏驥於千里之間。而中及二百里三百里而輟者有之矣。謂塗之薊而轅之粤。則非也。世之操觚者。往往謂文章與時相高下。而唐以後。且薄不足爲。噫。抑不知文特以道相盛衰。時非所論也。其間工不工。則又係乎斯人者之稟。與其專一之致否何如耳。如所云。則必太羹玄酒之尚。茅茨土簋之陳。而三代而下。明堂玉帶雲罍犧樽之設。皆駢枝也已。孔子之所謂其旨遠。即不詭於道也。其辭文。即道之燦然若象緯者之曲而布也。斯固庖犧以來人文不易之統也。而豈世之云乎哉。我明宏治正德間。李夢陽崛起北地。豪雋輻湊。已振詩聲。復揭文軌。而曰吾左吾史與漢矣。已而又曰。吾黃初建安矣。以予觀之。特所謂詞林之雄耳。其於古六藝之遺。得無湛淫滌濫而互相剽裂已乎。予於是手掇韓公愈柳公宗元歐陽公修蘇公洵軾轍曾公鞏王公安石之文而稍批評之。以爲操觚者之券。題之曰八大家文鈔。家各有引。條疏如左。嗟乎。之八君子者。不敢遽謂盡得古六藝之旨。而予所批評。亦不敢自以得八君子者之深。要之大義所揭。指次點綴。或於道不相盭已。謹書之以質世之知我者。

與蔡白石書

自罪黜以來。恐一旦露零於茂草之中。誰爲弔其衷而憫其知。以是益發憤爲文辭。而上探馬遷相如劉向班固。及唐韓愈柳宗元。宋歐陽修曾鞏蘇氏兄弟。與同時附離而起。所爲諸家之旨而揣摩之。大略琴瑟柷敔。調各不同。而其中律一也。律者。卽僕曩所謂萬物之情。各有其至者也。近代以來。學士大夫之操觚爲文章。無慮數十百家。其以雲吻霧噏。虎嚙鷙攫之材。揚聲藝林者。亦疊見踵出。於其所謂萬物之情。各有其至者。或在置而未及也。近獨從荊川唐司諫。上下其論。稍稍與僕意相合。僕少喜爲文。每謂當跌宕激射。似司馬子長字而比之。句而億之。苟一字一句。不中其纍黍之度。卽慘惻悲悽也。唐以後。若薄不足爲者。獨怪荊川疾呼曰。唐之韓。猶漢之馬遷。宋之歐曾二蘇。猶唐之韓子。不得致其至而何輕議爲也。僕聞而疑之。疑而不得。又蓄之於心而徐求之。今且三年矣。近迺取百家之文之深者按覆之。臥且唫而餐且噎焉。然後徐得其所謂萬物之情。自各有其至。而因悟曩之所謂司馬子長者。眉也髮也。而唐司諫及僕所自持。始兩相印而無復同異。今僕不暇博舉。姑取司馬子長之大者論之。今人讀游俠傳。卽欲舍生。讀屈原賈誼傳。卽欲流涕。讀莊周魯仲連傳。卽欲遺世。讀陳廣傳。卽欲力鬬。讀石建傳。卽欲俯躬。讀信陵平原君傳。卽欲好士。若此者何哉。蓋各得其物之情而肆於心故也。而固非區區句字之激射者。昔人嘗謂善詩者畫。善畫者詩。僕謂其於文也亦然。今夫天地之間。山川之所以寥廓。日月之所以升沈。神鬼之所以幽眇。草木之所以蕃翳。鼪鼯之所以悲嘯。九州之所以聲名文物。四裔之所以椎髻被髮。以及聖帝明王忠賢孝子羈臣寡婦讒夫佞倖幽人處士釋友仙子之異其行。禮樂律曆兵革封禪天官卜筮農書稗史之異其術。宴歌遊覽行旅蒐狩問釋讖嘲咏物賦情弔古傷今成敗得失之異其感。彼皆各有其至。而非借耳傭目所可紊亂增葺於其間者。學者苟各得其至。合之於大道。而迎之於中。出而肆焉。則物無逆於其心。心無不解於其物。而譬釋氏之說佛法。種種色色。逾玄逾化矣。嗚呼盛矣。此庖羲氏畫卦以來相傳之祕。所謂其旨遠。其辭文。其言曲而中。固非專一以致其至者。不可與言也。

顧炎武

清崑山人。字寧人。居亭林鎭。號亭林。明末諸生。康熙間薦舉鴻博。修明史。皆不就。晚年卜居於華陰。年七十卒。著述甚富。而日知錄三十二卷尤有名。爲清代樸學之祖。論文之語。亦根本經史。切中肯要。非淺學剿說者可比。

論文六則 日知錄

文須有益於天下。文之不可絕於天地間者。曰明道也。記政事也。察民隱也。樂道人之善也。若此者有益於天下。有益於將來。多一篇多一篇之益矣。若夫怪力亂神之事。無稽之言。剿襲之說。諛佞之文。若此者有損於己。無益於人。多一篇多一篇之損矣。

先生與友人書曰。孔子之刪述六經。卽伊尹太公救民於水火之心。而今之注蟲魚命草木者。皆不足以語此也。故曰。載之空言。不如見之行事。夫春秋之作。言焉而已。而謂之行事者。天下後世用以治人之書。將欲謂之空言而不可也。愚不揣有見於是。故凡文之不關於六經之指。當世之務者。一切不爲。而既以明道救人。則於當今之所通患而未嘗專指其人者。亦遂不敢以避也。

文人摹倣之病　近代文章之病。全在摹倣。即使逼肖古人。已非極詣。況遺其神理而得其皮毛者乎。且古人作文時有利鈍。梁簡文與湘東王書云。今人有效謝康樂裴鴻臚文者。學謝則不屆其精華。但得其冗長。師裴則蔑棄其所長。惟得其所短。宋蘇子瞻云。今人學杜甫詩。得其粗俗而已。金元裕之詩云。少陵自有連城璧。爭奈微之識碔砆。夫文章一道。猶儒者之末事。乃欲如陸士衡所謂謝朝華於已披。啟夕秀於未振者。今且未見其人。進此而窺著述之林。益難之矣。效楚辭者必不如楚辭。效七發者必不如七發。蓋其意中先有一人在前。既恐失之。而其筆力復不能自遂。此壽陵餘子學步邯鄲之說也。洪氏容齋隨筆曰。枚乘作七發。創意造端。麗辭誤旨。上薄騷些。故爲可喜。其後繼之者。如傅毅七激。張衡七辯。崔駰七依。馬融七廣。曹植七啟。王粲七釋。張協七命之類。規倣太切。了無新意。傅玄又集之以爲七林。使人讀未終篇。往往棄之几格。柳子厚晉問。乃用其體而超然別立機杼。激越清壯。漢晉諸文士之弊。於是一洗矣。東方朔答客難。自是文中傑出。揚雄擬之爲解嘲。尚有馳騁自得之妙。至於崔駰達旨。班固賓戲。張衡應閒。皆章摹句寫。其病與七林同。及韓退之進學解出。於是一洗矣。其言甚當。然此以辭之工拙論爾若其意。則總不能出於古人範圍之外也。曲禮之訓。毋剿說。毋雷同。此古人立言之本。

文章繁簡　韓文公作樊宗師墓銘曰。維古於辭必己出。降而不能乃剽賊。後皆指前公相襲。從漢迄今用一律。此極中今人之病。若宗師之文。則懲時人之失。而又失之者也。作書須注。此自秦漢以前可耳。若今日作書而非注不可解。則是求簡而得繁。兩失之矣。子曰辭達而已矣。辭主乎達。不論繁與簡也。繁簡之論興而文亡矣。史記之繁處。必勝於漢書之簡處。新唐書之簡也。不簡於事而簡於文。其所以病也。時子因陳子而以告孟子。陳子以時子之言告孟子。此不須重見而意已明。齊人有一妻一妾而處室者。其良人出。則必饜酒肉而後反。其妻問所與飲食者。則盡富貴也。其妻告其妾曰。良人出則必饜酒肉而後反。問其所與飲食者。盡富貴也。而未嘗有顯者來。吾將瞯良人之所之也。有饋生魚於鄭子產。子產使校人畜之池。校人烹之。反命曰。始舍之。圉圉焉。少則洋洋焉。悠然而逝。子產曰。得其所哉。得其所哉。校人出曰。孰謂子產智。予既烹而食之。曰得其所哉。得其所哉。此必須重疊而情事乃盡。此孟子文章之妙。使入新唐書。於齊人則必曰其妻疑而瞯之。於子產則必曰校人出而笑之。兩言而已矣。是故辭主乎達。不主乎簡。劉器之曰。新唐書好簡略其辭。故其辭多艱而不明。此作史之病也。且文章豈有繁簡邪。昔人之論謂如風行水上。自然成文。若不出於自然而有意於繁簡。則失之矣。當日進新唐書表云。其事則增於前。其文則省於舊。新唐書所以不及古人者。其病正在此兩句也。黃氏日鈔言。蘇子由古史改史記。多有不當。如樗里子傳史記曰。母韓女也。樗里子滑稽多智。古史曰。母韓女也。滑稽多智。似以母爲滑稽矣。然則樗里子三字其可省乎。甘茂傳史記曰。甘茂者。下蔡人也。事下蔡史舉學百家之說。古史曰。下蔡史舉學百家之說。似史舉自學百家矣。然則事之一字其可省乎。以是知文不可以省字爲工。字而可省。太史公省之久矣。

文人求古之病　後周書柳虯傳。時人論文體有今古之異。虯以爲時有今古。非文有今古。此至當之論。夫今之不能爲二漢。猶二漢之不能爲尙書左氏。乃剿取史漢中文法以爲古。甚者獵其一二字句。用之於文。殊爲不稱。以今日之地爲不古。而借古地名。以今日之官爲不古。而借古官名。舍今日恆用之字。而借古字之通用者。皆文人所以自蓋其俚淺也。唐書鄭餘慶奏議類用古語。如仰給縣官馬萬蹄。有司不曉何等語。人嗤其不適時。宋陸務觀跋前漢通用古字韻曰。古人讀書多。故作文時偶用一二古字。初不以爲工。亦自不知孰爲古。孰爲今也。近時乃或鈔掇史漢中字入文辭中。自謂工妙。不知有笑之者。偶見此書。爲之太息。書以爲後生戒。元陶宗儀輟耕錄曰。凡書官銜。俱當從實。如廉訪使總管之類。若改之曰監司太守。是亂其官制。久遠莫可考矣。何孟春餘冬序錄曰。今人稱人姓。必易以世望。稱官。必用前代職名。稱府州縣。必用前代郡邑名。欲以爲異。不知文字間著此何益於工拙。此不惟於理無取。且於事復有礙矣。李姓者稱隴西公。杜曰京兆。王曰琅邪。鄭曰滎陽。以一姓之望而概衆人。可乎。此其失自唐五季間孫光憲輩始。北夢瑣言稱馮涓爲長樂公。冷齋夜話稱陶穀爲五柳公。類以昔人之號而概同姓。尤是可鄙。官職郡邑之建置。代有沿革。今必用前代名號而稱之。後將無所考焉。此所謂於理無取而事復有礙者也。于愼行筆麈曰。史漢文字之佳。本自有在。非謂其官名地名之古也。今人慕其文之雅。往往取其官名地名以施於今。此應爲古人笑也。史漢之文。如欲復古。何不以三代官名施於當日。而但記其實邪。文之雅俗。固不在此。徒混淆失實。無以示遠。大家不爲也。予素不工文辭。無所模擬。至於名義之微。則不敢苟。尋常小作。或有遷就。金石之文。斷不敢於官名地名以古易今。前輩名家亦多如此。

古人集中無冗複　古人之文。不特一篇之中無冗複也。一集之中。亦無冗複。且如稱人之善。見於祭文。則不復見於誌。見於誌。則不復見於他文。後之人讀其全集。可以互見也。又有互見於他人之文者。如歐陽公作尹師魯誌。不言近日古文自師魯始。以爲范公祭文已言之。可以互見。不必重出。蓋歐陽公自信己與范公之文。並可傳於後世也。亦可見古人之重

愛其言也。劉夢得作柳子厚文集序曰。凡子厚名氏與仕與年。暨行己之大方。有退之之誌若祭文在。又可見古人不必其文之出於己也

引古必用原文　凡引前人之言。必用原文。水經注引盛宏之荊州記曰。江中有九十九洲。楚諺云。洲不百。故不出王者。桓玄有問鼎之志。乃增一洲以充百數。僭號數旬。宗滅身屠。及其傾敗。洲亦稍毀。今上在西。忽有一洲自生。沙流迴薄。成不淹時。其後未幾。龍飛江漢矣。注乃北魏酈道元作。而記中所指今上。則有南宋文帝以宜都王卽帝位之事。古人不以爲嫌。

侯方域

清商邱人。字朝宗。性豪爽。多大略。明末隨父居京師。與桐城方以智如皐冒襄宜興陳貞慧稱四公子。以東都清議自持。入清中順治副榜。初放意聲伎。已而悔之。發憤爲古文。取法韓歐。才氣橫溢。卒年三十七。有壯悔堂文集。

與任王谷書

僕少年溺於聲伎。未嘗刻意讀書。以此文章淺薄。不能發明古人之旨。然其大略。亦頗聞之矣。大約秦以前之文主骨。漢以後之文主氣。秦以前之文若六經。非可以文論也。其他如老韓諸子左傳戰國策國語。皆斂氣於骨者也。漢以後之文。若史若漢若八家。最擅其勝。皆運骨於氣者也。斂氣於骨者。如泰華三峯。直與天接。層嵐危磴。非仙靈變化。未易攀陟。尋步計里。必蹶其趾。姑舉明文如李夢陽者。亦所謂蹶其趾者也。運骨於氣者。如縱舟長江大海間。

其中煙嶼星島。往往可自成一都會。颶風忽起。波濤萬狀。東泊西注。未知所底。苟能操柁覘星。立意不亂。亦可自免漂溺之失。此韓歐諸子所以獨嵯峨於中流也。六朝選體之文。最不可恃。士雖多而將囂。或進或止。不按部位。譬如用兵者。調遣旗幟聲援。但須知此中尙有小心。行陣猶相照應。未必全無益。至於摧鋒陷敵。必更有牙隊健兒。銜枚而前。若徒恃此。鮮有不敗。今之爲文。解此者罕矣。高者又欲舍八家。跨史漢而趨先秦。則是不筏而問津。無羽翼而思飛舉。豈不怪哉。頃見足下所爲杜周張湯諸論。奇確圓暢。若有餘力。僕目中所僅見。殫思著述。必當成名。然亦少有失。覺引天道報施湯周處稍涉覼縷。行文之旨。全在裁制。無論細大。皆可驅遣。當其閒漫纖碎處。反宜動色而陳。鑿鑿娓娓。使讀者見其關係。尋繹不倦。至大議論。人人能解者。不過數語。發揮便須控馭。歸於含蓄。若當快意時聽其縱橫。必一瀉無復餘地矣。辟如渴虹飲水。霜隼搏空。瞥然一見。瞬息滅沒。神力變態。轉更夭矯。足下以爲何如。僕十五歲時學爲文。金沙蔣黃門鳴玉方爲孝廉。有盛名。每見必稱佳。僕竊自喜。又得同學吳君伯裔日來逼索。盡日且酬和數首。以此得不廢。然皆從嬉遊之餘。縱筆出之。以博稱譽。塞詆讓。間有合作。亦不過春花爛熳。柔脆飄揚。轉目便蕭索可憐。近得賈君開宗徐君作肅。共相磋磨。乃覺文章有分毫進益。賈精於論。徐老於法。二君嘗言此係何等事。君不慘淡經營。便輕率命筆。僕佩其言。不敢忘。足下當行文快意時。每一回思之。必賞此言之不謬也。

魏禧

清寧都人。字冰叔。兄祥。一名際瑞。字善伯。弟禮。字和公。皆以文章稱。時人號為寧都三魏。而禧尤為有名。明亡。棄諸生。結廬翠微峯。講學不仕。康熙間薦應博學鴻儒科。終不就而歸。卒年五十七。有文集左傳經世。

論文

門人問曰。古人言文章與世運遞降。果然乎。曰。古今文章。代有不同。而其大變有二。自唐虞至於兩漢。此與世運遞降者也。自魏晉以迄於今。此不與世運遞降者也。三代之文。不如唐虞。秦漢之文。不如三代。此易見也。上古純龐之氣。因時遞開。其自簡而之繁。質而之文。正而之變者。至兩漢而極。故當其氣運有所必開。雖三代聖人。不能上同於唐虞。而變之初極。雖降於兩漢。猶為近古。故曰與世運遞降也。魏晉以來。其文靡弱。至隋唐而極。而韓愈李翺諸人。崛起八代之後。有以振之。天下翕然。敦古粱唐以來。無文章矣。而歐蘇諸人。崛起六代之後。古學於是復振。若以世代論。則李忠定之奏議。卓然高出於陸宣公。王文成之文章。又豈許衡虞集諸人所可望。蓋天下之運。必有所變。而天下之變。必有所止。使變而不止。則日降而無升。自魏晉靡弱。更千數百年以至於今。天下尚有文章乎。故曰不與世運遞降者也。曰。古之文章。足以觀人。今之文章。不足以觀人者。何也。曰。古人文章。無一定格例。各就其造詣所至。意所欲言者。發抒而出。故其文純雜瑕瑜。犂然並見。至於後世。則古人能事已備。有格可貴，有法可學。忠孝仁義有其文。智能勇功有其文。孰者雄古。孰者卑弱。父兄所教。師友所傳。莫不取其尤工而最篤者。日夕揣摩。以取名於時。是以大姦能爲大忠之文。至拙能襲至巧之論。嗚呼雖有孟子之知言。亦孰從而辨之哉。

宗子發文集序

今天下治古文衆矣。好古者株守古人之法。而中一無所有。其弊爲優孟之衣冠。天資卓犖者。師心自用。其弊爲野戰無紀之師。動而取敗。蹈是二者。而主以自滿假之心。輔以流俗諛言。天資學力所至。適足助其背馳。乃欲卓然並立於古人。嗚呼難哉。雖然。師心自用。其失易明。好古而終無所有。其故非一二言盡也。吾則以爲養氣之功在於集義。文章之能事在於積理。今夫文章。六經四書而下。周秦諸子。兩漢百家之書。於體無所不備。後之作者。不之此則之彼。而唐宋大家。則又取其書之精者。參和雜糅。鎔鑄古人。以自成其勢。必不可以更加。故自諸大家後。數百年間。未有一人獨創格調。出古人之外者。然文章格調有盡。天下事理日出而不窮。識不高於庸衆。事理不足關係天下國家之故。則雖有奇文與左史韓歐陽並立無二。亦可無作。古人具在。而吾徒似之。不過古人之再見。顧必多其篇牘。以勞苦後世耳目。何爲也。且夫理固非取辦臨文之頃。窮思力索以求其必得。鍾太傅學書法。曰每見萬彙。皆書象之。韓退之稱張旭書。變動猶鬼神。不可端倪。天地事物之變。可喜可愕。一寓於書。人生平耳目所見聞。身所經歷。莫不有其所以然之理。雖市儈優倡大猾逆賊之情狀。竈婢丐夫米鹽淩雜鄙褻之故。必皆深思而謹識之。醞釀蓄積。沈浸而不輕發。及其有故臨文。則大小淺深。各以類觸。沛乎若決陂池之不可禦。辟之富人積財。金玉布帛竹頭木屑糞土之屬。無不豫貯。初不必有所用之。而當其必需。則糞土之用。有時與金玉同功。吾蓋嘗見及於是。恨力薄不能造其藩籬。自易堂諸子外。不敢輕語人。而長安王築夫。寶應朱秋厓。興化宗子發。嘗相與反覆。一日子發持其文屬予敘。論旨原本六經。高者規矩兩漢。與歐陽蘇曾相出入。子發持高節。獨行古道。而虛懷善下人。他日所極。吾烏能測其涯涘。故爲述平日所與論議者。以弁其端。嗚呼。天下之可語於此者。蓋多乎哉。

答計甫草書

伏承下問某公文得失。似不以禧爲狂惑而可與言。敢言其所及見以相質。禧嘗好侯君姜君及某公文。今又得足下。竊謂足下文多高論。讀之爽心動魄。失在出手易而微多。韓子曰及其醇也。然後肆焉。侯肆而不醇。某公醇而未肆。姜醇肆之閒。惜其筆性稍馴易近人而好意太多。不能捨割。然數君子者。皆今天下能文之人。故其失可指而論。某公之不肆。非不能肆。不敢肆也。夫其不敢肆。何也。蓋某公奉古人法度。猶賢有司奉朝廷律令。循循縮縮。守之而不敢過。今夫石所以量物。衡所以稱物。天下有日蝕星變山崩水湧。衡之所不能稱。石之所不能量者矣。是故春生夏長。秋殺冬藏者。天地之法度也。哀樂喜怒中其節。聖人之法度也。然且春夏之閒。草木有忽枯槁。秋冬有忽萌芽。子之武城。聞弦歌之聲。笑曰割雞焉用牛刀。遇舊館人之喪。而出涕。是有過乎喜與哀者矣。蓋天地之生殺。聖人之哀樂。當其元氣所鼓動。性情所發。亦閒有其不能自主之時。然世不以病天地聖人。而益以見其大。文章亦然。古人法度。猶工師規矩。不可叛也。而興會所至。感慨悲憤愉樂之激發。得意疾書。浩然自快其志。此一時也。雖勸以爵祿不肯移。懼以斧鉞不肯止。又安有左氏司馬遷班固韓柳歐陽蘇在其意中哉。至傳誌之文。則非法度必不工。此猶兵家之律。御衆分數之法。不可分寸恣意而出之。生動變化。則存乎其人之神明。蓋亦法中之肆焉者也。某公文得力在歐王之閒。而碑誌最工。法度謹嚴。於碑誌最得宜。是以冠於諸體。然禧所尤賞者。又在復讎一篇。韓柳有此作。能不相襲。而其文甚類西京。此禧所以篤好而欲有以告之也。雖然。此猶夫枝葉之論。蓋極其工。不過文人之能事。若夫文章根本。則又有說也。

彭士望　淸南昌人。字躬菴。黃道周下獄。士望承父遺命。傾身營救。幾陷不測。明亡。徙寧都。與魏禧兄弟講學翠微峯。在易堂中。爲易堂九子之一。有恥躬堂詩文集。

與魏冰叔書

昨偶憶藏弆集。載侯朝宗論詩文書三首。即取閱屬與士鈔之。更昧晝反覆玩繹。其言之至者。殆無以易其與任王谷書中有云。行文之旨。全在裁制。無論細大。皆可驅遣。當其閒漫纖碎處。反宜動色而陳。鑿鑿娓娓。使讀者見其關係尋繹不倦。至大議論人人能解者。不過數語發揮。便須控馭歸於含蓄。若當快意時。聽其縱橫。必一瀉無復餘地。此最高之論。朝宗學史記。寫生得神髓處。全在於此。壯悔集有二吳徐張傳。出沒超脫。咸用此法。而愚意則又以爲未盡然。吾輩今日立言。明悉理事。指陳利弊。將救世覺民之爲急。故於古今成敗得失邪正是非之際。往復留連。疾呼痛詈。猶恐疲癃聾瞶之夫。藐然而不一聽。苟僅數語發揮。便歸含蓄。祇可以動明哲。而不可警天下之中才。孟子七篇。已不同於二論。三百篇風雅之變。必不同於關睢葛覃。世則有然。文從而變。而作文者之用心。彌苦彌曲。彌曲彌厲。如天地之噫氣。鬱不獲舒。激爲震霆。凝爲怪雹。動盪摧陷。爲水溢山崩。夫豈不欲爲卿雲旦日甘雨和風。勢有所窮。不得已也。即文字寫生處。亦須出之正大自然。最忌纖佻。甚或詭諛。流爲稗官諸史。敝鄉徐巨源之江變紀略。王于一之湯琵琶李一足傳。取炫世目。不慮傷品。其文縱工。未免攙琬琰易羊皮。終必爲明者所唾棄。而巨源更顚倒是非。羅織口語。快其私怨。虞山已痛言之。屬其毀去。巨源不聽。卒死橫折。推朝宗閒漫纖碎動色而陳之言。不善用之。其流必爲徐王之失。卽朝宗諸小傳。亦不免見其疵纇。蓋文人之文。與志士之文。本末殊異。文人志在希世取名。卽深自矜負。正其巧於容悅。閒或談世務。植名敎。文焉已耳。以文固非此不傳也。

俳優登場。摹擬古人。俯仰畢肖。觀者撫手。悲愉遞出。及其既過。彼我判殊。了不相及。志士之文。如樂出虛。如蒸成菌。有大氣以鼓之。一聽其天倪自動。其心與力之所至而言至焉。其心與力之所不至而言亦至焉。其嬉笑怒罵。以至痛哭流涕。無不有百折不挫之愚誠。貫徹中際。其行文出沒。無纂組雕飭之勞。不知世目非笑之爲非笑。此卽立韓歐班史於其前。肖之則賞。不肖則隨手重刑。要亦不能彊其所不同以求必肖。況下此區區者乎。故言必發於心。而文亦必以其實。心與實之所出。斯歷千百世而不磨。而天下人得之爲有用。此士望與叔子曰孳孳焉求之而或未至焉者也。因朝宗一妄言之。

邵長蘅　清武進人。字子湘。別號靑門山人。諸生。康熙間遊京師。與諸名士交。後客蘇撫宋犖幕最久。工古文。與侯方域魏禧有鼎足之稱。有靑門集。

與魏叔子論文書

某頓首叔子先生足下。向辱示論文數書。學者作文之法纂備。獨疑於文章之源。倘蓄而未發。意善易者不譚易耶。抑有所祕也。僕於文亦學之而未至者。顧衷所自志。敢一質之左右。聞之先輩曰。夫文者。非僅辭章之謂也。聖賢之文以載道。學者之文。蘄弗畔道。故學文者必先濬文之源。而後究文之法。濬文之源者何。在讀書。在養氣。夫六經。道之淵藪也。故讀書先於治經。愚意欲盡以歲月。易象詩書春秋三禮諸書。以漸而及。不必屑屑拘牽注疏。務融液其大指所在。然後綜貫諸史。以驗其廢興治忽之由。旁及子集。以參其邪正得失之故。又恐力不能兼營。史自左氏司馬班范三國唐書五代而外。子自莊列楊荀韓非呂氏賈董而外。集自韓柳歐蘇曾王而外。或略加節鈔。可備采擇。此讀書之漸也。韓愈氏有言。氣水也。言浮物也。水大而物之浮者大小畢浮。是故其氣盛者其文暢以醇。其氣舒者其文疏以達。其氣矜者其文厲以飭。其氣恧者其文詖以刓。其氣撓者其文剽以瑕。是故涵泳道德之塗。菑畬六藝之圃。以充吾氣也。泊乎寡營。浩乎自得。以舒吾氣也。植聲氣。急標榜。矜吾氣者也。投贄干謁。蠅附蟻營。恧吾氣者也。應酬轇轕。諛墓攫金。撓吾氣者也。此養氣之說也。二者所以濬文之源也。至於文之法。有不變者。有至變者。文體有二。曰敘事。曰議論。是謂定體。辭斷意續。筋絡相束。奔放者忌肆。雕刻者忌促。深賾者忌詭。敷演者忌俗。是謂定格。言道者必宗經。言治者必宗史。導情欲婉而暢。述事欲法而明。是謂定理。此法之不變者也。若夫川橫馳鶩。變化百出。各視工力之所及。巧拙不相師。後先不相襲。此法之至變者也。吾得其所為不變者。不左史不班范不韓柳歐蘇。而不可駭其創也。吾得其所為至變者。即左史即班范即韓柳歐蘇。而不可訾其襲也。二者所以究文之法也。是故不濬其源而言文。譬之揚蹄涔之波者。不識渤澥之廣。炫螢尾之照者。不覩日月之明。幾文之成不能也。不究其法而言文。譬之騄新羈之駟。而弛其銜轡。操匠郢之斤而輟其規矩。幾文之成不能也。僕持此說。藏胸中久。與流俗人言。未免疑駭譏笑。惟先生爲今宗工。而又疑向者之論。尙有所祕也。輒敢竭其愚陋。冀相叩質。雖然僕僅能言之耳。僕才氣蹇劣。又苦人事。雖心蘄其至。是力不能赴。歲月荏苒。恐遂無成。亦何敢望與先生抗衡哉。養由基射楊葉於百步之外。不失一焉。張七屬之甲。一發而洞胸貫札。此其於藝至精也。而支離疏攘臂其旁。談縱送之法。剌剌不休。試令之操弓挾矢。則捫指退矣。僕論文大類是。惟先生進而教之。

汪琬　清長洲人。字苕文。號鈍菴。又號堯峯。順治進士。累官刑部郎中。緣事左遷。康熙中舉鴻博。授編修。與修明史。其文根柢經典。出入廬陵震川之間。時魏禧侯方域並以古文擅名。與琬稱爲三家。宋犖嘗合鈔其文行世。而說者謂琬尤不失爲儒者之文也。年六十七卒。有堯峯文鈔。

答陳靄公書

琬啟。前倉猝報書。媿無以仰副足下之意。茲者休沐少暇。故願更竭其愚。來書論文以明道立說。僕一讀再讀。歎爲知言。竊意足下於此。必當上述孔孟。次陳濂洛關閩之書。最下亦當旁採前明薛文清王文成陳公甫羅達夫諸賢之說。爲之折中其異同。研晰其醇駁。而相與致辨於微芒疑似之間。庶乎於道無負矣。而不虞書末乃泛及於晚近諸君子也。然則足下之意。固不在於道。亦止以其文而已。如以文言之。則大家之有法。猶弈師之有譜。曲工之有節。匠氏之有繩度。不可不講求而自得者也。後之作者。惟其知字而不知句。知句而不知篇。

於是有開而無闔。有呼而無應。有前後而無操縱頓挫。不散則亂。譬如驅烏合之市人而思制勝於天下。其不立敗者幾希。古人之於文也。揚之欲其高。斂之欲其深。推而遠之欲其雄且駿。其高也如垂天之雲。其深也如行地之泉。其雄且駿也如波濤之洶湧。如萬騎千乘之奔馳。而及其變化離合。一歸於自然也。又如神龍之蜿蜒。而不露其首尾。蓋凡開闔呼應操縱頓挫之法。無不備焉。則今之所傳唐宋諸大家。舉如此也。前明二百七十餘年。其文嘗屢變矣。而中間最卓卓知名者。亦無不學於古人而得之。羅圭峯學退之者也。歸震川學永叔者也。王遵巖學子固者也。方正學唐荆川學二蘇者也。其他楊文貞李文正王文恪。又學永叔子瞻而未至者也。前賢之學於古人者。非學其詞也。學其開闔呼應操縱頓挫之法。而加變化焉。以成一家者是也。後生小子。不知其說。乃欲以剽竊模擬當之。而古文於是乎亡矣。今足下之言曰。無寄託而專求之章法詞令。則亦木偶之形。支離之音。是見後生之剽竊模擬。而故爲有激之言也。由僕觀之。非窮愁不能著書。古人之文。安得有所謂無寄託者哉。要當論其工與否耳。工者傳。不工者不傳也。又必其尤工者。然後能傳數千百年而終於不可磨滅也。孔子曰。言之無文。行而不遠。夫有篇法。又有字句之法。此卽其言而文者也。雖聖人猶取之。而足下顧得用支離木偶相鄙薄乎。噫。何其過論也。僕不佞。不足與知乎此語。狂且直。祈賜裁答。

朱彝尊　清秀水人字錫鬯號竹垞康熙間以布衣舉鴻博授檢討與修明史體例多從其議彝尊博極羣書考據詩詞古文無不工勝年八十一卒有曝書亭全集

答胡司臬書

讀執事之文其辭閎以達其體變而不窮迺來教慺慺抑何其語之謙也古文之學不講久矣近時欲以此自鳴者或摹倣司馬氏之形模或拾歐陽子之餘唾或局守歸熙甫之緒論未得古人之百一輒高自位置標榜以爲大家然終不足以眩天下之目而塞其口集成而詆諆隨之矣僕之於文不先立格惟抒己之所欲言辭苟足以達而止恆自笑曰平生無大過人處惟詩詞不入名家文不入大家庶幾可以傳於後耳雖然僕之爲此非名是務也實也其於文也非作僞也誠也來教謂法乎秦漢不失爲唐法乎唐不失爲宋於理誠然若僕之所見秦漢唐宋雖代有升降要文之流委而非其源也顏之推曰文章者原出五經而柳子厚論文亦曰本之書以求其質本之詩以求其恆本之禮以求其宜本之春秋以求其斷本之易以求其動王禹偁曰爲文而舍六經又何法焉李塗曰經雖非爲作文設而千萬代文章從是出是則六經者文之源也足以盡天下之情之辭之政之心不入於虛僞而歸於有用執事誠欲以古文名家則取法者莫若經焉爾矣經之爲教不一六藝異科衆說之郛大道之管得其機神而闡明之則爲秦爲漢爲六朝爲唐宋爲元明靡所不有亦靡所不合

此謂取之左右而逢其原也。至於體製必極其潔。於題必擇其正。每見南宋而後。士人文集。往往多頌德政上壽之言。覽之令人作惡。此固執事之所不屑爲。而僕恐有嬲執事爲之者。冀執事力爲淘汰。斯谷園之編。足以不朽矣。

方苞

清桐城人。字靈皋。號望溪。康熙進士。坐戴名世南山集下獄。後官至禮部右侍郎。文章宗法韓歐。謹嚴簡潔。爲桐城派之祖。年八十二卒。有望溪文集。

與孫以寧書

昔歸震川嘗自恨足迹不出里閈。所見聞無奇節偉行可紀。承命爲徵君作傳。此吾文所託以增重也。敢不竭其愚心。所示羣賢論述。皆未得體要。蓋其大致不越三端。或詳講學宗指及師友淵源。或條舉平生義俠之迹。或盛稱門牆廣大。海內嚮仰者多。此三者皆徵君之末迹也。三者詳而徵君之志事隱矣。古之晰於文律者。所載之事。必與其人之規模相稱。太史公傳陸賈。其分奴婢裝資。瑣瑣者皆載焉。若蕭曹世家。而條舉其治績。則文字雖增十倍不可得而盡矣。故嘗見義於留侯世家曰。留侯所從容與上言天下事甚衆。非天下所以存亡故不著。此明示後世綴文之士以虛實詳略之權度也。宋元諸史若市肆簿籍。使覽者不能終篇。坐此義不講耳。徵君義俠舍楊左之事。皆鄉曲自好者所能勉也。其門牆廣大。乃度時揣己。不敢如孔孟之拒孺悲夷之。非得已也。至論學。則爲書甚具。故並弗採著於傳上。而虛言其大略。昔歐陽公作尹師魯墓誌。至以文自辨。而退之之誌李元賓。至今有疑其太略者。夫元賓年不及三十。其德未成。業未著。而銘辭有曰。才高乎當世。而行出乎古人。則外此尚安有可言者乎。僕此傳出。必有病其太略者。不知往者羣賢所述。惟務徵實。故事愈詳而義愈陋。今詳者略。實者虛。而徵君所蘊蓄。轉似可得之義言之外。他日載之家乘。達於史官。愼毋以彼而易此。惟足下的然昭晰。無惑於羣言。是徵君之所賴也。於僕之文。無加損焉。如別有欲商論者。則明以喻之。

書韓退之平淮西碑後

碑記墓誌之有銘。猶史有贊論。義法創自太史公。其指意辭法。必取之本文之外。班史以下。有括終始事迹以爲贊論者。或於本文爲複矣。此意惟韓子識之。故其銘辭未有義具於碑誌者。或體製所宜。事有覆舉。則必以補本文之閒缺。如此篇兵謀戰功。詳於序。而既平後情事。則以銘出之。其大指然也。前幅蓋隱括序文。然序述比數世亂。而銘原亂之所生。序言官怠。而銘兼民困。序載戰降之數。銘具出兵之數。序標洄曲文城收功之由。而銘備時曲陵雲邵陵郾城新城比勝之迹。至於師道之刺元衡。之傷兵頓於久屯。相度之後至。皆前序所未及也。歐陽公號爲入韓子之奧窔。而以此類之。頗有不盡合者。介甫近之矣。而氣象則過隘。夫秦周以前。學者未嘗言文。而文之義法。無一之不備焉。唐宋以後。步趨繩尺。猶不能無過差東鄉艾氏乃謂文之法至宋而始備所謂强不知以爲知者耶。

書歸震川文集後

昔吾友王崑繩目震川文爲膚庸而張彝歎則曰是直破八家之樊而據司馬氏之奧矣二君皆知言者蓋各有見而特未盡也震川之文鄉曲應酬者十六七而又徇請者之意襲常綴瑣雖欲自遠於俗言其道無由其發於親舊及人微而語無忌者蓋多近古之文至事關天屬其尤善者不俟修飾而情辭並得使覽者惻然有隱其氣韻蓋得之子長故能取法歐曾而少更其形貌耳孔子於艮五爻辭釋之曰言有序家人之象系之曰言有物凡文之愈久而傳未有越此者也震川之文於所謂有序者蓋庶幾矣而有物者則寡焉又其辭號雅潔仍有近俚而傷於繁者豈於時文旣竭其心力故不能兩而精與抑所學專主於爲文故其文亦至是而止與此自漢以前之書所以有駁有純而要非後世文士所能及也

劉大櫆　清桐城人字才甫號海峯副貢生晚官黟縣教諭工古文喜莊子尤力追昌黎常遊京師以文謁方苞苞大驚服語人曰吾文何足言邑子劉生乃國士耳自是名大著姚鼐實從之遊世遂有桐城派之目有海峯詩文集。

論文偶記六則　照原本略加歸併

行文之道神爲主氣輔之曹子桓蘇子由論文以氣爲主是矣然氣隨神轉神渾則氣灝神

遠則氣逸。神偉則氣高。神變則氣奇。神深則氣靜。故神爲氣之主。至專以理爲主。則未盡其妙。蓋人不窮理讀書。則出詞鄙倍空疏。人無經濟。則言雖累牘。不適於用。故義理書卷經濟者。行文之材料。神氣音節者。行文之能事也。

文章最要氣盛。然無神以主之。則氣無所附。蕩乎不知其所歸。神氣者。文之最精處也。音節者。文之稍粗處也。字句者。文之最粗處也。然予謂論文而至於字句。則文之能事盡矣。蓋音節者。神氣之迹也。字句者。音節之規也。神氣不可見。於音節見之。音節無可準。於字句準之。音節高則神氣必高。音節下則神氣必下。故音節爲神氣之迹。一句之中。或多一字。或少一字。一字之中。或用平聲。或用仄聲。同一平字仄字。或用陰平陽平上聲去聲入聲。則音節迥異。故字句爲音節之矩。積字成句。積句成章。積章成篇。合而讀之。音節見矣。歌而詠之。神氣出矣。近人論文。不知有所謂音節者。至語以字句。必笑以爲末事。此論似高實謬。作文若字句安頓不妙。豈復有文字乎。

凡行文字句短長。抑揚高下。無一定之律。而有一定之妙。可以意會。不可以言傳。學者求神氣而得之音節。求音節而得之字句。思過半矣。其要只在讀古人文字時。設以此身代古人說話。一吞一吐。皆由彼而不由我。爛熟後。我之神氣。卽古人之神氣。古人之音節。都在我喉吻間。合我喉吻者。便是與古人神氣音節相似處。自然鏗鏘發金石。

唐人之體。較之漢人。微露圭角。少渾噩之象。然陸離璀璨。猶似夏商彝鼎。宋人文雖佳。而萬怪惶惑處少矣。荊川云。唐之韓。猶漢之班馬。宋之歐曾二蘇。猶唐之韓。此自其同者言之耳。然氣味有厚薄。力量有大小。時代使然。不可强也。然學者宜先求其同。而後別其異。不宜伐其異而不知其同耳。

文貴奇。所謂珍愛者。必非常物。然有奇在字句者。有奇在意思者。有奇在筆者。有奇在邱壑者。有奇在氣者。有奇在神者。字句之奇。不足爲奇。氣奇則眞奇矣。讀古人文。於起滅轉接之間。覺有不可測識處。便是奇氣。文貴高。窮理則識高。立志則骨高。好古則調高。文貴大。道理博大。氣脈洪大。邱壑遠大。邱壑中必峰巒高大。波瀾闊大。乃可謂之遠大。文貴遠。遠必含蓄。或句上有句。或句下有句。或句中有句。或句外有句。說出者少。不說出者多。乃可謂遠。文貴簡。凡文筆老則簡。意眞則簡。辭切則簡。理當則簡。味淡則簡。氣蘊則簡。品貴則簡。神遠而含藏不盡則簡。故簡爲文章盡境。文貴疏。凡文力大則疏。宋畫密。元畫疏。顏柳字密。鍾王字疏。孟堅文密。子長文疏。凡文氣疏則縱。密則拘。神疏則逸。密則勞。疏則生。密則死。文貴變。易曰。虎變。文炳。豹變。文蔚。又曰。物相雜。故曰文。故文者。變之謂也。一集之中篇篇變。一篇之中段段變。一段之中句句變。神變。氣變。境變。音變。節變。句變。字變。唯昌黎能之。文貴瘦。須從瘦出。而不宜以瘦名。蓋文至瘦。則筆能屈曲盡意。而言無不達。然以瘦名。則文必狹隘。公穀韓非王半山之文。極高峻。難識。學之有得。便當捨去。文貴華。華正與樸相表裏。以其華美。故可貴重。所惡於華者。恐其近俗耳。所取於樸者。謂其不著粉飾耳。不著粉飾。而精彩濃麗。自左傳莊子史記而外。其妙不傳。文貴參差。天之生物。無一無偶。而無一齊者。故雖排比之文。亦以隨勢屈曲貫注爲佳。文貴去陳言。昌黎論文。以去陳言爲第一要義。樊宗師誌銘云。惟古於詞必己出。降而不能乃剽賊。後皆指前公相襲。自漢迄今用一律。今人行文。反以用古人成語。自詡有出處。自矜爲典雅。不知其爲襲也。剽賊也。文字是日新之物。若陳陳相因。安得不爲腐臭。原本古文意義。到行文時。卻須重加鑄造。一樣言語。不可便直用古人。此謂去陳言。未嘗不換字。卻不是換字法。行文最貴品藻。無品藻。不成文字。如曰渾。曰浩。曰雄。曰奇。曰頓挫。曰跌宕之類。不可勝數。然有神上事。有氣上事。有體上事。有色上事。有聲上事。有味上事。有識上事。有情上事。有才上事。有格上事。有境上事。須辨之甚明。文章品藻最貴者。曰雄。曰逸。歐陽子逸而不雄。昌黎雄處多。逸處少。太史公雄過昌黎。而逸處更多於雄處。所以爲至。

袁枚

清錢塘人。字子才。號簡齋。乾隆進士。改庶吉士。出知江浦沭陽江寧等縣。年四十。即告歸。作隨園於江寧小倉山下。以吟咏著述爲樂。古文縱橫跌宕。自成一格。詩尤有名。卒年八十二。有隨園全集。

答友人論文第二書

客冬蒙寄古文七篇。讀畢。思有所獻替。怱怱少暇。入春來。歸妹於揚州。筵日賓壻。勞不可支。

比來稍閒。敢白所懷。以詩足下。竊謂足下之爲古文是也。足下之論古文非也。足下之言曰。古文之途甚廣。不得不貪多務博以求之。此未爲知古文也。夫古文者途之至狹者也。唐以前無古文之名。自韓柳諸公出。懼文之不古。而古文始名。是古文者別今文而言之也。劃今之界不嚴。則學古之詞不類。韓則曰非三代兩漢之書不觀。柳則曰懼其昧沒而雜也。廉之欲其節。二公者當漢晉之後。其百家諸子未甚放紛。猶且懼染於時。今百家回冗。又復作時藝弋科名。如康崑崙彈琵琶。久染淫俗。非數十年不近樂器。不能得正聲也。深思而愼取之。猶慮勿暇。而乃狃於龐雜以自淆。過矣。蓋嘗論之。古書愈少。文愈古。後書愈多。文愈不古。商書渾渾爾。夏書噩噩爾。作詩者不知有易。作易者不知有詩。下此左穀以序事勝。屈宋以詞賦勝。莊列以論辨勝。賈董以對策勝。就一古文之中。猶不肯合數家爲一家。以累其樸茂之氣。專精之神。此豈其才力有所不足。而歲月有所偏短哉。荀子曰。不獨則不誠。不誠則不形。天下事不徒文章然也。鄭康成以禮解詩。故其說拘。元次山好子書。故其文碎。蘇長公通禪理。故其文蕩。之數公者。皆抱萬夫之稟者也。偶有所雜。其弊立見。而況其下焉者乎。今將登騷壇。樹旗幟。召海內方聞綴學之徒。而談論角逐。以震耀乎口耳。此非煩稱博引不可也。邯鄲淳之見東阿王。李鍇之遇梁武帝。是也。若夫傳一篇之工。成一集之美。閉戶覃思。不蹈襲前人一字。而卓然爲行遠計。此其道誠不在是矣。足下擅鹽莢名。居淮南之四衝。四方之士于于焉來請謁者。或經或史。或詩或文。或性理。或經濟。或蟲魚箋註。或陰陽星曆醫卜。日呈其伎於左右。足下不涉獵而遍覽焉。幾懵乎爲酬應。而又以好賢之心。好勝之氣。日習於諸往來者之咻染。不覺耳目心胸。常欲觀五都而遊武庫。然藉此多聞多見。使人一談論一晉接。驚而詫於四方。曰名士名士。則可也。竟從此以求古文之眞。而拒專門者之諫。則不可也。足下之答綿莊曰。散文多適用。駢體多無用。文選不足學。此又誤也。夫高文典册。用相如。飛書羽檄。用枚臯。文章家各適其用。若以經世而論。則紙上陳言。均爲無用。古之文不知所謂散與駢也。尙書曰。欽明文思安安。此散也。而賓於四門。納於大麓。非其駢焉者乎。易曰潛龍勿用。此散也。而體仁足以長人。嘉會足以合禮。非其駢焉者乎。安得以其散者爲有用。而駢者爲無用也。足下云云。蓋震於昌黎起八代之衰一語。而不知八代固未嘗衰也。何也。文章之道。無夏殷周之立法。窮則變。變則通。西京渾古。至東京而漸瀉。一二文人。不得不以奇數之窮。通偶數之變。及其靡曼已甚。豪傑代雄。則又不屑雷同。而必挽氣運以中興之。徐庾韓柳。亦如禹稷顏子。易地則皆然者也。然韓柳亦自知其難。故鏤肝鉥腎。爲奧博無涯涘。或一兩字爲句。或數十字爲句。拗之鍊之。錯落之。以求合乎古人。但知其戛戛獨造。而不知其功苦。其勢危也。誤於不善學者。而一瀉無餘。蓋其詞駢。則徵典隸事。勢難不讀書。其詞散。則言之無物。亦足支持句讀。吾嘗謂韓柳爲文中五霸者此也。然韓柳琢句。時有六朝餘習。皆宋人之所不屑爲也。惟其不屑爲。亦復不能爲。而古文之道終焉。且賢者之大患。在乎有意立功名。而文人之大患。在乎有心爲關係。古之聖人兵農禮樂工虞水火。以至贊周易修春秋。豈皆沾沾自喜哉。時至者爲之耳。若欲冒天下難成之功。必將爲深源之北征安石之新法。欲著古今不朽之書。必將召崔浩刋史之災。熙寧僞學之禁。今天下文明久已。聖道昌而異端息矣。而於此有人焉。褒衣大袑。猶以孟軻韓愈自居。世之人有不怪而嗤之者乎。夫物相雜謂之文。布帛菽粟文也。珠玉錦繡亦文也。其他濃雲震雷奇木怪石。皆文也。足下必以適用爲貴。將使天地之大化工之巧。其專生布帛菽粟乎。抑能使有用之布帛菽粟。貴於無用之珠玉錦繡乎。人之一身。耳目有用。鬚眉無用。足下其能存耳目而去鬚眉乎。是亦不達於理矣。韓退之晚列朝參。朝廷有大著作。多出其手。如淮西碑順宗實錄等書。以爲有絕大關係。故傳之不衰。而何以柳州一老。窮兀困悴。僅形容一石之奇。一壑之幽。偶作天說諸篇。又多譎詭悖傲。而不與經合。然其名卒與韓峙。而韓且推之畏之者何哉。文之佳惡。實不係乎有用無用也。即足下論文。如射之有志。可謂識所取舍者矣。而何以每見足下於莊屈之荒唐。則愛之而誦之。於程朱之語錄。則尊之而遠之。豈足下之行與言違哉。蓋以理論則語錄爲精。以文論則莊屈爲妙。足下所愛在文而不在理。則持論雖正。有時而嗒然自忘。若夫比事之科條。薪米之雜記。其有用更百倍於古文矣。而足下不一肄業及之者何也。三代後聖人不生文之與道離也久矣。然文人學士必有所挾持。以占地步。故一則曰明道。再則曰明道。直是文章家習氣如此。而推究作者之心。都是道其所道。未必果文王周公孔子之道也。夫道若大路然。亦非待文章而后明者也。仁義之人。其言藹如。則又不求合而合者。若矜矜然認門面語爲眞諦。而時時作學究塾師之狀。則持論必庸。而下筆多滯。將終其身得人之得。而不自得其得矣。竊爲足下憂之。綿莊文多說經。絕不類選體。而以之勗足下者。彼見足下筆氣近弱。不宜散文。故以六朝綿麗之體進。非得已也。足下不善用其短。而拒之過堅。僕愛足下過於綿莊。安得不再爲忠告。

朱仕琇　清建寧人。字斐瞻。號梅崖。乾隆進士。官夏津知縣。改福寧教授。主講鼇峯書院。卒。工古文。始學韓愈。後更博采秦漢以來諸家之長。自名一家。有梅崖居士集。

答王西莊書

熟復大集。穿穴經史。剖別精核。其記序銘誌歌詩。法度不失。而風趣尤勝。欽服何似。承詢以仕琇所處。拘墟之見。豈敢上陳。要亦循古人所云。力體之。時憂其不足耳。古人所云。多矣。體之無不驗者。而大旨則韓子所謂無人之見者是也。一技之微。古人嘗遺耳目。爵賞非譽。以求之。及其至也。皆與道通。故曰。百工之事。皆聖人之作也。伯牙學琴。成連棲之海上。以移其情。以海上者。無人之處也。精神寂寞。百感皆息。而眞者出焉。而琴以名。斯其爲學之要耶。若文者。古人所以自著也。揚子雲曰。言心聲也。蘇子由曰。文者氣之所形。太史公曰。讀其書。未嘗不想見其人。孟子曰。頌其詩。讀其書。不知其人可乎。故韓子曰。君子愼其實。柳子曰。文以行爲本。斯其爲文之要耶。誠知二者之爲要而力體之。其必有自知者矣。夫子曰。人不知而不慍。斯又君子之所以自立也。古之垂教者。聖人不具論。其有言立於此。而後事自應。世世可稱者。著遲任史佚臧文仲子產叔向之流是也。他若百家雜術。孫武之論兵。靈素之醫經。皆非有所專主也。然百世莫能外焉。至眉山蘇氏。於仁廟時爲興作之言。神宗時則進休養之說。皆隨時爲之辭。而學者或以病其言之不純信。他若劉歆陳元賈逵。古學見排。桓譚鄭興。非讖爲罪。韓愈以諱辨。史冊垂譏。歐陽修韓琦持濮議。貽誚學者。是非之難定也。如此。則所云切於時者。亦豈易言也哉。仕琇辱閣下。下意援接。故敢悉其愚。竊見近時人不說學。士多疏陋。故豪傑之士。率以博覽自喜。夫經言精奧。史籍紛繁。加人自爲之書。與世而增。雖有上智。豈能徧理。至傳聞回互。文義黜竄。先後相積。疑竇牛毛。但當存而不論。豈能窮其自出。古人於事訛誤未有折衷者。但云當考。或云愼取。如是而已。其言誠有味也。夫子曰。我知之矣。如爾所不知。何此聖人所以爲萬世法也。近世士多奮其私智。以誣古籍。鑿空立說。徵引繁富。足佐其謬。其弊始宋之一二名人。自喜之過。後遂益甚。嘗怪孔氏刪詩書。古有是言。自司馬遷以來無異辭。而近世有云詩無刪者。風雅頌之名。見於周官左氏卜商之傳。而云詩有南無風。司馬遷韓愈柳宗元李翺皆稱左氏文采。法其所為。而或以為衰世之文。漢初春秋學官專立公羊。董生以之名家。唐啖佑欲繼何氏作注。韓子與書欽歎之。而或直詆為邪說。章懷太子後漢書注自集一時屬官所為。非苟作者。而或以為章懷少年讀書不多。故多遺誤。又因嘉祐集目無辨姦論。遂直指張文定墓志及東坡謝書子由志文定之文皆為僞作。其悍而自遂。無所顧藉如此。豈古人謹厚之義耶。揚子雲曰。多聞則守之以約。多見則守之以卓。寡聞則無約也。寡見則無卓也。孤陋固不足以盡道。然荀況載孔子論士之言曰。不務多知。務審其所知。則所以主乎聞見者。必有道矣。古人治經。非專門名家教授者。皆取大義。通不為章句。若孟子荀卿李斯賈生司馬遷劉向揚雄班固是也。故遷稱李斯知六藝之歸。固謂向父子揚雄為湛深經術。謂優於其義也。至於物名器械之詳。則季漢通儒徐偉長之流。亦知鄙之矣。學者幸不為君子所鄙。又安畏世俗之譏耶。至著文之道。第本其所得於古人者。調劑心氣。誠一以出之。齋莊以持之。優游以深之。曲折以昌之。援引古昔以矜重之。使其言粲然各識其職而不亂。澹然各止其所而不過。則雖尋常問訊起居之辭。而人寶之如金玉。襲之如蘭芷。聽之如笙瑟。味之如醪醴。有不忍去者矣。何也。則以其心氣之清和惻怛。感人於微。而人樂之。亦自得其志也。故自貴者人貴之。自愛者人愛之。傳曰。芝蘭生於空林。不以無人而不芳。斯所為自著者也。後之作者。誇嚴自喜。動曰言思可法。或曰言必有用。

故所爲皆依傍緣飾以動於世。二者豈非教之所崇。第以古人出之皆流於內足之餘。其言信也。後之人未必然也。而馳騖心氣以逐於外。色取聲附。以事觀聽。中枵源醨。美先盡矣。又何以永學者之思慕乎。此仕琇有感於近世學與文之弊。妄獻其愚。以求大人先生之折衷也。

錢大昕　清嘉定人。字曉徵。號辛楣。又號竹汀。乾隆進士。累官少詹事。督學廣東。歷主鍾山婁東紫陽書院。博通經史小學。爲清代樸學大師。論文不喜方苞。卒年七十七。有潛研堂詩文集。

與友人論文書

前晤我兄。極稱近日古文家。以桐城方氏爲最。予常日課誦經史。於近時作者之文。無暇涉獵。因吾兄言。取方氏文讀之。其波瀾意度。頗有韓歐陽王之規橅。視世俗冗蔓獶雜之作。固不可同日語。惜乎其未喻乎古文之義法爾。夫古文之體。奇正濃淡。詳略本無定法。要其爲文之旨有四。曰明道。曰經世。曰闡幽。曰正俗。有是四者。而後以法律約之。夫然後可以羽翼經史。而傳之天下後世。至於親戚故舊。聚散存沒之感。一時有所寄託。而宣之於文。使其姓名附見集中者。此其人事迹原無足傳。故一切闕而不載。非本有可紀而略之。以爲文之義法如此也。方氏以世人誦歐公王恭武杜祁公諸誌。不若黃夢升張子野諸誌之熟。遂謂功德之崇。不若情辭之動人心目。然則使方氏援筆而爲王杜之誌。亦將舍其勳業之大者。而徒以應酬之空言予之乎。六經三史之文。世人不能盡好。閒有讀之者。僅以供場屋餖飣之用。求通其大義者罕矣。至於傳奇之演繹。優伶之俳諢。情詞動人心目。雖里巷小夫婦人無不爲之歌泣者。所謂曲彌高則和彌寡。讀者之熟與不熟。非文之有優劣也。文有繁有簡。繁者不可減之使少。猶之簡者不可增之使多。左氏之繁。勝於公穀之簡。史記漢書。互有繁簡。謂文未有繁而工者。亦非通論也。

章學誠　清會稽人。字實齋。乾隆進士。以修縣志有名。所著文史通義。讎校通義。今盛行於世。

文德　文史通義下並同

凡言義理。有前人疏而後人加密者。不可不致其思也。古人論文。惟論文辭而已矣。劉勰氏出。本陸機氏說而昌論文心。蘇轍氏出。本韓愈氏說而昌論文氣。可謂愈推而愈精矣。未見有論文德者。學者所宜深省也。夫子嘗言有德必有言。又言修辭立其誠。孟子嘗論知言養氣。本乎集義。韓子亦言仁義之途。詩書之流。皆言德也。今言未見論文德者。以古人所言。皆兼本末包內外。猶合道德文章而一之。未嘗就文辭之中。言其有才有學有識。又有文之德也。凡爲古文辭者。必敬以恕。臨文必敬。非修德之謂也。論古必恕。非寬容之謂也。敬非修德之謂者。氣攝而不縱。縱必不能中節也。恕非寬容之謂者。能爲古人設身而處地也。嗟乎。知德者鮮。知臨文之不可無敬恕。則知文德矣。昔者陳壽三國志。紀魏而傳吳蜀。習鑿齒爲漢晉春秋。正其統矣。司馬通鑑仍陳氏之說。朱子綱目又起而正之。是非之心。人皆有之。不應陳氏誤於先。而司馬再誤於其後。而習氏與朱子之識力偏居於優也。而古今之譏國志與通鑑者。殆於肆口而罵詈。則不知起古人於九原。肯吾心服否邪。陳氏生於西晉。司馬生於北宋。苟黜曹魏之禪讓。將置君父於何地。而習與朱子。則固江東南渡之人也。惟恐中原之爭天統也。諸賢易地則皆然。未必識遜今之學究也。是則不知古人之世。不可妄論古人文辭也。知其世矣。不知古人之身處。亦不可以遽論其文也。身之所處。固有榮辱隱顯屈伸憂樂之不齊。而言之有所爲而言者。雖有子不知夫子之所謂。況生千古以後乎。聖門之論恕也。己所不欲。勿施於人。其道大矣。今則第爲文人論古必先設身。以是爲文德之恕而已爾。

韓氏論文。迎而拒之。平心察之。喻氣於水。言爲浮物。柳氏之論文也。不敢輕心掉之。怠心易之。矜氣作之。昏氣出之。夫諸賢論心論氣。未卽孔孟之旨。及乎天人性命之微也。然文繁而不可殺。語變而各有當。要其大旨。則臨文主敬。一言以蔽之矣。主敬則心平而氣有所攝。自能變化從容以合度也。夫史有三長。才學識也。古文辭而不由史出。是飲食不本於稼穡也。夫識生於心也。才出於氣也。學也者。凝心以養氣。鍊識而成其才者也。心虛難恃。氣浮易弛。主敬者隨時檢攝於心氣之間。而謹防其一往不收之流弊也。夫緝熙敬止。聖人所以成始而成終也。其爲義也廣矣。今爲臨文檢其心氣。以是爲文德之敬而已爾。

文理

偶於良宇案間。見史記錄本。取觀之。乃用五色圈點。各爲段落。反覆審之。不解所謂。詢之良宇。啞然失笑。以謂已亦厭觀之矣。其書云。出前明歸震川氏。五色標識。各爲義例。不相混亂。若者爲全篇結構。若者爲逐段精彩。若者爲意度波瀾。若者爲精神氣魄。以例分類。便於拳服揣摩。號爲古文祕傳。前輩言古文者。所爲珍重授受而不輕以示人者也。又云。此如五祖傳燈。靈素司籙。由此出者。乃是正宗。不由此出。縱有非常著作。釋子所譏爲野狐禪也。余幼學於是。及遊京師。聞見稍廣。乃知文章一道。初不由此。然意其中或有一二之得。故不遽棄。非珍之也。余曰。文章一道。自元以前。衰而且病。尙未亡也。明人初承宋元之遺。粗存規矩。至嘉靖隆慶之間。晦蒙否塞。而文幾絕矣。歸震川氏生於是時。力不能抗王李之徒。而心知其非。故斥鳳洲以爲庸妄。謂其創爲僞體。秦漢至併官名地名而改用古稱。使人不辨作何許語。故直斥之曰。文理不通。非妄言也。然歸氏之文氣體淸矣。而按其中之所得。則亦不可强索。故余嘗書識其後。以爲先生所以砥柱中流者。特以文從字順。不汨沒於流俗。而於古人所謂閎中肆外。言以聲其心之所得。則未之聞爾。然亦不得不稱爲彼時之豪傑矣。歸氏之於制藝。則猶漢之子長。唐之退之。百世不祧之大宗也。故近代時文家之言古文者。多宗歸氏。唐宋八家之選。人幾等於五經四子。所由來矣。惟歸唐之集。其論說文字。皆以史記爲宗。

而其所以得力於史記者。乃頗怪其不類。蓋史記體本蒼質。而司馬才大。故運之輕靈。今歸唐之所謂疏宕頓挫。其中無物。遂不免於浮滑。而開後人以描摹淺陋之習。故疑歸唐諸子得力於史記者。特其皮毛。而於古人深際。未之有見。今觀諸君所傳五色訂本。然後知歸氏之所以不能至古人者。正坐此也。夫立言之要。在於有物。古人著爲文章。皆本於中之所見。初非好爲炳炳烺烺。如錦工繡女之矜誇采色已也。富貴公子。雖醉夢中不能作寒酸求乞語。疾痛患難之人。雖置之絲竹華宴之場。不能易其呻吟而作歡笑。此聲之所以肖其心。而文之所以不能彼此相易。各自成家者也。今舍己之所求。而摩古人之形似。是杞梁之妻善哭其夫。而西家偕老之婦。亦學其悲號。屈子自沈汨羅。而同心一德之朝。其臣亦宜作楚怨也。不亦傎乎。至於文字。古人未嘗不欲其工。孟子曰。持其志。無暴其氣。學問爲立言之主。猶之志也。文章爲明道之具。猶之氣也。求自得於學問。固爲文之根本。求無病於文章。亦爲學之發揮。故宋儒尊道德而薄文辭。伊川先生謂工文則害道。明道先生謂記誦爲玩物喪志。雖爲忘本而逐末者言之。然推二先生之立意。則持其志者。不必無暴其氣。而出辭氣之遠於鄙倍。辭之欲求其達。孔曾皆爲不聞道矣。但文字之佳勝。正貴讀者之自得。如飲食旨甘衣服輕煖。衣且食者之領受。各自知之。而難以告人。如欲告人衣食之道。當指膾炙而令其嘗。可得旨甘。指狐貉而令其自被。可得輕煖。則有是道矣。必吐己之所嘗而哺人以授之甘。

摟人之身而置懷。以授之㛂。則無是理也。韓退之曰。記事者必提其要。纂言者必鉤其玄。其所謂鉤玄提要之書。不特後世不可得而聞。雖當世湜籍之徒。亦未聞其有所見。果何物哉。蓋亦不過尋章摘句。以爲選文之資助耳。此等識記。古人當必有之。如左思十稔而賦三都。門庭藩溷。皆著紙筆。得卽書之。今觀其賦。並無奇思妙想。動心駴魄。當藉十年苦思力索而成。其所謂得卽書之者。亦必標書誌義。先撥古人菁英。而後足以供驅遣。爾然觀書有得。存乎其人。各不相涉也。故古人論文。多言讀書養氣之功。博古通經之要。親師近友之益。取材求助之方。則其道矣。至於論及文辭工拙。則舉隅反三。稱情比類。如陸機文賦。劉勰文心雕龍。鍾嶸詩品。或偶舉精字善句。或品評全篇得失。令觀之者得意文中。會心言外。其於文辭思過半矣。至於不得已而摘記爲書。標識爲類。是乃一時心之所會。未必出於其書之本然。此如懷人見月而思月。豈必主遠懷。久客聽雨而悲雨。豈必有愁。況然而月下之懷。雨中之感。豈非天地至文。而欲以此感此懷。藏爲祕密。或欲嘉惠後學。以謂凡對明月與聽霖雨。必須用此悲感。方可領略。則適當良友乍逢。及新昏宴爾之人。必不信矣。是以學文之事。可授受者規矩方員。其不授受者心營意造。至於纂類摘比之書。標識評點之冊。本爲文之末務。不可揭以告人。祇可用以自誌。父不得而與子。師不能以傳弟。蓋恐以古人無窮之書。而拘於一時有限之心手也。律詩當知平仄。古詩宜知音節。顧平仄顯而易知。音節隱而難察。能熟於古詩。當自得之。執古詩而定人之音節。則音節變化。殊非一成之詩所能限也。趙伸符氏取古人詩爲聲調譜。通人譏之。余不能爲趙解矣。然爲不知音節之人言。未嘗不可生其啟悟。特不當舉爲天下之式法爾。時文當知法度。古文亦當知有法度。時文法度顯而易言。古文法度隱而難喻。能熟於古文。當自得之。執古文而示人以法度。則文章變化。非一成之文所能限也。歸震川氏取史記之文。五色標識。以示義法。今之通人。如聞其事。必竊笑之。余不能爲歸氏解也。然爲不知法度之人言。未嘗不可知其領會。特不足據爲傳授之祕爾。據爲傳授之祕。則是郢人寶燕石矣。夫書之難以一端盡也。仁者見仁。智者見智。詩之音節。文之法度。君子以謂可不學而能。如啼笑之有收縱。歌哭之抑揚。必欲揭以示人。人反拘而不得歌哭啼笑之至情矣。然使一己之見。不事穿鑿過求。而偶然瀏覽。有會於心。筆而誌之。以自省識。未嘗不可資修辭之助也。乃因一己所見。而謂天下之人皆當範我之心手焉。後人或我從矣。起古人而問之。乃曰余之所命。不在是矣。毋乃冤歟。

文集

集之興也。其當文章升降之交乎。古者朝有典謨。官存法令。風詩采之閭里。敷奏登之廟堂。未有人自爲書。家存一說者也。劉向校書、敘錄諸子百家、皆云出於古者某官某氏之掌、是古無私門著述之徵也、餘詳外篇、自治學分途。百家風起。周秦諸子之學。不勝紛紛。識者已病道術之裂矣。然專門傳家之業。未嘗欲以文名。苟足顯其業而可以傳授於其徒。（諸子俱有學徒傳授、管晏二子書、多記其身後事、莊子亦記其將死之言、韓非存韓篇之終以李斯駮議、蓋非一人所撰、蓋爲其學者各据聞見而附益之爾、）則其說亦遂止於是而未嘗有參差龐雜之文也。兩漢文章漸富爲著作之始衰。然賈生奏議。編入新書。（即賈子書、唐集賢書目始有新書之名、）相如詞賦。但記篇目。（藝文志、司馬相如賦二十九篇、次屈原賦二十五篇之後、而敍錄總云詩賦一百六家、一千三百一十八篇、各皆爲一家言、與離騷等、）皆成一家之言。與諸子未甚相遠。初未嘗有彙次諸體。裒焉而爲文集者也。自東京以降。訖乎建安黃初之閒。文章繁矣。然范陳二史。（文苑傳始於後漢書、）所次文士諸傳。識其文筆。皆云所著詩賦碑箴頌誄若干篇。而不云文集若干卷。則文集之實已具。而文集之名猶未立也。（隋志云、別集之名、東京所創、蓋未深考、）自摯虞創爲文章流別。學者便之。於是別聚古人之作。標爲別集。則文集之名實仿於晉代。（陳壽定諸葛亮集二十四篇、本云諸葛亮故事、其篇目載三國志、亦子書之體、而晉書陳壽傳云、定諸葛集、壽於目錄標題亦稱諸葛氏集、蓋俗誤云、）而後世應酬牽率之作。決科俳優之文。亦汎濫橫裂而爭附別集之名。是誠劉略所不能收。班志所無可附。而所爲之文。亦矜情飾貌。矛盾參差。非復專門名家之語無旁出也。夫治學分而諸子出。公私之交也。言行殊而文集興。誠僞之判也。勢屢變則屢卑。文愈繁則愈亂。苟有好學深思之士。因文以求立言之質。因散而求會同之歸。則三變而古學可興。惜乎循流者忘源。而溺名者喪實。二缶猶且以鍾惑。況滔滔之靡有抵極者。昔者向歆父子之條別。其周官之遺法乎。聚古今文字而別其家。合天下學術而守於官。非歷代相傳有定式。則西漢之末。無由直溯周秦之源也。（藝文志、有錄無書者亦歸其類、則劉向以前必有傳授矣、且七略分家、亦未有確據、當是劉氏失其傳、班志而後。紛紛著錄者。或合或離。不知宗要。其書既不盡傳。則其部次之得失。敍錄之善否。亦無從而悉考也。荀勗中經有四部。詩賦圖讚與汲冢之書歸丁部。王儉七志。以詩賦爲文翰志。而介於諸子軍書之間。則集部之漸日開。而尙未居然列專目也。至阮孝緒撰七錄。惟技術佛道分三類。而經典紀傳子兵文集之四錄。已全爲唐人經史子集之權輿。是集部著錄。寔仿於蕭梁。而古學源流至此爲一變。亦其時勢爲之也。嗚呼。著作衰而有文集。典故窮而有類書。學者貪於簡閱之易。而不知實學之衰。狃於易成之名。而不知大道之散。江河日下。豪傑之士。從狂瀾既倒之後。而欲障百川於東流。其不爲舉世所非笑。而指目牽引爲言詞。何可得邪。且名者實之賓也。類者例所起也。古人有專家之學。而後有專門之書。有專門之書。而後有專門之授受。鄭樵嘗云爾、即類求書。因流溯源。部次之法明。雖三墳五典可坐而致也。自校讎失傳。而文集類書之學起。一編之中。先自不勝其龐雜。後之興者。何從而窺古人之大體哉。夫楚詞。屈原一家之書也。自七錄初收於集部。隋志特表楚詞類。因併總集別集爲三類。遂爲著錄諸家之成法。充其義例。則相如之賦。蘇子之五言。枚生之七發。亦當別標一目。而爲賦類五言類七發類矣。總集別集之稱。總足以配之。其源之濫。寔始詞賦不列專家。而文人有別集也。文心雕龍。劉勰專門之書也。自集賢書目收爲總集。隋志已然、唐志乃併史通文章龜鑑史漢異義爲一類。遂爲鄭略馬考諸子之通規。（鄭志以史通入通史類、以雕龍入文集類、夫漁仲校讐義例最精、猶舛誤若此、則俗學之傳習已久也、）充其義例。則魏文典論。葛洪史鈔。張騭文士傳。（典論論文篇如雕龍、史鈔如史漢異義、文士傳如文章龜鑑、類皆相似、）亦當混合而入總集矣。史部子部之目。何得而分之。（典論、子類也、史鈔文士傳史類也、）其例之混。實由文集難定專門。而似者可亂眞也。著錄既無源流。作者標題遂無定法。鄭蔚之諸州圖經集。則史部地理而有集名矣。（隋志所收、）王方慶寶章集。則經部小學而有集名矣。（唐志所收、）元覽永嘉集。則子部釋家而有集名矣。（唐志所收、）百家雜藝之末流。識既庸闇。文復鄙俚。或鈔撮古人。或自明小數。本非集類。而紛紛稱集者。何足勝道。（雖曾氏隆平集、亦從流俗、當改爲傳志、乃爲相稱、）然則三集既興。九流必混。學術之迷。豈特黎邱有鬼。歧路亡羊而已耶。

詩教上

周衰文弊。六藝道息。而諸子爭鳴。蓋至戰國而文章之變盡。至戰國而著述之事專。至戰國而後世之文體備。故論文於戰國。而升降盛衰之故可知也。戰國之文。奇衺錯出而裂於道。人知之。其源皆出於六藝。人不知也。後世之文。其體皆備於戰國。人不知。其源多出於詩教。人愈不知也。知文體備於戰國。而始可與論後世之文。知諸家本於六藝。而後可與論戰國之文。知戰國多出於詩教。而後可與論六藝之文。可與論六藝之文。而後可與離文而見道。可與離文而見道。而後可與奉道而折諸家之文也。

戰國之文其源皆出於六藝何謂也曰道體無所不該六藝足以盡之諸子之爲書其持之有故而言之成理者必有得於道體之一端而後乃能恣肆其說以成一家之言也所謂一端者無非六藝之所該故推之而皆得其所本非謂諸子果能服六藝之教而出辭必衷於是也老子說本陰陽莊列寓言假像易教也鄒衍侈言天也關尹推衍五行書教也管商法制義存政典禮教也申韓刑名旨歸賞罰春秋教也其他楊墨尹文之言蘇張孫吳之術辨其原委挹其旨趣九流之所分部七錄之所敍論皆於物曲人官得其一致而不自知爲六典之遺也

戰國之文既源於六藝又謂多出於詩教何謂也曰戰國者縱橫之世也縱橫之學本於古者行人之官觀春秋之辭命列國大夫聘問諸侯出使專對蓋欲文其言以達旨而已至戰國而抵掌揣摩騰說以取富貴其辭敷張而揚厲變其本而加恢奇焉不可謂非行人辭命之極也孔孟曰誦詩三百授之以政不達使於四方不能專對雖多奚爲是則比興之旨諷諭之義固行人之所肄也縱橫者流推而衍之是以能委折而入情微婉而善諷也九流之學承官曲於六典雖或原於書易春秋其質多本於禮教爲其體之有所該也及其出而用世必兼縱橫所以文其質也古之文質合於一至戰國而各具之質當其用也必兼縱橫之辭以文之周衰文弊之效也故曰戰國者縱橫之世也

後世之文。其體皆備於戰國。何謂也。曰子史衰而文集之體盛。著作衰而辭章之學興。文集者。辭章不專家而萃聚文墨以為龍蛇之菹也。詳見文集篇、後賢承而不廢者。江河導而其勢不容復遏也。經學不專家而文集有經義。史學不專家而文集有傳記。立言不專家。即諸子書也、而文集有論辨。後世之文集。舍經義與傳記論辨之三體。其餘莫非辭章之屬也。而辭章實備於戰國。承其流而代變其體製焉。學者不知而溯摯虞所裒之流別。摯虞有文章流別傳、甚且以蕭梁文選。舉為辭章之祖也。其亦不知古今流別之義矣。

今即文選諸體。以徵戰國之賅備。摯虞流別孔逭文苑今俱不傳、故據文選、京都諸賦。蘇張縱橫六國侈陳形勢之遺也。上林羽獵。安陵之從田。龍陽之同釣也。客難解嘲。屈原之漁父卜居。莊周之惠施問難也。韓非儲說。比事徵偶。連珠之所肇也。前人已有言及之者、而或以為始於傅毅之徒。傅玄之言、非其質矣。孟子問齊王之大欲。歷舉輕煖肥甘聲音采色。七林之所啟也。而或以為創之枚乘。忘其祖矣。鄒陽辨謗於梁王。江淹陳辭於建平。蘇秦之自解忠信而獲罪也。過秦王命六代辨亡諸論。抑揚往復。詩人諷喻之旨。孟荀所稱述先王儆時君也。屈原上稱帝嚳、中述湯武、下道齊桓、亦是、淮南賓客。梁苑辭人。原嘗申陵之盛舉也。東方司馬侍從於西京。徐陳應劉徵逐於鄴下。談天雕龍之奇觀也。遇有升沈。時有得失。畸才彙於末世。利祿萃其性靈。廊廟山林。江湖魏闕。曠世而相感。不知悲喜之何從。文人情深於詩騷。古今一也。至戰國而文章之變盡。至戰國而後世之文體備。其言信而有徵矣。至戰國而著述之事專。何謂也。曰。古未嘗有著述之事也。官師守其典章。史臣錄其職載。文字之道。百官以之治。而萬民以之察。而其用已備矣。是故聖王書同文以平天下。未有不用之於政教典章。而以文字爲一人之著述者也。詳見外篇較讐略、著錄先明大道論、道不行而師儒立其教。我夫子之所以功賢堯舜也。然而予欲無言。無行不與。六藝存周公之舊典。夫子未嘗著述也。論語記夫子之微言。而曾子子思俱有述作以垂訓。至孟子而其文然後宏肆焉、著述至戰國而始專之明驗也。論語記曾子之沒、吳起嘗師曾子、則曾子沒於戰國初年、而論語成於戰國時者明矣、春秋之時。管子嘗有書矣。讐子管子後人所託、然載一時之典章政教。則猶周公之有官禮也。記管子之言行。則習管氏法者所綴輯。而非管仲所著述也。或謂管仲之書、不當稱桓公之謚、閻氏若璩文謂後人所加、非管子之本文、皆不知古人並無私自著書之事、俱是後人綴輯、詳諸子篇、兵家之有太公陰符。醫家之有黃帝素問。農家之有神農野老。先儒以謂後人僞撰。而依託乎古人。其言似是。而推究其旨。則亦有所未盡也。蓋末數小技。造端皆始於聖人。苟無微言要旨之授受。則不能以利用千古也。三代盛時。各守人官物曲之世氏。是以相傳以口耳。而孔孟以前。未嘗得見其書也。至戰國而官守師傳之道廢。通其學者。述舊聞而著於竹帛焉。中或不能無得失。要其所自。不能遽昧也。以戰國之人而述黃農之說。是以先儒辨之文辭。而斷其僞託也。不知古初無著述。而戰國始以竹帛代口耳。外史掌三皇五帝之書、及四方之志、與孔子所述六藝舊典、皆非著述一類、其說已見於前、實非有所僞託也。然則著述始專於戰國。蓋亦出於勢之不得不然矣。著述不能不衍爲文辭。而文不能不生其好尙。後人無前人之不得已而惟以好尙逐於文辭焉。然猶自命爲著述。是以戰國爲文章之盛。而衰端亦已兆於戰國也。

張惠言　清武進人。字皋文。嘉慶進士。官編修。卒年四十二。惠言少好辭賦。常擬司馬相如揚雄所作。及壯爲古文。則力追韓愈歐陽修。其波瀾意度。往往逼肖。與同邑惲敬齊名。尤深易禮之學。詞亦有名。有茗柯詩文集。

送錢魯斯序

魯斯長余二十四歲。以嘗從先君子受經。故余幼而兄事之。魯斯以工作書爲詩名天下。交友徧海內。余年十六七歲時。方治科舉業。閒以其暇學魯斯爲書。書不工。又學魯斯爲詩。詩又不工。然魯斯嘗誨之。越十餘年。余學爲古辭賦。乾隆戊申。自歙州歸。過魯斯。而示之。魯斯大喜。顧而謂余。吾嘗受古文法於桐城劉海峯先生。顧未暇以爲。子儻爲之乎。余愧謝未能。已而余游京師。思魯斯言。乃盡屏置曩時所習詩賦若書不爲。而爲古文。三年乃稍稍得之。而余留京師六年。歸更太孺人之憂。復游浙中。轉入歙。而魯斯客湖南北。久乃歸。參差不得見者十三年。今年夏。余自歙來杭州。留數月。一日方與客語。有覟然而來者。則魯斯也。其言曰。吾見子古文。與劉先生言合。今天下爲文。莫子若者。子方役役於世。未能還鄉里。吾幸多暇。念久不相見。故來與子論古文。魯斯遂言曰。吾曩於古人之書。見其法而已。今吾見拓於石者則如見其未刻時見其書也則如見其未書時夫意在筆先者非作意而臨筆也筆之所以入墨之所以出魏晉唐宋諸家之所以得失熟之於中而會之於心當其執筆也繇繇乎其若存攸攸乎其若行冥冥乎成成乎忽然遇之而不知所以然故曰意意者非法也而未始離乎法其養之也有源其出之也有物故法有盡而意無窮吾於爲詩亦見其若是焉豈惟詩與書夫古文亦若是則已耳嗚呼魯斯之於古文豈曰法而已哉抑余之爲文何足以與此雖然其惓惓於余不遠千里而來告之以道若惟恐其終廢焉者嗚呼又可感也於是留數日將去送之於西湖書其言而誌之且以爲別

惲敬　清陽湖人字子居乾隆舉人歷知當陽江山二縣遷江西吳城同知以事去官爲人負氣矜尚名節自言所學非漢非宋不主故常治古文得力於韓非李斯與蘇明允相上下世稱其文爲陽湖派有大雲山房文集

大雲山房文稿二集敍錄

昔者班孟堅因劉子政父子七略爲藝文志序六藝爲九種聖人之經永世尊尚焉其諸子則別爲十家論可觀者九家以爲雖有蔽短合其要歸亦六經之支與流裔至哉此言論古之圭臬也敬嘗通會其說儒家體備於禮及論語孝經墨家變而離其宗道家陰陽家支騈於易法家名家疏源於春秋從橫家雜家小說家適用於詩書孟堅所謂詩以正言書以廣聽也惟詩之流復別爲詩賦家而樂寓焉農家兵家術數家方技家聖人未嘗專語之然其

體亦六藝之所孕也。是故六藝要其中。百家明其際會。六藝舉其大。百家盡其條流。其失者。孟堅已次第言之。而其得者窮高極深。析事剖理。各有所屬。故曰修六藝之文。觀九家之言。可以通萬方之略。後世百家微而文集行。文集敝而經義起。經義散而文集益漓。學者少壯至老。貧賤至貴。漸漬於聖賢之精微。闡明於儒先之疏證。而文集反日替者。何哉。蓋附會六藝。屏絕百家。耳目之用不發。事物之賾不統。故性情之德不能用也。敬觀之前世。賈生自名家從橫家入。故其言浩汗而斷制。鼂錯自法家兵家入。故其言峭實。董仲舒劉子政自儒家道家陰陽家入。故其言和而多端。韓退之自儒家法家名家入。故其言峻而能達。曾子固蘇子由自儒家雜家入。故其言溫而定。柳子厚歐陽永叔自儒家雜家詞賦家入。故其言詳雅有度。杜牧之蘇明允自兵家從橫家入。故其言縱厲。蘇子瞻自從橫家道家小說家入。故其言逍遙而震動。至若黃初甘露之閒。子桓子建氣體高朗。叔夜嗣宗情識精微。始以輕雋爲適意。時俗爲自然。風格相仍。漸成軌範。於是文集與百家判爲二途。熙寧寶慶之會。時師破壞經說。其失也鑿。陋儒襞積經文。其失也膚。後進之士。竊聖人遺說。規而畫之。睇而斲之。於是經義與文集並爲一物。太白樂天夢得諸人自曹魏發情。靜修幼清正學諸人自趙宋得理。遞趨遞下。卑亢日積。是故百家之敝。當折之以六藝。文集之衰。當起之以百家。其高下遠近華質。是又在乎人之所性焉。不可強也已。敬一人之見。恐違大雅。惟天下好學深思之君子教正之。

上曹儷笙侍郎書

前者敬在寧都。上謁先生。過聽彭臨川之言。諄然以昔人之所以爲古文者下問。侍坐之頃。未能達其心之所欲言。回縣後。竊願一陳其不敏。而下官之事上者。如古之奏記如牋如啟。皆束於體制。塗飾巧僞。殊無足觀至前明之稟。幾於胥隸之辭矣。古者自上宰相至於儕等相往復。皆曰書。其言疏通曲折。極其所至而後已。謹以達之左右。惟先生教正之。古文文中之一體耳。而其體至正不可餘。餘則支。不可盡。盡則敝。不可爲容。爲容則體下。方望溪先生曰。古文雖小道。失其傳者七百年。望溪之言若是。是明之遵巖震川。本朝之雪苑勺庭堯峯諸君子。世俗推爲作者。一不得與乎望溪之所許矣。望溪謹厚。兼學有源本。豈妄爲此論耶。蓋遵巖震川。常有意爲古文者也。有意爲古文。而平生之才與學。不能沛然於所爲之文之外。則將依附其體而爲之。依附其體而爲之。則爲支爲敝爲體下。不招而至矣。是故遵巖之。文贍。贍則用力必過。其失也少支而多敝。震川之文謹。謹則置辭必近。其失也少敝而多支。而爲容之失。二家緩急不同。同出於體下。集中之得者十有六七。失者十而三四焉。此望溪之所以不滿也。李安溪先生曰。古文韓公之後。惟介甫得其法。是說也。視望溪之言有加甚焉。敬常卽安溪之意推之。蓋雪苑勺庭之失。毗於遵巖。而銳過之。其病徵於三蘇氏。堯峯之失。毗於震川。而弱過之。其疾徵於歐陽文忠公。歐與蘇二家所畜有餘。故有疾難形。雪苑勺庭堯峯所畜不足。故其疾易見。噫。可謂難矣。然望溪之於古文。則又有未至者。是故旨近端而有時而歧。辭近醇而有時而疵。近日朱梅厓等於望溪有不足之辭。而梅厓所得。視望溪翁庳隘。文人之見日勝一日。其力則日遜焉。是亦可慮者也。敬生於下里。以祿食趨走下吏。不獲與世之大人君子相處。而得其源流之所以然。同州諸前達多習校錄。嚴考證。成專家。爲賦詠者。或率意自恣。而大江南北以文名天下者。幾於猖狂無理。排溺一世之人。其勢力至今未已。敬爲之動者數矣。所幸少樂疏曠。未嘗捉筆求若輩所謂文之工者。而浸漬之其道不親。其事不習。故心不爲所陷。而漸有以知其非。後與同州張皐文吳仲倫桐城王悔生游。始知姚姬傳之學。出於劉海峯。劉海峯之學。出於方望溪。及求三人之文觀之。又未足以饜其心所欲云者。由是由本朝推之於明。推之於宋唐。推之於漢與秦。斷斷焉析其正變區其長短。然後知望溪之所以不滿者。蓋自厚趨薄。自堅趨瑕。自大趨小。而其體之正不特遵巖震川之下。未之有變。卽海峯姬傳。亦非破壞典型。沈酣淫詖者。不可謂傳之盡失也。若是則所謂爲支爲敝爲體下。皆其薄其瑕其小爲之。如能盡其才與學。以從事焉。則支者如山之立。敝者如水之去。腐體下者如負青天之高。於是積之而爲厚焉。斂之而爲堅焉。充之而爲大焉。且不患其傳之盡失也。然所謂才與學者何哉。曾子固曰。明必足以周萬事之理。道必足以適天下之用。智必足以通難知之意。文必足以達難顯之情。如是而已。皋文最淵雅。中道而逝。仲倫才弱。悔生氣敗。敬躋蹉跎歲時。年及五十。無所成就。必矣。天下之大。當必有具絕人之能。荒江老屋。求有以自信者。先生能留意焉。則斯事之幸也。

阮元

淸儀徵人。字伯元。號芸臺。乾隆進士。道光時官至體仁閣大學士。加太傅。所至以提倡學術自任。卒謚文達。論文主文筆之說。謂如昭明文選所載者。始得名爲文。韓柳以下所作。皆子史之流。所謂筆也。同時福州梁章鉅著退菴論文。頗推闡其說。有研經室集。

文言說

古人無筆硯紙墨之便。往往鑄金刻石。始傳久遠。其著之簡策者。亦有漆書刀削之勞。非如今人下筆千言。言事甚易也。許氏說文。直言曰言。論難曰語。左傳曰。言之無文。行之不遠。此何也。古人以簡策傳事者少。以口舌傳事者多。以目治事者少。以口耳治事者多。故同爲一言。轉相告語。必有愆誤。（說文、言從口從辛、辛、愆也。）是必寡其詞。協其音。以文其言。使人易於記誦。無能增改。且無方言俗語。雜於其間。始能達意。始能行遠。此孔子於易所以著文言之篇也。古人歌詩箴銘諺語。凡有韻之文。皆此道也。爾雅釋訓。主於訓蒙。子子孫孫以下。用韻者三十二條。亦此道也。孔子於乾坤之言。自名曰文。此千古文章之祖也。爲文章者。不務協音以成韻。修詞以達遠。使人易誦易記。而惟以單行之語。縱橫恣肆。動輒千言萬字。不知此乃古人所謂直言之言。論難之語。非言之有文者也。非孔子之所謂文也。文言數百字。幾於句句用韻。孔子於此。發明乾坤之蘊。詮釋四德之名。幾費修詞之意。冀達意外之言。說文曰、詞、意內言外也、蓋詞亦言也、非文也、文言曰、修辭立其誠、說文曰、修飾也、詞之飾者、乃得爲文、不得以詞卽文也、要使遠近易誦。古今易傳。公卿學士。皆能記誦。以通天地萬物。以警國家身心。不但多用韻。抑且多用偶。卽如樂行憂違。偶也。長生合禮。偶也。和義幹事。偶也。庸言庸行。偶也。閑邪善世。偶也。進德修業。偶也。知至知終。偶也。上位下位。偶也。同聲同氣。偶也。水溼火燥。偶也。雲龍風虎。偶也。本天本地。偶也。无位无民。偶也。勿用在田。偶也。潛藏文明。偶也。道革位德。偶也。偕極天則。偶也。隱見成行。偶也。學聚問辨。偶也。寬居仁行。偶也。合德合明合序合吉凶。偶也。先天後天。偶也。存亡得喪。偶也。餘慶餘殃。偶也。直內方外。偶也。通理居體。偶也。凡偶皆文也。於物兩色相偶而交錯也。乃得名曰文。文卽象其形也。考工記曰、青與白謂之文、赤與白謂之章、說文曰、文錯畫也、象交文、然則千古之文。莫大於孔子之言。易孔子以用韻比偶之法錯綜其言。而自名曰文。何後人之必欲反孔子之道。而自命曰文。且尊之曰古也。

文韻說

福問曰。文心雕龍云。今之常言。有文有筆。以爲無韻者筆也。有韻者文也。據此則梁時恆言有韻者。乃可謂之文。而昭明文選所選之文。不押韻腳者甚多。何也。曰。梁時恆言所謂韻者。固指押腳韻。亦兼謂章句中之音韻。卽古人所言之宮羽。今人所言之平仄也。福曰。唐人四六之平仄。似非所論於梁以前。曰。此不然。八代不押韻之文。其中奇偶相生。頓挫抑揚。詠歎聲情。皆有合乎音韻宮羽者。詩騷而後。莫不皆然。而沈約矜爲剏獲。故於謝靈運傳論曰。夫五色相宣。八音協暢。由乎元黃律呂。各適物宜。欲使宮羽相變。低昂舛節。若前有浮聲。則後須切響。一簡之內。音韻盡殊。兩句之中。輕重悉異。妙達此旨。始可言文。又曰。自靈均以來。此祕未覩。至於高言妙句。音韻天成。皆暗與理合。匪由思至。又沈約答陸厥書云。韻與不韻。復有精粗。輪扁不能言之。老夫亦不盡辨。休文此說。乃指各文章句之內。有音韻宮羽。兩言非謂句末之押腳韻也。（卽如雌霓連蜷、霓字必讀仄聲是也、）是以聲韻流變。而成四六。亦祇論章句中之平仄。不復有押腳韻也。四六乃有韻文之極致。不得謂之爲無韻之文也。昭明所選。不押韻腳之文。本皆奇偶相生。有聲音者。所謂韻也。休文所矜爲剏獲者。謂漢魏之音韻。乃暗合於無心。休文之音韻。乃多出於意匠也。豈知漢魏以來之音韻。溯其本原。亦久出於經哉。孔子自名其言易者曰文。此千古文章之祖。文言固有韻矣。而亦有平仄聲音焉。卽如溼燥龍虎覩上下八句。何等聲音。無論龍虎二句不可顛倒。若改爲龍虎燥溼覩。卽無聲音矣。無論其德其明其序其吉凶四句。不可錯亂。若倒不知退於不知亡不知喪之後。卽無聲音矣。此豈聖人天成暗合。全不由於思至哉。由此推之。知自古聖賢屬文時。亦皆有意匠矣。然則此法肇開於孔子。而文人沿之。休文謂靈均以來。此祕未覩。正所謂文人相輕者矣。不特文言也。文言之後。以時代相次則及於卜子夏之詩大序。序曰。情發於聲。聲成文謂之音。又曰。主文而譎諫。又曰。長言之不足則嗟歎之。鄭康成曰。聲謂宮商角徵羽也。聲成文者宮商上下相應。主文主與樂之宮商相應也。此子夏直指詩之聲音而謂之文也。不指翰藻也。然則孔子文言之義益明矣。蓋孔子文言繫辭。亦皆奇偶相生。有聲音嗟歎以成文者也。聲音即韻也。詩關雎鳩洲逑押腳有韻。而女字不韻。得服側押腳有韻。而哉字不韻。此正子夏所謂聲成文之宮羽也。此豈詩人暗於韻合。匪由思至哉。王懷祖先生云、三百篇用韻、有字字相對極密、非後人所有者、如有瀰有鷕、濟盈雉鳴、不求濡其軌、牡、鳳凰梧桐、鳴矣生矣、于彼于彼、高岡朝陽、菶菶雍雍、萋萋喈喈、無一字不相韻、此豈詩人天成暗合、全無意匠於其間哉、此即子夏所謂聲成文之一顯然可見者、子夏此序文選。選之亦因其中有抑揚詠歎之聲音。且多偶句也。鄉人邦國偶一、風教偶二、為志為詩偶三、手之足之偶四、治世亂世亡國偶五、天地鬼神偶六、聲教人倫教化風俗偶七八、化下刺上偶九、言之聞之偶十、禮義政教偶十一、國異家殊偶十二、傷人倫哀刑政偶十三、發乎情止乎禮義偶十四、謂之風謂之雅偶十五、繫之周繫之召偶十六、正始王化偶十七、哀窈窕思賢才偶十八、其偶之長者、如周公召公即比也、後世四書文之比基於此、綜而論之。凡文者在聲為宮商在色為翰藻。即如孔子文言雲龍風虎一節。乃千古宮商翰藻奇偶之祖。非一朝一夕之故。一節乃千古嗟歎成文之祖。子夏詩序情文聲音一節。乃千古聲韻性情排偶之祖。吾固曰。韻者即聲音也。聲音即文也。韻字不見於說文、而王復齋楚公鐘篆文內實有韵字、從音從勻、許氏所未收之古文也、然則今人所便單行之文。極其奧折奔放者。乃古之筆。非古之文也。沈約之說。或可橫指為八代之衰體孔子子夏之文體。豈亦衰乎。是故唐人四六之音韻。雖愚者能效之。上溯齊梁中材已有所限。若漢魏以上至於孔卜。此非上哲不能擬也。乙酉三月。閱兵香山。阻風舟中。筆以訓福。

李兆洛

清武進人。字申耆。嘉慶進士。官鳳臺知縣。能官。後主講暨陽書院。工詩古文。尤長輿地之學。所編駢體文鈔。自秦訖隋。區爲三類。冶合駢散二體。別裁至當。於蕭選姚纂外。獨立爲一名著。有李氏地理五種養一齋集。

駢體文鈔序

少讀文選。頗知步趨齊梁。後蒙恩入庶常。臺閣之製。例用駢體。而不能致工。因益搜輯古人遺篇。用資時習。區其鉅細。分爲三篇。序而論之曰。天地之道。陰陽而已。奇偶也。方圓也。皆是也。陰陽相並俱生。故奇偶不能相離。方圓必相爲用。道奇而物偶。氣奇而形偶。神奇而識偶。孔子曰。道有變動。故曰爻。爻有等。故曰物。物相雜。故曰文。又曰。分陰分陽。迭用柔剛。故易六位而成章。相雜而迭用。文章之用。其盡於此乎。六經之文。班班具存。自秦迄隋。其體遞變。而文无異名。自唐以來。始有古文之目。而目六朝之文爲駢儷。而爲其學者。亦自以爲與古文殊路。既歧奇偶爲二。而於偶之中。又歧六朝與唐與宋爲三。夫苟第較其字句。獵其影響而已。則豈徒二焉三焉而已。以爲萬有不同可也。夫氣有厚薄。天爲之也。學有純駁。人爲之也。體格有遷變。人與天參焉者也。義理无殊途。天與人合焉者也。得其厚薄純雜之故。則於其體格之變。可以知世焉。於其義理之无殊。可以知文焉。文之體。至六代而其變盡矣。沿其流極而泝之。以至乎其源。則其所出者一也。吾甚惜夫歧奇偶而二之者之毗於陰陽也。毗陽則躁剽。毗陰則沈膇。理所必至也。於相雜迭用之旨。均无當也。

上編著錄若干首。皆廟堂之製。奏進之篇。垂諸典章。播諸金石者也。夫拜颺殿陛。敷頌功德。同德對越。表裏詩書。義必嚴以閎。氣必厚以愉。然後緯以精微之思。奮以瑰鑠之辭。故高而不槬。華而不縟。雄而不矜。逶迤而不靡。馬班已降。知者蓋希。或猥瑣補綴以爲平通。或詰屈彫琢以爲奇麗。樸即不文。華即無實。未有能振之者也。至於詔令章奏。周亦无取。儷詞而古人爲之。未嘗不沈詳整靜。茂美淵懿。訓詞深厚。實見於斯。豈得以唐宋末流。澆訑浮廷。兼病其本哉。故亦略存大凡。使源流可知耳。

中編著錄若干篇。指事述意之作也。或縝密而端愨。或豪侈而跌盪。蓋指事欲其曲以盡。述意欲其深以婉。澤以比興。則詞不迫切。資以故籍。故言爲典章也。韓非淮南。已導先路。王符應劭。其流孔長。立言之士。時有取焉。然枝葉已繁。或披其本。以仲宣之覃精。而子桓病其體弱。亦學者之通患也。碑誌之文。本與史殊體。中郎之作。質其有文。可爲後法。故錄之尤備焉。

下編著錄若干篇。多緣情託興之作。戰國詼諧。辨譎者流。實肇厥端。其言小。其旨淺。其趣博。往往託思於言表。潛神於旨裏。引情於趣外。是故小而能微。淺而能永。博而能檢。就其徧者。亦潤理內苞。秀采外溢。不徒以鏤繪爲工。逋峭取致而已。後之作者。乃以爲遊戲。佻側洸盪。忘其所歸。遂成俳優。病尤甚焉。尺牘之美。非關造作。妍媸雅鄭。每肖其人。齊梁啟事。短篇藻

麗間見旣非具體无關效法十而存一槪可知也

包世臣　清涇人字愼伯號倦翁嘉慶舉人官新喩知縣論文獨闢畦徑尤工書有安吳四種其藝舟雙楫一種盛行於世則專論詩文與書法者也

文譜

余嘗以隱顯回互激射說古文然行文之法又有奇偶疾徐墊拽繁複順逆集散不明此六者則於古人之文無以測其意之所至而第其詣之所極墊拽繁複者回互之事順逆集散者激射之事奇偶疾徐則行於墊拽繁複順逆集散之中而所以爲回互激射者也回互激射之法備而後隱顯之義見矣是故討論體勢奇偶爲先凝重多出於偶流美多出於奇體雖駢必有奇以振其氣勢雖散必有偶以植其骨儀厥錯綜致爲微妙尚書欽明文思一字爲偶安安疊字爲偶允恭克讓二字爲偶偶勢變而生三奇意行而若一光被四表格於上下語奇也而意偶克明峻德四字一句奇以親九族十六字四句偶協和萬邦十字三句奇而萬邦與九族百姓語偶時雍與黎民於變意偶是奇也而偶寓焉乃命羲和節奇若天授時隔句爲偶中六字綱目爲偶分命申命四節體全偶而詞悉奇帝曰咨節奇期三百十字參差爲偶允釐八字顚倒爲偶而意皆奇故雙意必偶欽明允恭等句是也單意可奇七可偶光被允釐等句是也雖文字之始基實奇偶之極軌批根爲說而其類從慧業所存斯爲

隅舉。次論氣格莫如疾徐。文之盛在沈鬱。文之妙在頓宕。而沈鬱頓宕之機。操於疾徐。此之不可不察也。論語觚不觚句疾也。觚哉觚哉句徐也。其然句徐也。豈其然乎句疾也。此兩句爲疾徐也。大學一家仁一國興仁節疾也。堯舜率天下以仁節徐也。孟子王曰何以利吾國節徐也。未有仁而遺其親節疾也。此兩節爲疾徐也。天子適諸侯曰巡守一百四十九字徐。先王無流連之樂十六字疾。國君進賢一百二十二字徐。故曰國人殺之十七字疾。尊賢使能。俊傑在位五節徐。信能行此五者一節疾。此通篇爲疾徐也。有徐而疾不爲激。有疾而徐不爲紆。夫是以峻緩交得而調和奏膚也。摯拽者。爲其立說之不足聳聽也。故摯之使高。爲其抒議之未能折服也。故拽之使滿。高則其落也峻。滿則其發也疾。摯之法有上有下。孟子知而使之。是不仁也。不知而使之。是不智也。仁智周公未之盡也。又曰且夫文王之德百年而後崩。猶未洽於天下。武王周公繼之。然後大行。韓非今有不才之子。父母怒之弗爲改。鄉人譙之弗爲動。師長敎之弗爲變。又云。禹利天下。子產存鄭。皆以得謗。又云。視鍛錫察青黃。區治不能以必劍。發齒吻形容。伯樂不能以必馬。又云。侈而惰者貧。力而儉者富。今徵斂於富人。以施布於貧家。史記嘗以十倍之地。百萬之衆。叩關而攻秦。秦人開關延敵。九國之師逡巡逃遁而不敢進。又云。非有仲尼墨翟之賢。陶朱猗頓之富者。皆上摯也。孟子管仲曾西之所不爲也。又云。非所以納交於孺子之父母也。非所以要譽於鄉黨朋友也。非惡其聲而然也。韓非子。磐石千里。不可謂富。象人百萬。不可謂強。史記。藉使子嬰有庸主之才。僅得中佐。又云。向使二世有庸主之行。而任忠賢。臣主一心。而憂海內之患。又云。是所重者在於色樂珠玉。而所輕者在於人民者。皆下蟄也。拽之法有正有反。孟子。萬取千焉。千取百焉。不爲不多矣。苟爲後義而先利。又云。文王以民力爲臺爲沼。而民歡樂之。予及汝偕亡。民欲與之偕亡。又云。此惟救死而恐不贍。荀子。蟥無爪牙之利。筋骨之強。上食槁壤。下飲黃泉。用心一也。蟹六跪而二螯。非蛇蟺之穴無可託足者。用心躁也。是故無冥冥之志者。無昭昭之明。無惛惛之用者。無赫赫之功。又云。今之學者。入乎耳。出乎口。口耳之間。則四寸耳。安能美七尺之軀。韓非。今有構木鑽燧於夏后之世者。必爲鯀禹笑矣。有決瀆於殷周之世者。必爲湯武笑矣。又云。人主之左右不必智也。人主於人有所智而聽之。因與左右論其言。是與愚人論智也。人主之左右不必賢也。人主於人有所賢而禮之。因與左右論其行。是與不肖論賢也。呂覽。民農則樸。樸則易用。易用則邊境安。主位尊。民農則重。重則少私義。少私義則公法立。力專一。民農則其產複。其產複則重徙。重徙則死其處而無二慮。又云。馬者伯樂相之。造父御之。賢主乘之。一日千里。無御相之勞而有其功。史記。天下以定。秦王之心。自以爲關中之固。金城千里。子孫帝王萬世之業也。秦王既沒。餘威振於殊俗。又云。二世不行此術。而重之以無道。者皆正拽也。孟子。天子能薦人於天。不能使天與之天下。諸侯能薦人於天子。不能使天子與之諸侯。大夫能薦人於諸侯。不能使諸侯與之大夫。又云。而居堯之宮。逼堯之子。是篡也。又云。將狀賊杞柳而後以爲桮棬。如將狀賊杞柳而以爲桮棬。又云。金重於羽者。豈謂一鉤金。又云。是君臣父子兄弟終去仁義。懷利以相接。荀子。樂姚冶以險。則民流僈鄙賤矣。流僈則亂。鄙賤則爭。爭亂則兵弱城犯。敵國危之。又云。且夫暴國之君。誰與至哉。彼其所與至者。必其民也。而其民之親我歡若父母。其好我芬若椒蘭。彼反顧其上。則若灼黥。若仇讐。人之情雖桀跖。又豈肯爲其所惡。賊其所好。韓非。法術之士。操五不勝之勢。以歲數而又不得見。當涂之人。乘五勝之資。而旦暮獨說於前。又云。智士者遠見而畏於死亡。必不從重人矣。廉士者修而羞與姦臣欺其主。必不從重人矣。是當涂之徒屬。非愚而不知患。卽汙而不避姦者也。大臣挾愚汙之人。上與之欺主。下與之收利侵漁。史記。秦幷海內。兼諸侯。南面稱帝。以四海養天下。斐然向風。又云。今秦二世立。天下莫不引領而觀其政。夫寒者利短褐。飢者甘糟糠。民之嗸嗸。新主之資也。者皆反拽也。孟子。知虞公之不可諫而去之秦。一百二十二字。荀子。凡生於天地之間者。有血氣之屬必有知。一百八十一字。旋蟄旋拽備上下反正之致。文心之巧。於斯爲極。是故蟄拽者。先覺之鴻寶。後進之梯航。未悟者旣望洋而不知。聞聲者復震驚而不信。然得之則爲蹈厲風發。失之則爲樸樕遼落。姬嬴之際。至工斯業。降至東京。遺文具在。能者僅可十數。論者竟無片言。千里比肩。百世接踵。不其諒已。至於繁複者。與摯拽相需而成。而爲用尤廣。比之詩人。則長言詠歎之流也。文家之所以極情盡意。茂豫發越也。孫武子。聲不過五。五聲之變。不可勝聽也。色不過五。五色之變。不可勝觀也。味不過五。五味之變。不可勝嘗也。戰勝不過奇正。奇正之變。不可勝窮也。者。繁也。奇正相生。如循環之無端。孰能窮之者。複也。孟子。穀與魚鼈不可勝食。材木不可勝用。七十者衣帛食肉。黎民不飢不寒。又云。天下之欲疾其君者。皆欲赴愬於王者。繁也。然則一羽之不舉。爲不用力焉。又曰。昔者禹抑洪水而天下平。又曰。口之於味也。有同嗜焉。又曰。鄉爲身死而不受。今爲宮室之美爲之者。複也。離婁之明。節繁也。聖人既竭目力。節複也。樂民之樂者。民亦樂其樂。憂民之憂者。民亦憂其憂。樂以天下。憂以天下。又云。君子以仁存心。以禮存心。仁者愛人。有禮者敬人。愛人者人恆愛之。敬人者人恆敬之。繁而兼複也。得道者多助。失道者寡助。寡助之至。親戚畔之。多助之至。天下順之。以天下之所順。攻親戚之所畔。複而兼繁者也。荀子之議兵禮論樂論性惡篇。呂覽之開春愼行貴直不茍似順士容論。韓非之說難孤憤五蠹顯學篇。無不繁以助瀾。複以鬯趣。複如鼓風之浪。繁如捲風之雲。浪厚而盪萬石。比一葉之輕。雲深而釀。零雨有千里之遠。斯誠文陣之雄師。詞囿之家法矣。然而文勢之振。在於用逆。文氣之厚。在於用順。順逆之於文。如陰陽之於五行。奇正之於攻守也。論語。公叔文子之臣大夫僎。逆而順也。君取於吳爲同姓。謂之吳孟子。順而逆也。孟子。無恆產而有恆心者。惟士爲能。本言當制民產。先言取民有制。又先言民之陷罪。由於無恆心。而無恆心。本於無恆產。并先言惟士之恆心。不係於恆產。則逆之逆也。天下大悅而將歸己章。桀紂之失天下章。全用逆。君子之所以異於人者章。全用順。深求童習之編。自得伐柯之則。略舉數端。以需善擇。集散者。或以振綱領。或以爭關紐。或奇特形於比附。或指歸示於牽連。或錯出以表全神。或補述以完風裁。是故集則有勢有事。而散則有縱有橫。左傳。君將納民於軌物者也。故講事以度軌量謂之軌。取材以章物采謂之物。不軌不物。謂之亂政。又云。將修先君之怨於鄭。而求寵於諸侯以和其民。孟子。是故君子有終身之憂。無一朝之患。又云。彼陷溺其民。王往而征之。夫誰與王敵。又云。仁不可爲衆也。夫國君好仁。天下無敵。又云。或勞心。或勞力。勞心者治人。勞力者治於人。治於人者食人。治人者食於人。韓非子。是以賞莫如厚而信。使民利之。罰莫如重而必。使民畏之。法莫如一而固。使民知之。又云。夫離法者罪。而諸先生以文學取。犯禁者誅。而羣俠以私劍養。故法之所非。君之所取。吏之所誅。上之所養也。又云。故明主之國。無書簡之文。以法爲教。無先生之語。以吏爲師。無私劍之捍。以斬首爲勇。又云。强則能攻人者也。治則不可攻者也。治强不可責於外。內政之修也。是集勢者也。孟子引經始靈臺時日曷喪。徵古以明意。說不違農時。五畝之宅。緣情以比事。呂覽專精證驗。韓非旁通喻釋。史記載祠石墜履。而西楚遂以遷鼎。述廁鼠驚人。而上蔡無所稅駕。曲逆意遠。見於俎上。淮陰志巽。得之城下。臨邛竊貲。好時分橐。銜晦旣殊。心跡斯別。右游俠之克崇退讓。而知在位之專恣睚。眦。稱權利之致於誠壹。而知居上之不收窮民。是集事者也。二帝同典。止紀都俞。五臣共讃。乃書陳告。是縱散者也。然龍門帝紀。已屬有心避就。金華臣傳。遂至僅存閥閱。（宋濂作九國春秋、事蹟悉詳紀中、諸臣列傳勢難重出、寂寥已甚、今與任臣書卽竊其本也、）求其繼聲。未易屈指。史記廉將軍矜功爭列。與避居連文。以美震悔之忠。長平侯重揖客。諱擊傷於本傳不詳。以歎尊容之廣。程李名將。而行酒辨其優劣。汲鄭長者。而廷論譏其局趣。是橫散者也。然而六法備具。其於文也。猶魚兔之筌蹄。膚髮之脂澤也。易曰觀乎人文以化成天下。士君子能深思天下所以化成者。求諸古驗諸事。發諸文。則庶乎言有物而不囿於藻采雕繪之末技也夫。

與楊季子論文書

辱書詢爲古文之要。詞意勤懇。世臣何可以當此耶。足下性嗜古書。尤躭齊梁諸子。而下筆顧清迴柔厚。駸駸有西漢之意。世臣傫陋偃蹇。何足以稱盛指。謹言其所知。而足下擇之。竊謂自唐氏有爲古文之學。上者好言道。其次則言法。說者曰。言道者言之有物者也。言法者言之有序者也。然道附於事。而統於禮。子思歎聖道之大。曰禮儀三百。威儀三千。孟子明王道。而所言要於不緩民事。以養以敎。至養民之制。敎民之法。則亦無不本於禮。其離事與禮而虛言道以張其軍者。自退之始。而子厚和之。至明允永叔迺用力於推究世事。而子瞻尤為達者。然門面言道之語。滌除未盡。以致近世治古文者。一若非言道則無以自尊其文。是非世臣所敢知也。天下之事。莫不有法。法之於文也。尤精而嚴。夫具五官備四體而後成為人。其形質配合乖互。則貴賤妍醜分焉。然未有能一一指其成式者也。夫孟荀文之祖也。子政子雲文之盛也。典型具在。轍迹各殊。然則所謂法者。精而至博。嚴而至通者也。又有言為文不可落人窠臼。託於退之尙異之旨者。夫窠臼之說。卽記所譏之剿說雷同也。比如有人焉。五官端正。四體調均。徧視數千萬人而莫有同之者。得不謂之眞異人乎哉。而戾者乃欲顚倒條理。刪節助字。務取詰屈以眩讀者。是何異自慼狀貌之無以過人。而抉目截耳折筋刲脇。蹣行於市。而矜詡其有異於人人也耶。至於退之諸文序。為差劣。本供酬酢。情文無自。是以別尋端緒。仿於策士諷諭之遺。偶著新奇。旋成惡札。而論者不察。推為工宗。其有燖繹前人名作。摘其微疵。抑揚生議。以尊己見。所謂蠹生於木。而反食其木。又或尋常小文。强推大義。二者之蔽。王曾尤多。夫事無大小。苟能明其始末。究其義類。皆足以成至文。固不必悉本忠孝。攸關家國也。凡是陋習。染人為易。而熙甫順甫乃欲指以為法。豈不謬哉。文類既殊。體裁各別。然惟言事與記事。為最難。言事之文。必先洞悉所事之條理原委。抉明正義。然後述現事之所以失。而條畫其補救之方。記事之文。必先表明緣起。而深究得失之故。然後述其本末。則是非明白。不惑將來。凡此二類。固非率爾所能。而古今能者。必宗此法。機勢萬變。

栝樞無改。至紀事而敍入其人之文。則爲尤難。史記點竄內外傳戰國策諸書。遂如己出。班氏襲用前文。微有增損。而截然爲兩家。斯如製藥冶金。隨其鎔範。形依手變。性與物從。非具神奇。徒嫌依傍。馬班紀載舊文。多非原本。故史記善賈生推言之論。而班氏典引直指以爲司馬。始皇紀後亦兼載賈馬之名。賈生之文入漢書者。已屬撝略。而其局度意氣。與過秦殊科。則知其出於司馬刪潤無疑也。比及陳范所載全文。多形蕪穢。或加以刪薙。輒又見爲碎缺。故子瞻約趙抃之牘以行己意。而介甫歎爲子長復出者。蓋深知其難也。通鑑刪採忠宣能使首尾完具。利害畢陳。原父鑪錘。斯爲可尚。世臣從前纂汪容甫遺集。曾採未成互異之稿。足爲完篇。筆勢一如容甫。容甫故工文。體勢又略與予近。猶易爲力。至作谷西阿傳。採錄其奏議三篇。西阿人能自立。而文筆蕪靡。不及其意。世臣因其事必宜傳。又恐一加潤色。將與國史互異。致啟後人之疑。故止爲之刪削移動。較量篇幅。十不存五。而未嘗改易一字。醇茂痛快。頓可誦讀。既與原文殊觀。又不亂以己意。較之子瞻所作。難易倍蓰。非足下其誰與喻此耶。世臣自幼失學。惟好究事物之情狀。足下所志略同。鄙人前後雜文數十百篇。足下大都見之。其是否有合古人立言之旨。以及與近世聞人所言古文相承之法。是否同異。世臣不能自知。又將何以爲足下告耶。

再與楊季子論文書

辱賜還答。知不以前書爲差謬。幸甚幸甚。然奬借逾分。又有未甚喻意之處。故復進以相開。惟足下照察。足下謂聖道卽王道。研究事務。擘畫精詳。則道已寓於文。故更無道可言。固非世臣所任。而亦非世臣意也。世臣生乾隆中。比及成童。見百爲廢弛。賄賂公行。吏治汙而民氣鬱。殆將有變。思所以禁暴除亂。於是學兵家。又見民生日蹙。一被水旱。則道殣相望。思所以勸本厚生。於是學農家。又見齊民跬步卽陷非辜。奸民趨死如鶩。而常得自全。思所以飭邪禁非。於是學法家。既已求三家之學於古。而飢驅奔走者數十年。驗以人情地勢。殊不相遠。斟古酌今。時與當事論說。所宜雖補偏救弊之術。偶蒙採納。皆有所效。然極世臣學識之所至。尚未知其能爲富強否耶。民富則重犯法。政強則令必行。故過富強者爲霸。過霸者爲王。詩人之頌王業曰。如茨如梁。又曰。莫不震疊。未有既貧且弱而可言王道者也。故謂富強非王道之一事者。陋儒也。若遂以富強爲王道。古先其可誣乎。荀子曰。學始於誦詩。終於安禮。學至於禮而止。孟子曰。動容周旋中禮者。盛德之至也。孔子曰。齊之以禮。有禮則安。以禮爲國乎何有。世臣溯自有識。迄於中身。非禮之念。時生於心。非禮之行。時見於事。惟不敢蕩檢踰閑。竊自附於鄉黨自好之末而已。而足下乃取文以載道之危言。致其推崇。前書方以言道自張。爲前哲之病。而足下更爲此說。是重吾過也。足下又謂苦學彥昇季友而不能近。以致詞氣生澀。非能入漢。夫太白俯首宣城。而不珍建安。子美詩親子建。而苦學陰何。智過其師事有天授。故足下之近漢也得於天。而好彥昇季友由於學。然彥昇季友獨到之處。亦漢人所無。足下好之無庸更疑也。至詢及晉卿往復論文之旨。足下疑世臣之別有祕密乎。晉卿古文之學。出於其舅氏張皐文先生。皐文受於劉才甫之弟子王悔生。蓋卽熙甫望溪相承之法。而晉卿才力桀驁。下筆輒能自拔。然世臣識晉卿時。晉卿未弱冠。迄今二十年。每論文。則判然無一語相合。而讀其文則必歎賞無與比方。晉卿亦以世臣一覽便見其深。每有所作。必以相示。不以論議殊途爲意。是殆所謂能行者未必能言也。又詢及選學與八家優劣。及國朝名人孰爲近古。夫文選所載。自周秦以及齊梁。本非一體。八家工力至厚。莫不沈酣於周秦兩漢子史百家。而得體勢於韓公子呂覽者爲尤深。徒以薄其爲人。不欲形諸論說。然後世有識飲水辨源。其可掩耶。自前明諸君泥子瞻文起八代之言。遂斥選學爲別裁僞體。良以應德順甫熙甫諸君。心力悴於八股。一切誦讀。皆爲制舉之資。遂取八家下乘橫空起議。照應鉤勒之篇。以爲準的。小儒目眯。前邪後許。而精深閎茂。反在屏棄。於是有反其道以求之者。至謂八家淺薄。務爲藻飾之詞。稱爲選學。格塞之語。詡爲先秦。夫六朝雖尙文采。然其健者。則緩急疾徐。縱送激射。同符史漢。貌離神合。精彩奪人。至於秦漢之文。莫不洞達駘宕。劌目怵心。間有語不能通。則由傳寫譌誤。及當時方言。以此爲師。豈爲善擇。退之酷嗜子雲。碑板或至不可讀。而書說健舉渾厚。宜爲宗匠。子厚勁厲無前。然時有摹擬之迹。

氣傷縝密。永叔奏議怵怛明暢。得大臣之體。翰札紓徐易直。眞有德之言。而序記則爲庸調。明允長於推勘辨駁。一任峻急。介甫詞完氣健。饒有遠勢。子固茂密安和。而雄强不足。子瞻機神敏妙。比及暮年。心手相忘。獨立千載。子由差弱。然其委婉敦縟。一節獨到。亦非父兄所能掩。足下試各取其全集讀之。凡爲三百年來選家所遺者。大抵皆出入秦漢而爲古人眞脈所寄也。其與選學殊途同歸。貴鄉汪容甫頗有眞解。惜其鶩逐時譽。耗心餖飣。然有至者。固足爲後來先路矣。國初名集所見甚尟。就中可指數者。侯朝宗隨人俯仰。致近俳優。汪鈍翁簡點瞻顧。僅足自守。魏叔子頗有才力。而學無原本。尤傷拉雜。方望溪視三子爲勝。而氣仍寒怯。儲畫山典實可尙。度涉市井。劉才甫極力修飾。略無菁華。姚姬傳風度秀整。邊幅急促。張皋文規形橅勢。惟說經之文爲善。惲子居力能自振。而破碎已甚。碑志小文。乃有完璧。凡此九賢。莫不具標能擅美獨映當時之志。而蓋棺論定。曾不足以塞後人之望。白駒過隙。來者難誣。足下齒方弱冠。秀出時流。然生材非難。成材爲難。惟望以世臣之荒落爲鑑。及時自勉。則斯文之幸也。

劉開　清桐城人。字明東。號孟塗。諸生。從姚鼐遊。工詩古文。與同門方東樹梅曾亮管同稱方劉梅管。家貧客公卿間。聲名日盛。而以士節自持。有劉孟塗詩文集。

與阮芸臺宮保論文書

本朝論文多宗望溪。數十年來。未有異議。先生獨不取其宗派。非故爲立異也。亦非有意薄望溪也。必有信其未然而奮其獨見也。夫天下有無不可達之區。卽有必不能造之境。有不可一世之人。卽有獨成一家之文。此一家者。非出於一人之心思才力爲之。乃合千古之心思才力變而出之者也。非盡百家之美。不能成一人之奇。非取法至高之境。不能開獨造之域。此惟韓退之能知之。宋以下皆不講也。五都之市。九達之衢。人所共由者也。崑崙之高。渤海之深。人不能至者也。而天地之大有之。錦繡之飾。文采之輝。人所能致者也。雲霞之章。日星之色。人必不能爲者也。而天地之大有之。夫文亦若是而已矣。無決隄破藩之識者。未足窮高邃之旨。無摧鋒陷陣之力者。未足收久遠之功。縱之非忘。操之非勤。夫宇宙間自有古人不能盡爲之文。患人求之不至耳。衆人之效法者。同然之嗜好也。同然之嗜好。尙非有志者之所安也。夫先生之意。豈獨無取於望溪已哉。卽八家亦未必盡有當也。雖然。學八家者卑矣。而王遵巖唐荊川等。皆各有小成。未見其爲盡非也。學秦漢者優矣。而李北地李滄溟等。竟未有一獲。未見其爲盡是也。其中得失之故。亦存乎其人。請得以畢陳之。蓋文章之變。至八家齊出而極盛。文章之道。至八家齊出而始衰。謂之盛者。由其體之備於八家也。爲之者各有心得。而後乃成於八家也。謂之衰者。由其美之盡於八家也。學之者不克遠溯。而亦卽限於八家也。夫專爲八家者。必不能如八家。其道有三。韓退之約六經之旨。兼衆家之長。

尙矣。柳子厚則深於國語。王介甫則原於經術。永叔則傳神於史遷。蘇氏則取裁於國策。子固則衍派於匡劉。皆得力於漢以上者也。今不求其用力之所自。而但規倣其辭。遂可以爲八家乎。此其失一也。漢人莫不能文。雖素不習者。亦皆工妙。彼非有意爲文也。忠愛之誼。悱惻之思。宏偉之識。奇肆之辨。詼諧之辭。出之於自然。任其所至。而無不咸宜。故氣體高渾。難以迹窺。八家則未免有意矣。夫寸寸而度之。至丈必差。效之過甚。拘於繩尺。而不得其天然。此其失二也。自屈原宋玉工於言辭。莊辛之說楚王。李斯之諫逐客。皆祖其瑰麗。及相如子雲爲之。則玉色而金聲。枚乘鄒陽爲之。則情深而文明。由漢以來。莫之或廢。韓退之取相如之奇麗。法子雲之閎肆。故能推陳出新。徵引波瀾。鏗鏘鍠石。以窮極聲色。柳子厚亦知此意。善於造練。增益辭采。而但不能割愛。宋賢則洗滌盡矣。夫退之起八代之衰。非盡掃八代而去之也。但取其精而汰其粗。化其腐而出其奇。其實八代之美。退之未嘗不備有也。宋諸家疊出。乃舉而空之。子瞻又掃之太過。於是文體薄弱。無復沈浸醲郁之致。瑰奇壯偉之觀。所以不能追古者。未始不由乎此。夫體不備不可以爲成人。辭不足不可以爲成文。宋賢於此不察。而祖述之者。並西漢瑰麗之文而皆不可學。此其失三也。且彼嘉謨讜議。著於朝廷。立身大節。炳乎天壤。故發爲文辭。沛乎若江河之流。今學之者。無其抱負志節。而徒津津焉索之於字句。亦末矣。此專爲八家者所以必不能及之也。然而有志於文者。其功必自八家始。

何以言之。文莫盛於西漢。而漢人所謂文者。但有奏對封事。皆告君之體耳。書序雖亦有之。不克多見。至昌黎始工爲贈送碑誌之文。柳州始創爲山水雜記之體。廬陵始專精於序事。眉山始窮力於策論。序經以臨川爲優。記學以南豐稱首。故文之義法至史漢而已備。文之體製至八家而乃全。彼固予人以有定之程式也。學者必先從事於此。而後有成法之可循。否則雖銳意欲學秦漢。亦茫無津涯。然既得門徑。而猶囿於八家。則所見不高。所挾不宏。斯爲明代之作者而已。故善學文者。其始必用力於八家。而後得所從入。其中必進之以史漢。而後克以有成。此在會心者自擇之耳。然苟有非常絕特之才。欲爭美於古人。則史漢猶未足以盡之也。夫詩書退之既取法之矣。退之以六經爲文。亦徒出入於詩書。他經則未能也。夫孔子作繫辭。孟子作七篇。曾子闡其傳以述大學。子思困於宋而作中庸。七十子之徒。各推明先王之道以爲禮記。豈獨義理之明備云爾哉。其言固古今之至文也。世之眞好學者。必實有得於此。而後能明道以修辭。於是乎從容於孝經以發其端。諷誦於典謨訓誥以莊其體。泳涵於國風以深其情。反覆於變雅離騷以致其怨。如是而以爲未足也。則有左氏之宏富。國語之修整。益之以公羊穀梁之清深。如是而以爲未足也。則有大戴記之條暢。考工記之精巧。兼之以荀卿揚雄之切實。如是而又以爲未足也。則有老氏之渾古。莊周之駘蕩。列子之奇肆。管夷吾之勁直。韓非之峭刻。孫武之簡明。可以使之開滌智識。感發意趣。如是術藝既廣。而更欲以括其流也。則有呂覽之賅洽。淮南之瓌瑋。合萬物百家以汎濫厥辭。吾取其華而不取其實。如是衆美既具。而更欲以盡其變也。則有山海經之怪豔。洪範傳之陸離。素問靈樞之奧衍精微。窮天地事物以錯綜厥旨。吾取其博而不取其多。凡此者。皆太史公所徧觀以資其業者也。皆漢人所節取以成其能者也。以之學道則幾於雜矣。以之爲文則精多而用愈不窮。所謂聚千古之心思才力而爲之者也。而變而出之。又自有道焉而不能化。猶未足爲神明其技者也。有志於文章者。將殫精竭思於此乎。抑上及史漢而遂已乎。將專求之八家而安於所習乎。夫史漢之於八家也。其等次雖有高低。而其用有互宜。序有先後。非先生莫能明也。且夫八家之稱何自乎。自歸安茅氏始也。韓退之之才。上追揚子雲。自班固以下皆不及。而乃與蘇子由同列於八家。異矣。韓子之文。冠於八家之前。而猶屈。子由之文。即次於八家之末而猶慙。使後人不足於八家者。蘇子由爲之也。使八家不遠於古人者。韓退之爲之也。吾鄉望溪先生。深知古人作文義法。其氣味高淡醇厚。非獨王遵巖唐荆川有所不逮。即較之子由。亦似勝之。然望溪豐於理而嗇於辭。謹嚴精實則有餘。雄奇變化則不足。亦能醇不能肆之故也。夫震川熟於史漢矣。學歐曾而有得。卓乎可傳。然不能進於古者。時藝太精之過也。且又不能不囿於八家也。望溪之敝與震川同。先生所不取者其以此。與然其大體雅正。可以楷模後學。要不得不推爲一代之正宗也。

梅曾亮　清上元人。字伯言。道光進士。官戶部郎中。古文紹姚鼐之傳。爲一世推服。告歸。主揚州書院。有柏梘山房文集。

論文七則

文章至極之境。非可縣喻以言有用。則論事者爲要耳。宋人文明健酣適。然時失之冗。戰國策士可謂雄矣。然抑揚太甚。有矜氣。令人生不信心簡而明。多而不令人厭生者惟漢人耳。苟得其意。而爲宋人之文從字順。論事之道。莫善於是矣。與姚柏山書

文章之事。莫大於因時。立吾言於此。雖其事之至微物之甚小而一時朝野之風俗好尚。皆可因吾言而見之。使爲文於唐貞元元和時。讀者不知爲貞元元和人不可也。爲文於宋嘉祐元祐時。讀者不知爲嘉祐元祐人不可也。韓子曰。惟陳言之務去。豈獨其詞之不可襲哉。夫古今之理勢。固有大同者矣。其爲運會所移。人事所推演。而變異日新者。不可窮極也。執古今之同而概其異。雖於詞無所假者。其文亦已陳矣。與朱丹木書

古文與他體異者。以首尾氣不可斷耳。有二首尾焉則斷矣。退之謂六朝文雜亂無章。人以爲過論。夫上衣下裳相成而不復也。故成章。若衣上加衣。裳下有裳。此所謂無章矣。其能成章者。一氣者也。欲得其氣。必求之於古人。周秦漢及唐宋人文。其佳者皆成誦。乃可。夫觀書者。用目之一官而已。誦之則入於耳。益一官矣。且出於口。成於聲。而暢於氣。夫氣者。吾身之

至精者也。以吾身之至精。御古人之至精。是故渾合而無有間也。國朝人文。其佳者固有得於是矣。誦之而成聲。言之而成文。而空疏寡情實者。蓋亦有焉。則聞見少而蓄理不富也。與孫芝房書

文有世祿之文。有豪傑之文。模山記水。敍述情事。言應爾雅。如世家貴人。珍器玩好。皆中度程。應故實。此世祿之文也。開張王霸。指陳要最。前無襲於古。而言當乎時。論不必稽乎人。而事覈其實。如魚鹽版築之夫。經歷險阻。致身遭時。雖居廟堂之上。匹夫匹婦之嚬笑可得而窺也。此豪傑之文也。送陳作甫序

曾亮好爲駢體文。異之曰。人有哀樂者。面也。今以玉冠之。雖美。失其面矣。此駢體之失也。余曰。誠有是。然哀江南賦。報楊遵彥書。其意顧不快邪。而賤之也。異之曰。彼其意固有限。使有孟荀莊周司馬遷之意。來如雲興。聚如車屯。則雖百徐庾之詞。不足以盡其一意。余遂稍學爲古文詞。異之不盡謂然也。曰。子之文病雜。一篇之中。數體互見。武其冠。儒其衣。非全人也。余自信不如信異之深。得一言爲數日憂喜。管異之文集書後

凡詩閱一二字可意得其全句者。非佳詩也。文氣貴直。而其體貴屈。不直則無以達其機。不屈則無以達其情。爲文詞者。主乎達而已矣。舒伯魯集序

先生嘗語學者爲文不可有註疏語錄及尺牘氣。蓋尺牘之體。有別於文矣。姚姬傳先生尺牘序

吳敏樹

清巴陵人。字本深。號南屏。道光舉人。官瀏陽訓導。工古文辭。初遊京師。往還梅曾亮。處甚相得。然論文不主桐城派之名。卒其所得與姚氏無乎不合。有柈湖詩文集。

與筱岑論文派書

承復寄示才郎功甫遺稿。令更審存。老弟前年所圈別處。今覆之。誠未免過隘。蓋使功甫而在。弟以是繩之。以持文章家論。猶可也。今遺稿無幾。而多沒之。則使人不盡見其所用心。宜兒之有闕然也。研生老兄所點存。實皆足以問之當世。就以此本付刊。良可。至卷首曾侍郎一序。其文甚奇縱有偉觀。而敍述源流。皆以發功甫平生之志意。然弟於桐城宗派之論。則正往時所欲與功甫極辨而不果者。今安得不爲我兒道之。文章藝術之有流派。此風氣大略之云爾。其間實不必皆相師效。或甚有不同。而往往自無能之人。假是名以私立門戶。震動流俗。反爲世所詬厲。而以病其所宗主之人。如江西詩派。始稱山谷后山。而爲之圖列號傳嗣者。則呂居仁。居仁非山谷后山之流也。今之所稱桐城文派者。始自乾隆間姚郎中姬傳。稱私淑於其鄉先輩望溪方先生之門人劉海峰。又以望溪接續明人歸震川。而爲古文辭類纂一書。直以歸方續八家。劉氏嗣之。其意蓋以古今文章之傳繫之己也。如老弟所見。乃大不然。姚氏特呂居仁之比爾。劉氏更無所置之。其文之深淺美惡。人自知之。不可以口舌爭也。自來古文之家。必皆得力於古書。蓋文體壞而後古文興。唐之韓柳。承八代之衰而挽之於古。始有此名。柳不師韓而與之並起。宋以後則皆以韓爲大宗而其爲文所以自成就者。亦非直取之韓也韓尙不可爲派。況後人乎。烏有建一先生之言。以爲門戶塗轍。而可自達於古人者哉。弟生居窮鄉。少師友見聞之益。亦幸不遭聲習濡染之害自年二十時。輒喜學爲古文。經子史漢外。惟見有八家之書。以爲文章盡於此。爾八股文獨高歸氏。已乃於村塾古文選本中。見歸氏一二作。心獨異之。求訪其集於長沙書肆中則無有因託書賈購之吳中。既得其書。別鈔兩卷甲辰入都。攜之行篋。不意都中稱文者方相與尊尙歸文。以此弟亦妄有名字與在時流之末此兄之所宿知也。又見望溪文集。亦欲鈔之而竟未暇。蓋歸氏之文高者在神境。而稍病虛聲幾欲下。望溪之文。厚於理深於法而或未工於言。然此二家者。皆斷然爲一代之文。而莫能尙焉者也。其所以能爾者。皆自其心得之於古可以發人。而非發於人者。往時見功甫喜尋時人之論。稱劉姚之學。以爲習於名而未稽其實。私欲進之。其於論詩述梅伯言之說云。當自荆公入尤爲害道此等言議。殆皆得之陳廣專廣專才雖高不能爲文士而論說多未當於人心今侍郎序文所稱諸人學問本末皆大略不謬。獨弟素非喜姚氏者。未敢冒稱。而果以姚氏爲宗。桐城爲派。則侍郎之心殊未必然。然弟豈區區以侍郎之言爲枉而急自明哉。惜乎不及與功甫究論之耳。

王先謙曰。宗派之說。良爲誤人。此文足以開拓學者心胸。至論姚氏。未爲允當。曾文正有致南屏書一通。附錄於此。書云。去歲辱惠書。久未奉報。尊書以弟所作歐陽生集序中僭引並世文家。妄將大名臚於諸君子之次。見謂不倫。李耳與韓非同傳。誠爲失當。然贊末一語曰。而老子深遠矣。子長胸中。固非全無涇渭。今之屬辭連類。或亦同科。至姚惜抱氏。雖不可遽語於古之作者。尊兄至比之呂居仁。則亦未爲明允。惜抱於劉才甫。不無阿私。而辨文章之源流。識古書之正僞。亦實有突過歸方之處。尊兄鄙其宗派之說。而并沒其篤古之功。揆之事理。寧可謂平。至尊緘有曰。果以姚氏爲宗。桐城爲派。則侍郎之心。殊未必然。斯實搔著癢處。往在京師。雅不欲溷入梅郎中之後塵。私怪閣下幽人貞介。何必追逐名譽。不自閟惜。昔睹醲薨之面。今知君子之心。吾鄉富人畏爲命案所汙累。至靡錢五百千。摘除其名。尊兄畏拙文將來援爲案據。何不捐輸巨貲。摘除大名。亦一法也。見示詩文諸作。質雅勁健。不盜襲前人字句。良可誦愛。中如書西銘講義後。鄙見約略相同。然此等處。頗難於著文。雖以退之著論。日光玉潔。後賢猶不免有微辭。故僕嘗稱古文之道。無施不可。但不宜說理耳。送人序。退之爲之最多且善。然僕意宇宙間。乃不應有此一種文體。後世生日有壽序。遷官有賀序。上樑有序。字號有序。皆此體濫觴。至於不可究詰。昔年作書歸熙甫文集後。曾持此論。譏世人不能糾正退之之謬。而逐其波而拾其瀋。異時當就尊兄暢發斯旨。往歲見寄之書。似尚不逮今秋惠書暨復筱岑書之雅深。國藩自癸丑以來。久荒文字。去歲及今茲。作得十餘首。都不稱意。茲鈔五六首奉呈教正。平生好雄奇瑰瑋之文。近乃平淺無可驚喜。一則精神耗竭。不克窮探幽險。一則軍中卒卒。少閑適之味。惟希嚴繩而詳究之。詩則八年不作。今歲僅作次韻七律十六首。不中尺度。尊兄詩骨勁拔。迥越時賢。姚惜抱氏謂詩文宜從聲音證入。嘗有取於大曆及明七子之風。尊兄睥睨姚氏。亦頗欲參用其說否。

記鈔本歸震川文後

敏樹自少讀書。喜文事。弱冠忽若有悟文章之爲者。讀易詩書。皆以文讀之。自是落筆爲時文。輒高異。而古文之道。且躍然其胸中矣。時文獨高明之震川歸氏。及我朝方舟百川。以爲超絕。眞得古人文章之意。間從塾童古文觀止選本。見歸氏文數篇。心獨異之。思窺其全稿。而湖南書肆中無有。託書賈購之吳門。以來。乃掇錄其可喜者。以鄙意評騭。且敍論焉。後以此本得名京師。世之談古文家者。皆以余獨宗仰歸氏。得桐城姚姬傳氏類纂之繩墨。爭欲觀其鈔本。邑子杜君仲丹。欲借此本刊刻行之。余弗許也。蓋近時爲古文。以倣歸氏。故喜爲閒情眇狀。搖曳其聲。以取恣媚。以爲歸氏學史之遺。而文章始衰矣。余是以有史記別鈔之選。欲正之也。韓子云。文無定體。惟其是而已。又曰。辭不備不可以成文。又曰。惟陳言之務去。戛戛乎其難哉。後百餘年。宋有歐陽子。宗韓子爲古文。而風神獨妙。又非韓之所有。余以身居野逸。爲文不免類歐。且喜且慚。歸氏特與我同此性質耳。焉可爲天下倡乎。歐有舊本韓文。珍之如異寶。而爲文輒不類之。眞豪傑矣。是可師也。余擬刋史記本此。姑置之。世有知古文之道者。雖不喜歸氏可也。同治八年秋八月中秋前之六日。栟湖樂生翁記尾。

張裕釗　清武昌人。字濂卿。道光舉人。官內閣中書。主講武昌經心書院。工古文。受知於曾國藩。有濂亭文鈔。

答吳摯甫書

春間奉到往歲除夕惠書。承已改官畿甸。將以儒者之學。澤我民萌。敬賀敬賀。六月初旬。李佛笙太守復遞到三月晦一函。適裕釗有悼亡之戚。先期歸里。一昔始來鄂城。怱怱未及報。所需姚氏評點漢書。一時未遑鈔寄。請以異日可耳。來書過以文字見推。且虛懷諮度。諄諄無已。裕釗則何足以知此。雖然既承下問。不敢不竭其愚。古之論文者曰。文以意爲主。而辭欲能副其意。氣欲能舉其辭。譬之車然。意爲之御。辭爲之載。而氣則所以行也。欲學古人之文。其始在因聲以求氣。得其氣。則意與辭往往因之而並顯。而法不外是矣。是故契其一而其餘可以緒引也。蓋曰意曰辭曰氣曰法之數者。非判然自爲一事。常乘乎其機。而緄同以凝於一。惟其妙之一出於自然而已。自然者。無意於是而莫不備至。動皆中乎其節。而莫或知其然。日星之布列。山川之流峙是也。寧惟日星山川。凡天地之間之物之生而成文者。皆未嘗有見其營度而位置之者也。而莫不蔚然以炳。而秩然以從。夫文之至者。亦若是焉。而已觀者因其既成而求之。而後有某者某者之可言耳。夫作者之亡也久矣。而吾欲求至乎其域。則務通乎其微。以其無意爲之而莫不至也。故必諷誦之深且久。使吾之聲氣與古人訢合於無間。然後能深契自然之妙。而究極其能事。若夫專以沈思力索爲事者。固時亦可以得其意。然與夫心凝形釋。冥合於言議之表者。則或有間矣。故姚氏暨諸家因聲求氣之說。爲不可易也。吾所求於古人者。由氣而通其意。以及其辭與法而喻乎其深。及吾所自爲文。則一以意爲主。而辭氣與法胥從之矣。閣下以爲然乎。閣下謂苦中氣弱。諷誦久則氣不足載其辭。裕釗邇歲亦正病此。往在江寧。聞方存之云。長老所傳劉海峯絕豐偉。日取古人之文。縱聲讀之。姚惜抱則患氣羸。然亦不廢哦誦。但抑其聲使之下耳。是或亦一道乎。裕釗比所遇多乖舛。又迫憂患。於此事恐終無所就。閣下才高而志遠。年盛而氣銳。它日必能紹邑中諸老盛業。用敢進其粗有解於文事者。以爲涓埃之裨。惟亮詧不宣。

答劉生書

曉堂足下。蚤春承寄示文數首。入秋又得手書。勤拳懇至。足下之用心。何其近古人也。足下諸文。所爲尊君事略。最肫摯可愛。讀老子中一段。辭甚高闊。然入古人之室矣。前幅微覺用力太重。少自然之趣。他文識議。並超出凡近。而亦時不免病此。夫文章之道。莫要於雅健。欲爲健而厲之已甚。則或近俗。求免於俗。而務爲自然。又或弱而不能振。古之爲文者若左邱明莊周荀卿司馬遷韓愈之徒。沛然出之。言厲而氣雄。然無有一言一字之強附而致之者也。措焉而皆得其所安。文惟此最為難。知其難也。而以意默參於二者之交。有機焉以寓其間。此固非鼂莫所能企。而亦非口所能道。治之久而一旦悠然自得於其心。是則其至焉耳。至之之道無他。廣穫而精導。熟諷而湛思。舍此則未有可以速化而襲取之者也。吾告子止於是矣。夫文之為事至深博而裕。釗所及知者止於是。其所不及知者不敢以相告也。以足下之才。循而致之以不倦。他日必卓有所就。此乃稱心而言。非相譽之辭也。足下勿以疑而自沮焉可也。足下文知友中多求觀者。故且欲留此。俟他日再奉還耳。惟亮詧不宣

吳汝綸　清桐城人。字摯甫。同治進士。久客曾國藩李鴻章幕。掌奏議。官冀州知州。光緒末充北京大學堂總教習。遊日本考察教育制度。後稱病引歸。汝綸博通時務。工古文辭。為桐城派之後勁。有東遊叢錄詩文集。

與姚仲實書

大著匆匆讀竟。所附記者。大抵得於所聞。非有心得。相益文事利病。亦有不必人言。徐乃自知者。從此不懈。所詣必日進。桐城諸老。氣清體潔。海內所宗。獨雄奇瑰瑋之境尚少。蓋韓公得揚馬之長。字字造出奇崛。歐陽公變為平易。而奇崛乃在平易之中。後儒但能平易。不能奇崛。則才氣薄弱。不能復振。此一失也。曾文正公出而矯之。以漢賦之氣運之。而文體一變。故卓然為一代大家。近時張廉卿文獨得於史記之譎怪。蓋文氣雄俊不及曾。而意思之恢

詭。辭句之廉勁。亦能自成一家。是皆由桐城而推廣。以自爲開宗之一祖。所謂有所變而後大者也。說道說經。不易成佳文。道貴正而文者必以奇勝。經則義疏之流暢。訓詁之繁瑣。考證之該博。皆於文體有妨。故善爲文者。尤愼於此。退之自言執聖之權。其言道止原性原道等三篇而已。歐陽辨易論詩諸篇。不爲絕盛之作。其他可知。至於常理凡語。涉筆卽至者。用功深則不距自遠。無足議也。

答嚴幾道書

來示謂新舊二學。當並存具列。且將假自他之耀。以祛蔽揭翳。最爲卓識。某前書未能自達所見。語輒過當。本意謂中國書籍猥雜。多不足行遠。西學行則學人目力奪去太半。益無暇瀏覽。向時無足輕重之書。而姚選古文。則萬不能廢。以此爲學堂必用之書。當與六藝並傳不朽也。若中學之精美者。固亦不止此等。往時曾太傅言六經外有七書。能得其一。卽爲成學。七者兼通。則閒氣所鍾。不數數見也。七書者。史記漢書莊子韓文文選說文通鑑也。某於七書。皆未致力。又欲妄增二書。其一姚公此書。餘一則曾公十八家詩鈔也。但此諸書。必高材秀傑之士。乃能治之。若資性平鈍。雖無西學。亦未能追其涂轍。獨姚選古文。卽西學堂中亦不能棄去不習。不習則中學絕矣。世人乃欲編造俚文。以便初學。此廢棄中學之漸。某所私憂而大恐者也。區區妄見。敬以奉質。別紙垂詢數事。某淺學不足仰副明問。謹率陳臆說。

用備采擇。歐洲文字。與吾國絕殊。譯之似宜別創體製。如六朝人之譯佛書。其體全是特創。今不但不宜襲用中文。亦並不宜襲用佛書。竊謂以執事雄筆。必可自我作古。又妄意彼書固自有體製。或易其辭而仍其體。似亦可也。不通西文。不敢意定。獨中國諸書無可倣效耳。來示謂行文欲求爾雅。有不可闌入之字。改竄則失眞。因仍則傷潔。此誠難事。鄙意與其傷潔。毋寧失眞。凡瑣屑不足道之事。不記何傷。若名之爲文。而俚俗淺鄙。薦紳所不道。此則昔之知言者。無不懸爲戒律。曾氏所謂辭氣遠鄙也。文固有化俗爲雅之一法。如左氏之言馬矢。莊生之言矢溺。公羊之言登來。太史之言夥頤。在當時固皆以俚語爲文。而不失爲雅。若范書所載鐵脛尤來大搶五樓五幡等名目。竊料太史公執筆。必皆芟薙不書。不然。勝廣項氏時。必多有俚鄙不經之事。何以史記中絕不一見。如今時鴉片館等。此自難入文。削之似不爲過。儻令爲林文忠作傳。則燒鴉片一事。固當大書特書。但必敘明源委。如史公之記平準。班氏之敘鹽鐵論耳。亦非一切割棄。至失事實也。姚郎中所選文。似難爲繼。獨曾文正經史雜鈔。能自立一幟。王黎所續。似皆未善。國朝文字。姚春木所選國朝文錄。較勝於廿四家。然文章之事。代不數人。人不數篇。若欲備一朝掌故。如文粹文鑑之類。則世蓋多有。若謂足與文章之事。則姚郎中之後。止梅伯言曾太傅及近日武昌張廉卿數人而已。其餘蓋皆自鄶也。來示謂歐洲國史略。似中國所謂長篇紀事本末等比。然則欲譯其書。卽用曾太傅所稱敍記典志二門。似爲得體。此二門曾公於姚郎中所定諸類外。特建新類。非大手筆不易辦也。歐洲紀述名人失之過詳。此宜以遷固史法裁之。文無翦裁。專以求盡爲務。此非行遠所宜。中國間有此體。其最著者。則孟堅所爲王莽傳。若穆天子飛燕太眞等傳。則小說家言。不足法也。歐史用韻。今亦以用韻譯之。似無不可。獨雅詞爲難耳。中國用韻之文。退之爲極詣矣。私見如此。未審有當否。不具。

朱一新　清義烏人。字鼎甫。號蓉生。光緒進士。官至監察御史。乞歸。掌教廣雅書院。課諸生以經史文理有用之學。所著無邪堂答問。卽爲院中答諸生之作。其言多適而切。至爲後學指示門徑之一要籍。又有佩絃詩文雜著若干卷。

論古文　無邪堂答問下同

問桐城派爲古文正宗。與南豐之原本經術同否。然初學每苦其沖淡。古文辭類纂。流別甚精。其斥蕭選爲破碎。允否。駢體文鈔謂凡文必偶。欲引學者由駢以復古。有所矯而言否。

答桐城名學八家。實則祖歐陽而禰震川。高者間法史記。姚郎中梅郎中往往有之。但法其雋峭者多。雄偉者少。歸太僕之家法固如是也。宋文惟介甫最高而最難學。李安溪謂古文韓公之後。惟介甫得其法是也。次則南豐。源出匡劉。淵懿質厚。南宋人多效之。朱子尤爲具體而稍緩弱。葉水心亦工。近時龍翰臣多效之。震川兼師歐曾。然不逮南豐之厚實。雖時代爲之。亦由經術淺深之異耳。桐城沖淡。乃其佳處。文境惟沖淡最難。但未學雄奇。專學沖淡。易流薄弱。(若吳仲倫輩多如此、)桐城之不能爲班馬韓柳者亦以此。馬雖不能至。而其嚮往恆在斯。班則步趨者寡。惟曾文正善蓄氣勢。實深於班史者。故其文能救桐城末流之失。(劉霞仙養晦堂集亦可誦、)望溪論文之旨曰。言有序。言有物。有序要矣。有物尤要。非多讀書而明於事理不能也。桐城之文有序者多。其有物者。方姚而外。惟劉海峯管異之魯通甫曾文正諸家。(海峯經術尚淺、才氣獨盛、卷首論多奇闢、而言之太盡、(古人不欲盡言者、蓋有深意存焉、海峯未之思耳、)其論文則佳、管魯文善論事勢、姚頤甫亦主經世、而文不工、蓋爲公牘所累、與藍鹿州略同、)餘不多得。微特不逮古人。視國初汪魏二家。亦往往瞠乎其後。(鈍翁湛深經術、瓣香南豐、文自精實、三魏文皆有理致、(如裏言偶書諸編、時有見道之言、雜記中論文亦造微、)叔子筆勢尤雄放、其論事叙事之作、多得史遷遺意、(易堂九子、邱邦士、彭躬菴亦佳、邦士筆力拗折、微嫌其碎、躬菴負氣涌溢、雖辭多憤激、足見性情之厚、)國初三家並稱、惟雪苑蚤卒、根柢遜於汪魏、而識解特超、才高固不可及、(雪苑與任王谷論文書、謂文之旨、全在裁制、當其閒漫纖碎處、反宜動色而陳、至大議論人人能解者、不過數語發揮、便當控馭歸於含蓄、其言固是、然閒漫纖碎處過多、易落稗官窠臼、邵子湘、袁簡齋輩每喜爲之、此不善學史記之過也、震川固不至此、而亦閒有過碎處、吳南屏諸人專師一家、易犯此弊、蓋無大氣以舉之故耳、)其次則西溟竹垞、皆善學北宋、餘如尺木惕甫諸人、佳者尚不少、可依類以求也、近時龔定庵、魏默深、縱橫學國策、廉悍學韓非、頗足補桐城之所未逮、龔勝於魏、而僞體尤多、(定庵才氣一時無兩、好爲深湛之思、而中周秦諸子之毒、有時爲彼數語、亦非眞有得於彼數、聊以佐其蕩肆而巳、刻深峭厲、既關性情、蕩檢踰閒、亦傷名教、學之頗多流弊、魏氏雖不及其精深、尙未至如其橫決、)大抵不由唐宋、專摹秦漢者、弊每坐此、明七子詩可讀、而文不盡可讀、以詩學眞唐人、文學僞秦漢耳、(王李並稱、弇洲讀書多而才雄、非李所及、滄溟喜爲詰屈、而鮮精義、明人纖碎之弊、多自滄溟開之、)文不法六經而法諸子、巳屬次乘、故詞勝不如意勝、意勝不如理勝、理其榦也、意其枝也、詞其葉也、三者具而後可以成文、爲僞體者、理不足而欲以奇勝、是爲霸才、歷代皆有之、不如是不足見天地之大也、近人爲漢學者、好詆八家、而文多冗沓、惟汪容甫、戴東原獨工、東原本學八家、困於考據、未極其才、容甫醞釀較深、筆斂而不敢縱、故雅潔而醲轢、但文得蒼莽雄俊之氣者、貴專效此體、則邊幅易窘、或謂由此可上窺魏晉、合駢散而為一、是也、惟魏晉文氣疏宕、容甫如深閨名媛、舉止矜貴、所乏者林下風耳、至其敘事諸作、並未改八家面目、而故為大言、卑視韓柳、此乃英雄欺人、學者毋為所嚇、若姚氏斥蕭選為破碎。是固有之。蕭選兼綜周秦以下之作。體制不同。有雄偉者。有嘽緩者。要莫不有濃纖之味。桐城所短。乃正在此。亦不必是丹非素也。古人本不分駢散。東漢以後。駢文之體格始成。唐以後。古文之名目始立。流別雖殊。波瀾莫二。李氏志在復古。斯選絕精。其自製文。亦多上法東京。力宗崔蔡。駢文境界之最高者。養一齋集非自定、故甚蕪雜、西京之文、莫盛於兩司馬、史公源出左國、長卿源出詩騷、皆以氣為之主、氣有跐陽跐陰之分、故其文一縱一斂、一疏一密、一為散體之宗、一為駢體之宗、皆文家之極軌、班揚多學相如、崔蔡學班揚、而氣已漸薄、遂成駢偶之體矣、第初學先知駢散之分。乃能知駢散之合。諸生課藝。間有不古不今。絕無文律者。未必非學步邯鄲有以誤之。若李氏之言。固非矯也。有陽則有陰、有奇則有偶、此自然之理、古文之參以排偶、其氣乃厚、馬班韓柳皆如此、今人亦莫不然、日由之而不知耳、然非駢四儷六之謂、凡文必偶、其意雖是而語稍過、若揅經室集諸論則偏矣、國朝古文選本通行者如二十四家文鈔湖海文傳之類、均不佳、李氏姚氏皆有國朝文錄、李不及姚、姚選頗得因文見道之旨、論與書取舍尤不苟、惟序跋所取未精、李選未免學究氣、亦未免鄉曲之私、然采摭頗富、諸集少傳本者、藉此可見崖略、

論駢文

問駢文導源漢魏。固不規規於聲律對偶。百三家時有工拙。惟徐庾能華而不靡。質而不腐。取法貴上。似當以風骨為主。駢體正宗。多作棘吻語。文之古與不古。當論氣格。雖有拗句。亦行乎不得不行。何諸家有未盡然耶。陳檢討渾成富健。尤西堂傾筐倒篋。要非儉腹所能。洪

北江氣極暢茂。吳、聖徵稍覺婉弱。而曾選乃首西河。西河正多棘吻。竊昧於從入矣。顧略舉學駢文之要。

答。駢文萌芽於周秦。具體於漢魏。沿及初唐。襲其體製。韓柳復古。斯道寖微。至宋而體格一變矣。天地之道。有奇必有偶。周秦諸子之書。駢散互用。閒多協韻。六經亦然。西京揚馬諸作。多用駢偶、皆已開其先聲。顧時代遞降。體製亦復略殊。同一駢偶也。魏晉與齊梁異。齊梁與初唐異。同一初唐齊梁也。徐庾與任沈異。四傑與燕許異。六朝文氣骫骳、自是衰世之作、但學駢體不能不宗之、漢文為駢儷之祖、崔蔡諸公體格已成、建安近東漢、西晉近建安、故魏晉自為一類、東晉與劉宋自為一類、永明以後、益趨繁縟、至蕭梁、諸帝王之作、而靡麗極矣、文章關乎運會、東漢清剛簡質、適如東京風尙、建安藻繪而雄俊、魏武偏霸、才力自與六代不同、晉宋力弱、特多韻致、亦由清談之故、其體較疏、猶有東漢遺意、至永明則變而日密、故駢文同之、有任沈、猶詩家之有李杜也、李存古意、杜開今體、任沈亦然、任體疏、沈體密、梁陳尤密、遂日趨於綺靡、惟北朝文體稍正、而不為南朝所重、北人亦自媿弗如、蓋是時華以繁麗相尙也、物極必反、至徐庾而清氣漸出、庾尤清於徐、遂為駢文大宗、六朝文如干令升范蔚宗、詩如左太沖陶靖節鮑明遠、皆不為風氣所囿、故可貴也、徐庾清新富麗。誠為駢文正軌。然已漸趨便易。厥後變而為四傑。再變而為義山。又變而為宋人。故義山者宋人之先聲也。宋人章奏多法陸宣公、宣公降格以從時、源亦出於東漢、宋人名駢文曰四六。其名亦起於義山。見樊南甲乙集自序、四字六字相間成文。宋齊以下乃如此。其對偶亦但取意義聯貫。並不以駢四儷六平仄相間為工。永明以前本無四聲之說。要其節奏自然。初無所為鉤棘也。六代初唐語雖襞積。未有生吞活剝之弊。至宋而此風始盛。此不可學、宋文佳處不在此、然宋文之佳者。固自不可磨滅。飛書馳檄。其體最宜。

（彭文勤有宋四六選、其自作經進文、亦多類此、體格雖卑、取其易曉、）國朝古文不競。（佳者未及唐荊川宋景濂、毋論道山道園之上、賴有桐城一派、正法眼藏、猶未盡絕耳、（荊川爲明文之冠、景濂根柢深厚、未出山時尤勝、近人學史漢八家、往往爲其所縛、學周秦諸子、又往往爲其所溺、景濂兼學二者、而無二者之弊、雖亦有腐沓之詞、爲明臺閣體濫觴、然精邃處固非後來所及、國朝古文多規撫震川、震川潔淨精微、荊川則兼雄奇博大、才尤高、學尤博也、））而工駢文者獨多。胡稚威洪稚存汪容甫孔顨軒邵叔宀董方立諸人。其最也。陳吳爲應酬文所累。（明末四公子、以王謝子弟自擬、其年濡染家學、南史最熟、文亦如之、其摹仿鄴下諸作、雖嫌太似、而功力甚深、刻全集時、乃以此入於古文、遂爲程叔恭汴本所遺、其年古文不入格、獨此數篇爲佳、曾選取之是也、穀人自是清才、體格太弱、汪洪並稱、洪不逮汪之厚、汪不逮洪之奇、洪文疏縱、汪文狷潔、邵文清簡、皆可想見其爲人、）西堂熟於騷選。擬騷及遊戲文獨工。雖或有傷大雅。以之啟發初學則可。（袁簡齋才筆縱放、勝於荔裳諸人、惟根柢不深、偶用古語、多成贅疣、若修于忠肅廟碑之類、故是傑作、廟碑用辨難之體、雖非古法、猶或可爲、若吳巢松祭吳季子文、亦用之、則誤甚、）曾選之佳者、尚有劉圃三、王芥子、孫淵如、吳山尊、彭甘亭、劉芙初、吳巢松諸人、甘亭選學最深、亦頗爲選所累、摛藻太多、不出、要是駢文正宗、芙初、巢松諸人、婉約有致、足賞心、而氣已薄、孫王才高、未竟其所學也、（文章未論工拙、先論雅俗、如蓮裳答王凝山書有云、眼與碧疏、意將紅斷、欲學齊梁、乃落俗調、凡此皆可類推、）曾選之首西河。蓋以時代爲次。西河不以駢文名而頗合六朝矩矱。整散兼行。並非鉤棘。（如沈雲英傳、入後八手、易爲嘔噦惡語、此獨無之、平滇頌、用唐人李元賓呂和叔文體、鍛鍊未純、而筆力高邁、）惟才力薄弱者。苟欲爲此。易至舉鼎絕臏。不若效徐庾義山一派。可免舉止羞澀也。（曾選中、如郭頻迦諸人、故爲拗體、筆意似雅、邊幅甚窘、此外若王仲瞿、雖有奇氣、乃野狐禪、姚復莊、欲開生面、亦頗犯此弊、）駢文自當以氣骨爲主。其次則詞旨淵雅。又當明於向背斷續之法。向背之理易顯。斷續之理則微。語語續而不斷。雖悅俗目。終非作家。（公牘文字、如箋奏書啟之類、不得不如此、其體自義山開之、）惟其藕斷絲連。乃能迴腸蕩氣。駢文體格已卑。故其理與塡詞相通。（文與詩異流而同源、駢文尤近於詩、倚聲亦詩之餘也、風雅本性情之事、惟深於情者乃可為詩、特用情有邪正之不同、溫柔敦厚詩教也、緣情綺靡非詩教也、至如雍容揄揚之作、鏗鏘鏜鞳之詞、源出於頌、則是一格、以駢文論、則潛氣內轉上抗下墜。其中自有音節。多讀六朝文則知之。曾選中劉圃三最工此、四傑用俳調、故與此異、燕許尚皆如此、至中唐後而始變、國朝精於此者。惟稚威叔宀。汪洪諸家、亦時有之。蘀軒以下文雖工而此意則寡矣。

古文治要卷四

國學治要五

歷代小說名著

司馬遷　漢龍門人。字子長。武帝時。爲太史令。作史記一百三十卷。世稱實錄。然遷書好采摭異聞軼事。而復出以傳神之筆。如遊俠滑稽諸傳。及他傳中之類似者。皆近於小說者流。非實錄體裁之本然也。

史記遊俠傳　郭解、

郭解。軹人也。字翁伯。善相人者許負外孫也。解父以任俠。孝文時誅死。解爲人短小精悍。不飲酒。少時陰賊。慨不快意。身所殺甚衆。以軀借交報仇。藏命作姦。剽攻不休。及鑄錢掘冢。固不可勝數。適有天幸。窘急常得脫。若遇赦。及解年長。更折節爲儉。以德報怨。厚施而薄望。然其自喜爲俠益甚。既已振人之命。不矜其功。其陰賊著於心。卒發於睚眦如故云。而少年慕其行。亦輒爲報仇。不使知也。解姊子負解之勢。與人飲。使之嚼。非其任。彊必灌之。人怒。拔刀刺殺解姊子。亡去。解姊怒曰。以翁伯之義。人殺吾子。賊不得。棄其尸於道。弗葬。欲以辱解。解使人微知賊處。賊窘自歸。具以實告解。解曰。公殺之固當。吾兒不直。遂去其賊。罪其姊子。乃收而葬之。諸公聞之。皆多解之義。益附焉。解出入。人皆避之。有一人獨箕倨視之。解遣人問其名姓。客欲殺之。解曰。居邑屋至不見敬。是吾德不修也。彼何罪。乃陰屬尉史曰。是人吾所急也。至踐更時脫之。每至踐更數過。吏弗求。怪之。問其故。乃解使脫之。箕踞者乃肉袒謝罪。少年聞之。愈益慕解之行。雒陽人有相仇者。邑中賢豪居間者以十數。終不聽。客乃見郭解。解夜見仇家。仇家曲聽解。解乃謂仇家曰。吾聞雒陽諸公在此間。多不聽者。今子幸而聽解。解奈何乃從他縣奪人邑中賢大夫權乎。乃夜去。不使人知。曰。且無用待我。待我去。令雒陽豪居其間。乃聽之。解執恭敬。不敢乘車入其縣廷。之旁郡國。爲人請求事。事可出。出之。不可者。各厭其意。然後乃敢嘗酒食。諸公以故嚴重之。爭爲用。邑中少年及旁近縣賢豪。夜半過門。常十餘車。請得解客舍養之。及徙豪富茂陵也。解家貧。不中訾。吏恐。不敢不徙。衛將軍爲言。郭解家貧不中徙。上曰。布衣權至使將軍爲言。此其家不貧。解家遂徙。諸公送者出千餘萬。軹人楊季主子爲縣掾。舉徙解。解兄子斷楊掾頭。由此楊氏與郭氏爲仇。解入關。關中賢豪知與不知。聞其聲。爭交驩解。解爲人短小。不飲酒。出未嘗有騎。已又殺楊季主。楊季主家上書。人又殺之闕下。上聞。乃下吏捕解。解亡。置其母家室夏陽。身至臨晉。臨晉籍少公素不知解。解冒。因求出關。籍少公已出解。解轉入太原。所過輒告主人家。吏逐之。跡至籍少公。少公自殺。口絕。久之。乃得解。窮治所犯。爲解所殺。皆在赦前。軹有儒生侍使者坐。客譽郭解。生曰。郭解專以姦犯公法。何謂賢。解客聞。殺此生。斷其舌。吏以此責解。解實不知殺者。殺者亦竟絕。莫知爲誰。吏奏解無罪。御史大夫公孫弘議曰。解布衣爲任俠行權。以睚眦殺人。解雖弗知。此罪甚於解殺之。當大逆無道。遂族郭解翁伯。

史記滑稽傳　優孟

優孟者。故楚之樂人也。長八尺。多辯。常以談笑諷諫。楚莊王之時。有所愛馬。衣以文繡。置之華屋之下。席以露床。啗以棗脯。馬病肥死。使羣臣喪之。欲以棺槨大夫禮葬之。左右爭之。以爲不可。王下令曰。有敢以馬諫者。罪至死。優孟聞之。入殿門。仰天大哭。王驚而問其故。優孟曰。馬者王之所愛也。以楚國堂堂之大。何求不得。而以大夫禮葬之。薄。請以人君禮葬之。王曰。何如。對曰。臣請以彫玉爲棺。文梓爲槨。楩楓豫章爲題湊。發甲卒爲穿壙。老弱負土。齊趙陪位於前。韓魏翼衞其後。廟食太牢。奉以萬戶之邑。諸侯聞之。皆知大王賤人而貴馬也。王曰。寡人之過一至此乎。爲之奈何。優孟曰。請爲大王六畜葬之。以壠竈爲槨。銅歷爲棺。齎以薑棗。薦以木蘭。祭以糧稻。衣以火光。葬之於人腹腸。於是王乃使以馬屬太官。無令天下久聞也。楚相孫叔敖知其賢人也。善待之。病且死。屬其子曰。我死。汝必貧困。若往見優孟。言我孫叔敖之子也。居數年。其子窮困負薪。逢優孟。與言曰。我孫叔敖之子也。父且死時。屬我貧困。往見優孟。優孟曰。若無遠有所之。卽爲孫叔敖衣冠。抵掌談語。歲餘。像孫叔敖。楚王左右不能別也。莊王置酒。優孟前爲壽。莊王大驚。以爲孫叔敖復生也。欲以爲相。優孟曰。請歸與婦計之。三日而爲相。莊王許之。三日後。優孟復來。王曰。婦言謂何。孟曰。婦言愼無爲楚相。不足爲也。如孫叔敖之爲楚相。盡忠爲廉以治楚。楚王得以霸。今死。其子無立錐之地。貧困負薪以自飲食。必如孫叔敖。不如自殺。因歌曰。山居耕田苦難以得食。起而爲吏。身貪鄙者餘財。不顧恥辱。身死家室富。又恐受賕枉法。爲姦觸大罪。身死而家滅。貪吏安可爲也。念爲廉吏。奉法守職。竟死不敢爲非。廉吏安可爲也。楚相孫叔敖持廉至死。方今妻子窮困負薪而食。不足爲也。於是莊王謝優孟。乃召孫叔敖子。封之寢丘四百戶。以奉其祀。後十世不絕。

劉向　漢楚元王四世孫。字子政。成帝時。領校中祕羣書。作羣書別錄。又采錄春秋至漢初故事可資法戒者。爲戰國策外。又爲新序說苑列女傳等書。

說苑二則　楚莊王　韓厥

楚莊王賜羣臣酒。日暮酒酣。燈燭滅。乃有人引美人之衣者。美人援絕其冠纓。告王曰。今者燭滅。有引妾衣者。妾援得其冠纓持之。趣火來上。視絕纓者。王曰。賜人酒。使醉失禮。奈何欲顯婦人之節而辱士乎。乃命左右曰。今日與寡人飲。不絕冠纓者不懽。羣臣百有餘人。皆絕去其冠纓而上火。卒盡懽而罷。居三年。晉與楚戰。有一臣常在前。五合五奮首卻敵。卒得勝之。莊王怪而問曰。寡人德薄。又未嘗異子。子何故出死不疑如是。對曰。臣當死。往者醉失禮。王隱忍不加誅也。臣終不敢以蔭蔽之德而不顯報王也。常願肝腦塗地。用頸血湔敵久矣。臣乃夜絕纓者也。遂敗晉軍。楚得以強。此有陰德者必有陽報也。

晉趙盾舉韓厥。晉君以爲中軍尉。趙盾死。子朔嗣爲卿。至景公三年。趙朔爲晉將。朔取成公姊爲夫人。大夫屠岸賈欲誅趙氏。初趙盾在。夢見叔帶持龜要而哭。甚悲。已而笑。拊手且歌。盾卜之。占兆絕而後好。趙史援占曰。此甚惡。非君之身。及君之子。然亦君之咎也。至子趙朔世益衰。屠岸賈者。始有寵於靈公。及至於晉景公。而賈爲司寇。將作難。乃治靈公之賊以至趙盾。徧告諸將曰。趙穿弒靈公。盾雖不知。猶爲首賊。臣殺君。子孫在朝。何以懲罪。請誅之。韓厥曰。靈公遇賊。趙盾在外。吾先君以爲無罪。故不誅。今諸君將誅其後。是非先君之意。而後妄誅。妄誅謂之亂。臣有大事而君不聞。是無君也。屠岸賈不聽。厥告趙朔趨亡。趙朔不肯。曰。子必不絕趙祀。朔死且不恨。韓厥許諾。稱疾不出。賈不請而擅與諸將攻趙氏於下宮。殺趙朔趙括趙嬰齊。皆滅其族。朔妻成公姊。有遺腹。走公宮匿。後生男。乳。朔客程嬰持亡匿山中。居十五年。晉景公疾。卜之。曰。大業之後不遂者爲祟。景公疾。問韓厥。韓厥知趙孤在。乃曰。大業之後。在晉絕祀者。其趙氏乎。夫自中衍皆嬴姓也。中衍人面鳥喙。降佐殷帝大戊。及周天子。皆有明德。下及幽厲無道。而叔帶去周適晉。事先君文侯。至於成公。世有立功。未嘗有絕祀。今及吾君獨滅之。趙宗國人哀之。故見龜策。惟君圖之。景公問曰。趙尚有後子孫乎。韓厥具以實對。於是景公乃與韓厥謀立趙孤兒。召而匿之宮中。諸將入問疾。景公因韓厥之衆以脅諸將而見趙孤。孤名曰武。諸將不得已。乃曰。昔下宮之難。屠岸賈爲之。矯以君令。並命羣臣。非然。孰敢作難。微君之疾。羣臣固且請立趙後。今君有令。羣臣之願也。於是召趙武程嬰。偏拜諸將軍。將軍遂反與程嬰趙武攻屠岸賈。滅其族。復與趙武田邑如故。故人安可以無恩。夫有恩於此。攻復於彼。非程嬰則趙孤不全。非韓厥則趙後不復。韓厥可謂不忘恩矣。

新序　公孫杵臼程嬰

公孫杵臼程嬰者。晉大夫趙朔客也。晉趙穿弒靈公。趙盾時爲貴大夫。亡不出境。還不討賊。故春秋責之。以盾爲弒君。屠岸賈者。幸於靈公。晉景公時。賈爲司寇。欲討靈公之賊。盾已死。欲誅盾之子趙朔。偏告諸將曰。盾雖不知。猶爲首賊。賊臣弒君。子孫在朝。何以懲罪。請誅之。韓厥曰。靈公遇賊。趙盾在外。吾先君以爲無罪。故不誅。今諸君將妄誅。妄誅謂之亂臣。有大事君不聞。是無君也。屠岸賈不聽。韓厥告趙朔趣亡。趙朔不肯。曰。子必不絕趙祀。予死不恨。韓厥許諾。稱疾不出。賈不請而擅與諸將攻趙氏於下宮。殺趙朔趙同趙括趙嬰齊。皆滅其族。趙朔妻成公姊。有遺腹。走公宮匿。公孫杵臼謂程嬰。胡不死。嬰曰。朔之妻有遺腹。若幸而男。吾奉之。卽女也。吾徐死耳。無何。而朔妻免生男。屠岸賈聞之。索於宮。朔妻置兒袴中。祝曰。趙宗滅乎。若號。卽不滅乎。若無聲。及索。兒竟無聲。已脫。程嬰謂杵臼曰。今一索不得。後必且復之。奈何。杵臼曰。立孤與死孰難。嬰曰。立孤亦難耳。杵臼曰。趙氏先君遇子厚。子强爲其難者。吾爲其易者。吾請先死。而二人謀取他嬰兒。負以文褓。匿山中。嬰謂諸將曰。嬰不肖。不能立孤。誰能與吾千金。吾告趙氏孤處。諸將皆喜。許之。發師隨嬰攻杵臼。杵臼曰。小人哉程嬰。下宮之難不能死。與我謀匿趙氏孤兒。今又賣之。縱不能立孤兒。忍賣之乎。抱而呼。天乎趙氏孤兒何罪。請活之。獨殺杵臼也。諸將不許。遂幷殺杵臼與兒。諸將以爲趙氏孤兒已死。皆喜。然趙氏眞孤兒乃在程嬰。卒與俱匿山中。居十五年。晉景公病。卜之。大業之冑者爲祟。景公問韓厥。韓厥知趙孤存。乃曰。大業之後在晉絕祀者。其趙氏乎。夫自中行衍皆嬴姓也。中行衍人面鳥喙。降佐殷帝大戊。及周天子。皆有明德。下及幽厲無道。而叔帶去周適晉。事先君繆侯至於成公。世有立功。未嘗絕祀。今及吾君獨滅之。趙宗國人哀之。故見龜筴。唯君圖之。景公問趙尚有後子孫乎。韓厥具以實告。景公乃與韓厥謀立趙孤兒。召匿之宮中。諸將入問病。景公因韓厥之衆。以脅諸將而見趙孤兒。孤兒名武。諸將不得已。乃曰。昔下宮之難。屠岸賈爲之。矯以君命。幷命羣臣。非然。孰敢作難。微君之病。羣臣固將請立趙後。今君有命。羣臣願之。於是召趙氏程嬰。徧拜諸將。遂俱與程嬰趙氏攻屠岸賈。滅其族。復與趙氏田邑如故。趙武冠爲成人。程嬰乃辭大夫。謂趙武曰。昔下宮之難。皆能死。我非不能死。思立趙氏後。今子旣立爲成人。趙宗復故。我將下報趙孟與公孫杵臼。趙武號泣固請曰。武願苦筋骨以報子至死。而子忍棄我死乎。程嬰曰。不可。彼以我爲能成事。故皆先我死。今我不下報之。是以我事爲不成也。遂自殺。趙武服衰三年。爲祭邑。春秋祀之。世不絕。君子曰。程嬰公孫杵曰。可謂信交厚士矣。嬰之自殺下報。亦過矣。案此事。說苑新序並見。而文各有詳略。可資參稽。今亦並錄之。

列女傳二則 魯義姑姊　鄒孟子母

魯義姑姊者。魯野之婦人也。齊攻魯至郊。望見一婦人。抱一兒。攜一兒而行。軍且及之。棄其所抱。抱其所攜而走於山。兒隨而啼。婦人遂行不顧。齊將問兒曰。走者爾母耶。曰。是也。母所抱者誰也。曰。不知也。齊將乃追之。軍士引弓將射之。曰。止。不止。吾將射爾。婦人乃還。齊將問所抱者誰也。所棄者誰也。對曰。所抱者妾兄之子也。所棄者妾之子也。見軍之至。力不能兩護。故棄妾之子。齊將曰。子之於母。其親愛也。痛甚於心。今釋之而反抱兄之子。何也。婦人曰。己之子。私愛也。兄之子。公義也。夫背公義而嚮私愛。亡兄子而存妾子。幸而得存。則魯君不吾畜。大夫不吾養。庶民國人不吾與也。夫如是。則脅肩無所容。而累足無所復也。子雖痛乎。獨謂義何。故忍棄子而行義。不能無義而視魯國。於是齊將按兵而止。使人言於齊君曰。魯未可伐也。乃至於境。山澤之婦人耳。猶知持節行義。不以私害公。而況於朝臣士大夫乎。請還。齊君許之。魯君聞之。賜婦人束帛百端。號曰義姑姊。公正誠信。果於行義。夫義其大哉。雖在匹婦。國猶賴之。況以禮義治國乎。詩云。有覺德行。四國順之。此之謂也。頌曰。齊君攻魯。義姑有節。見軍走山。棄子抱姪。齊將問之。賢其推理。一婦爲義。齊兵遂止。

鄒孟軻之母也。號孟母。其舍近墓。孟子之少也。嬉遊爲墓間之事。踴躍築埋。孟母曰。此非吾所以居處子。乃去舍市傍。其嬉戲爲賈人衒賣之事。孟母又曰。此非吾所以居處子也。復徙舍學宮之傍。其嬉遊乃設俎豆揖讓進退。孟母曰。眞可以居吾子矣。遂居。及孟子長。學六藝卒成大儒之名。君子謂孟母善以漸化。詩云。彼姝者子。何以予之。此之謂也。孟子之少也。既學而歸。孟母方績。問曰。學何所至矣。孟子曰。自若也。孟母以刀斷其織。孟子懼而問其故。孟母曰。子之廢學。若我斷斯織也。夫君子學以立名。問則廣知。是以居則安寧。動則遠害。今而廢之。是不免於斯役。而無以離於禍患也。何以異於織績而食。中道廢而不爲。寧能衣其夫子。而長不乏糧食哉。女則廢其所食。男則墮於修德。不爲竊盜。則爲虜役矣。孟子懼。旦夕勤學不息。師事子思。遂成天下之名儒。君子謂孟母知爲人母之道矣。詩云。彼姝者子。何以告之。此之謂也。孟子既娶。將入私室。其婦袒而在內。孟子不悅。遂去不入。婦辭孟母而求去。曰。妾聞夫婦之道。私室不與焉。今者妾竊墮在室。而夫子見妾。勃然不悅。是客妾也。婦人之義。蓋不客宿。請歸父母。於是孟母召孟子而謂之曰。夫禮。將入門。問孰存。所以致敬也。將上堂。聲必揚。所以戒人也。將入戶。視必下。恐見人過也。今子不察於禮。而責禮於人。不亦遠乎。孟子謝。遂留其婦。君子言孟母知禮。而明於姑母之道。孟子處齊。而有憂色。孟母見之曰。子若有憂色。何也。孟子曰。不敢。異日閒居。擁楹而歎。孟母見之曰。鄉見子有憂色。曰不也。今擁楹而歎。何也。孟子對曰。軻聞之。君子稱身而就位。不爲苟得而受賞。不貪榮祿。諸侯不聽。則不達其上。聽而不用。則不踐其朝。今道不用於齊。願行而母老。是以憂也。孟母曰。夫婦人之禮。精五飯。冪酒漿。養舅姑。縫衣裳而已矣。故有閨內之修。而無境外之志。易曰。在中饋。无攸遂。詩曰。無非無儀。惟酒食是議。以言婦人無擅制之義。而有三從之道也。故年少則從乎父母。出嫁則從乎夫。夫死則從乎子。禮也。今子成人也。而我老矣。子行乎子義。吾行乎吾禮。君子謂孟母知婦道。詩云。載色載笑。匪怒匪教。此之謂也。頌曰。孟子之母。教化列分。處子擇藝。使從大倫。子學不進。斷機示焉。子遂成德。爲當世冠。

列仙傳二則　務光　簫史

務光者。夏時人也。耳長七寸。好琴。服蒲韭根。殷湯將伐桀。因光而謀。光曰。非吾事也。湯曰。孰可。曰。吾不知也。湯曰。伊尹如何。曰。強力忍詬。吾不知其他。湯既克桀。以天下尙於光。曰。智者謀之。武者遂之。仁者居之。古之道也。吾子胡不遂之。請相吾子。光辭曰。廢上。非義也。殺人。非仁也。人犯其難。我享其利。非廉也。吾聞非義不受其祿。無道之世。不踐其位。況於尊我。我不忍久見也。遂負石自沈於蓼水。已而自匿。後四百餘歲。至武丁時復見。武丁欲以爲相。不從。武丁以輿迎而從。逼不以禮。遂投浮梁山。後遊尙父山。頌曰。務光自仁。復食養眞。冥遊方外。獨步常均。武丁雖高。讓位不臣。負石自沈。虛無其身。

簫史者。秦穆公時人也。善吹簫。能致孔雀白鶴於庭。穆公有女。字弄玉。好之。公遂以女妻焉。

日敎弄玉作鳳鳴。居數年。吹似鳳聲。鳳凰來止其屋。公爲作鳳臺。夫婦止其上。不下數年。一旦皆隨鳳凰飛去。故秦人爲作鳳女祠於雍宮中。時有簫聲而已。頌曰。簫史妙吹。鳳雀舞庭。嬴氏好合。乃習鳳聲。遂攀鳳翼。參翥高冥。女祠寄想。遺音載淸。

劉歆　漢劉向子。字子駿。淸四庫書目子部小說家有西京雜記。其提要曰。舊本題漢劉歆撰。或題晉葛洪撰。實則梁吳均撰。託言葛洪得劉歆漢書遺稿。錄班固所不載爲此書也。

西京雜記二則　匡衡　王嬙

匡衡字稚圭。勤學而無燭。鄰人有燭而不與。衡乃穿壁引其光。以書映之而讀之。邑人大姓文不識。家富多書。衡乃爲其傭作而不求直。主人怪而問之。衡曰。願得主人書遍讀之。主人感歎。資給以書。遂成大學。能說詩。時人爲之語曰。無說詩。匡鼎來。匡說詩。解人頤。鼎衡小名也。時人長服之如此。聞之皆解頤歡笑。衡邑人有言詩者。衡從之與語質疑。邑人挫服倒屣而去。衡追之曰。先生留聽。更理前論。邑人曰。窮矣。遂去不顧。

元帝後宮既多。不得常見。乃使畫工圖形。案圖召幸之。諸宮人皆賂畫工。多者十萬。少者亦不減五萬。獨王嬙不肯。遂不得見。匈奴入朝。求美人爲閼氏。於是上案圖以昭君行。及去召見。貌爲後宮第一。善應對。舉止閑雅。帝悔之。而名籍已定。帝重信於外國。故不復更人。乃窮案其事。畫工皆棄市。籍其家資皆巨萬。畫工有杜陵毛延壽。爲人形醜好老少。必得其眞。安

陵陳敞新豐劉白龔寬並工爲牛馬飛鳥衆勢人形好醜不逮延壽下杜陽望亦善畫尤善布色樊育亦善布色同日棄市名畫工於是差稀

應劭　後漢南頓人字仲遠篤學博覽拜泰山太守連破黃巾郡內以安撰風俗通義（省名風俗通）以辨物類名號釋時俗嫌疑後世服其洽聞清四庫著錄雜家

風俗通二則　鮑君神　李君神

汝南鯛陽有於田得麏者其主未敢取也商車十餘乘經澤中行望見此麏著繩因持去念其不事持一鮑魚置其處有頃其主往不見所得麏反見鮑魚澤中非人道路怪其如是大以爲神轉相告語治病求福多有效驗因爲起祀舍衆巫數十帷帳鐘鼓方數百里皆來禱祀號鮑君神其後數年鮑魚主來歷祠下尋問其故曰此我魚也當有何神上堂取之遂從此壞傳曰物之所聚斯有神言人共獎成之耳

汝南南頓張助於田中種禾見李核意欲持去顧見空桑中有土因殖種以餘漿灌溉後人見桑中反復生李轉相告語有病目痛者息陰下言李君令我目愈謝以一豚目痛小疾亦行自愈衆犬吠聲因盲者得視遠近翕赫其下車騎常數千百酒肉滂沱閒一歲餘張助遠出來還見之驚云此有何神乃我所種耳因就斮之

張華　晉方城人字茂先學業優博以參贊伐吳功成封廣武侯拜侍中著博物志十卷時人比之子產

博物志十二則

夷海內西北有軒轅國在窮山之際。其不壽者八百歲。渚沃之野。鸞自舞。民食鳳卵。飲甘露。

白民國有乘黃。狀如狐。背上有角。乘之壽三千歲。

君子國人衣冠帶劍。使兩虎。民衣野絲。好禮讓不爭。土千里。多薰華之草。民多疾風氣。故人不蕃息。好讓。故爲君子國。

三苗國。昔唐堯以天下讓於虞。三苗之民非之。帝殺有苗之民。叛浮入南海。爲三苗國。

驩兜國。其民盡似仙人。帝堯司徒驩兜民。常捕海島中。人面鳥口。去南國萬六千里。盡似仙人也。

大人國。其人孕三十六年。生白頭。其兒則長大。能乘雲而不能走。蓋龍類。去會稽四萬六千里。

厭光國。民光出口中。形盡似猨猴。黑色。

結胸國有滅蒙鳥。奇肱民善爲拭扛。以殺百禽。能爲飛車。從風遠行。湯時西風至。吹其車至豫州。湯破其車。不以視民。十年東風至。乃復作車遣返。而其國去玉門關四萬里。

羽民國。民有翼。飛不遠。多鸞鳥。民食其卵。去九疑四萬三千里。

穿胸國。昔禹平天下。會諸侯會稽之野。防風氏後到。殺之。夏德之盛。二龍降之。禹使范成光御之。行域外。既周而還。至南海。經防風。防風氏之二臣以塗山之戮。見禹使。怒而射之。迅風雷雨。二龍昇去。二臣恐。以刃自貫其心而死。禹哀之。乃拔其刃。療以不死之草。是爲穿胸民。

交趾民在穿胸東。

孟舒國民人首鳥身。其先主爲霽氏訓百禽。夏后之世始食卵孟舒去之。鳳凰隨焉。以上外國篇全

昔劉玄石於中山酒家。酤酒。酒家與千日酒。忘言其節度。歸至家當醉。而家人不知。以爲死也。權葬之。酒家計千日滿。乃憶玄石前來酤酒。醉尚醒耳。往視之。云玄石亡來三年。已葬。於是開棺。醉始醒。俗云。玄石飲酒。一醉千日。

舊說云。天河與海通。近世有人居海渚者。年年八月有浮槎去來不失期。人有奇志。立飛閣於槎上。多齎糧。乘槎而去。十餘日中。猶觀星月日辰。自後芒芒忽忽。亦不覺晝夜。去十餘日。奄至一處。有城郭狀。屋舍甚嚴。遙望宮中多織婦。見一丈夫牽牛渚次飲之。牽牛人乃驚問曰。何由至此。此人具說來意。幷問此是何處。答曰。君還至蜀郡。訪嚴君平則知之。竟不上岸。因還如期。後至蜀。問君平。曰。某年月日。有客星犯牽牛宿。計年月。正是此人到天河時也。以上雜事篇

皇甫謐　晉朝歌人。字士安。號玄晏先生。博學寡欲。著高士傳以見志。

高士傳二則　嚴遵　韓康

嚴遵。字君平。蜀人也。隱居不仕。常賣卜於成都市。日得百錢以自給。卜訖。則閉肆下簾以著

書爲事。揚雄少從之遊。屢稱其德。李强爲益州牧。喜曰。吾得君平爲從事足矣。雄曰。君可備禮與相見。其人不可屈也。王鳳請交。不許。蜀有富人羅沖者。問君平曰。君何以不仕。君平曰。無以自發。沖爲君平具車馬衣糧。君平曰。吾病耳。非不足也。我有餘而子不足。奈何以不足奉有餘。沖曰。吾有萬金。子無儋石。乃云有餘。不亦謬乎。君平曰。不然。吾前宿子家。人定而役未息。晝夜汲汲。未嘗有足。今我以卜爲業。不下床而錢自至。猶餘數百。塵埃厚寸。不知所用。此非我有餘而子不足邪。沖大慚。君平歎曰。益我貨者損我神。生我名者殺我身。故不仕也。時人服之。頌曰。君平賣卜。子雲所師。聃文是闡。迺作指歸。牧不可屈。錢常有餘。眞人淡泊。亶哉匪虛。

韓康。字伯休。京兆霸陵人也。常遊名山采藥。賣於長安市中。口不二價者三十餘年。時有女子買藥於康。怒康守價。乃曰。公是韓伯休邪。乃不二價乎。康歎曰。我欲避名。今區區女子皆知有我。何用藥爲。遂遯入霸陵山中。博士公車連徵不至。桓帝時。乃備玄纁安車以聘之。使者奉詔造康。康不得已。乃佯許諾。辭安車。自乘柴車。冒晨先發。至亭。亭長以韓徵君當過。方發人牛修道橋。及見康柴車幅巾。以爲田叟也。使奪其牛。康卽釋駕與之。有頃。使者至。奪牛翁乃徵君也。使者欲奏殺亭長。康曰。此自老子與之。亭長何罪。乃止。康因中路逃遁。以壽終。頌曰。伯休謝俗。鬻藥靑冥。遁都樹價。細女舉名。飄然改業。遐蔽霸陵。佯隨國聘。俄蹈虛眞。

干寶 晉新蔡人。字令升。以才氣聞天下。著有晉紀。直而能婉。咸稱良史。又作搜神記。劉惔以爲鬼之董狐。

搜神記八則

干將莫邪　紫玉　左慈　管輅
范式　韓憑　馬異　狐怪

楚干將莫邪爲楚王作劍。三年乃成。王怒。欲殺之。劍有雌雄。其妻重身當產。夫語妻曰。吾爲王作劍。三年乃成。王怒。往必殺我。汝若生子是男。大。告之曰。出戶望南山。松生石上。劍在其背。於是卽將雌劍往見楚王。王大怒。使相之。劍有二。一雄一雌。雌來。雄不來。王怒。卽殺之。莫邪子名赤比。後壯。乃問其母曰。吾父所在。母曰。汝父爲楚王作劍。三年乃成。王怒殺之。去時囑我。語汝子。出戶望南山。松生石上。劍在其背。於是子出戶南望。不見有山。但覩堂前松柱下石砥之上。卽以斧破其背。得劍。日夜思欲報楚王。王夢見一兒。眉間廣尺。言欲報仇。王卽購之千金。兒聞之。亡去。入山行歌。客有逢者。謂子年少。何哭之甚悲耶。曰。吾干將莫邪子也。楚王殺吾父。吾欲報之。客曰。聞王購子頭千金。將子頭與劍來。爲子報之。兒曰。幸甚。卽自刎。兩手捧頭及劍奉之。立僵。客曰。不負子也。於是屍乃仆。客持頭往見楚王。王大喜。客曰。此乃勇士頭也。當於湯鑊煮之。王如其言。煮頭三日三夕不爛。頭踔出湯中。瞋目大怒。客曰。此兒頭不爛。願王自往臨視之。是必爛也。王卽臨之。客以劍擬王。王頭隨墮湯中。客亦自擬己頭。頭復墮湯中。三首俱爛。不可識別。乃分其湯肉葬之。故通名三王墓。今在汝南北宜春縣界。

吳王夫差小女名曰紫玉。年十八。才貌俱美。童子韓重年十九。有道術。女悅之。私交信問。許爲之妻。重學於齊魯之間。臨去屬其父母使求婚。王怒不與。女玉結氣死。葬閶門之外。三年重歸。詰其父母。父母曰。王大怒。玉結氣死。已葬矣。重哭泣哀慟。具牲幣往弔於墓前。玉魂從墓出。見重流涕。謂曰。昔爾行之後。令二親從王相求。度必克從大願。不圖別後。遭命奈何。玉乃左顧宛頸而歌曰。南山有烏。北山張羅。烏既高飛。羅將奈何。意欲從君。讒言孔多。悲結生疾。沒命黃壚。命之不造。冤如之何。羽族之長。名爲鳳凰。一日失雄。三年感傷。雖有衆鳥。不爲匹雙。故見鄙姿。逢君輝光。身遠心近。何當暫忘。歌畢。欷歔流涕。要重還冢。重曰。死生異路。懼有尤愆。不敢承命。玉曰。死生異路。吾亦知之。然今一別。永無後期。子將畏我爲鬼而禍子乎。欲誠所奉。寧不相信。重感其言。送之還冢。玉與之飲讌。留三日三夜。盡夫婦之禮。臨出。取徑寸明珠以送重。曰。既毀其名。又絕其願。復何言哉。時節自愛。若至吾家。致敬大王。重既出。遂詣王自說其事。王大怒曰。吾女既死。而重造訛言。以玷穢亡靈。此不過發冢取物。託以鬼神。趣收重。重走脫。至玉墓所訴之。玉曰。無憂。今歸白王。王妝梳。忽見玉。驚愕悲喜。問曰。爾緣何生。玉跪而言曰。昔諸生韓重來求玉。大王不許。玉名毀義絕。自致身亡。重從遠還。聞玉已死。故齎牲帛。詣冢弔唁。感其篤終。輒與相見。因以珠遺之。不爲發冢。願勿推治。夫人聞之。出而抱之。玉如煙然。

左慈字元放。廬江人也。少有神通。嘗在曹公座。公笑顧衆賓曰。今日高會。珍羞略備。所少者吳松江鱸魚爲膾。放云。此易得耳。因求銅盤貯水。以竹竿餌釣於盤中。須臾引一鱸魚出。公大拊掌。會者皆驚。公曰。一魚不周坐客。得兩爲佳。放乃復餌釣之。須臾引出。皆三尺餘。生鮮可愛。公便自前膾之。周賜座席。公曰。今既得鱸。恨無蜀中生薑耳。放曰。亦可得也。公恐其近道買。因曰。吾昔使人至蜀買錦。可敕人告吾使使增市二端。人去須臾還。得生薑。又云。於錦肆下見公使。已敕增市二端。後經歲餘。公使還。果增二端。問之。云昔某月某日見人於肆下。以公敕敕之。後公出近郊。士人從者百數。放乃賫酒一甖。脯一片。手自傾甖。行酒百官。百官莫不醉飽。公怪。使尋其故。行視沽酒家。昨悉亡其酒脯矣。公怒。陰欲殺放。放在公座。將收之。卻入壁中。霍然不見。乃募取之。或見於市。欲捕之。而市人皆放同形。莫知誰是。後人遇放於陽城山頭。因復逐之。遂走入羊羣。公知不可得。乃令就羊中告之曰。曹公不復相殺。本試君術耳。今既驗。但欲與相見。忽有一老羝。屈前兩膝。人立而言曰。遽如許。人卽云。此羊是。競往赴之。而羣羊數百。皆變爲羝。並屈前膝。人立云。遽如許。於是遂莫知所取焉。老子曰。吾知所以爲大患者。以吾有身也。及吾無身。吾有何患哉。若老子之儔。可謂能無身矣。豈不遠哉也。

管輅至平原。見顏超貌主夭亡。顏父乃求輅延命。輅曰。子歸覓清酒鹿脯一斤。卯日。刈麥地南大桑樹下。有二人圍棊次。但酌酒置脯。飲盡更斟。以盡爲度。若問汝。汝但拜之。勿言。必合有人救汝。顏依言而往。果見二人圍棊。顏置脯斟酒於前。其人貪戲。但飲酒食脯。不顧數巡。

北邊坐者。忽見顏在叱曰。何故在此。顏惟拜之。南面坐者語曰。適來飲他酒脯。寧無情乎。北坐者曰。文書已定。南坐者曰。借文書看之、見超壽止可十九歲。乃取筆挑上語曰。救汝至九十年活。顏拜而回。管語顏曰。大助子且喜得增壽。北邊坐人是北斗。南邊坐人是南斗。南斗注生。北斗注死。凡人受胎。皆從南斗過北斗。所有祈求。皆向北斗。

漢范式字巨卿。山陽金鄉人也。一名汜。與汝南張劭為友。劭字元伯。二人並遊太學。後告歸鄉里。式謂元伯曰。後二年當還。將過拜尊親。見孺子焉。乃共剋期日。後期方至。元伯具以白母。請設饌以候之。母曰。二年之別。千里結言。爾何相信之審耶。曰。巨卿信士。必不乖違。母曰。若然。當為爾醞酒。至期果到。升堂拜飲。盡歡而別。後元伯寢疾甚篤。同郡郅君章殷子徵晨夜省視之。元伯臨終歎曰。恨不見我死友。子徵曰。吾與君章盡心於子。是非死友。復欲誰求。元伯曰。若二子者。吾生友耳。山陽范巨卿。所謂死友也。尋而卒。式忽夢見元伯玄冕垂纓屣履而呼曰。巨卿。吾以某日死。當以爾時葬。永歸黃泉。子未忘我。豈能相及。式恍然覺悟。悲歎泣下。便服朋友之服。投其葬日。馳往赴之。未及到而喪已發引。既至壙。將窆。而柩不肯進。其母撫之曰。元伯豈有望耶。遂停柩移時。乃見素車白馬號哭而來。其母望之曰。是必范巨卿也。既至。叩喪言曰。行矣元伯。死生異路。永從此辭。會葬者千人。咸為揮涕。式因執紼而引柩。於是乃前。式遂留止冢次。為修墳樹。然後乃去。

宋康王舍人韓憑娶妻何氏美。康王奪之。憑怨王。囚之論爲城旦。妻密遺憑書。繆其辭曰。其雨淫淫。河大水深。日出當心。既而王得其書。以示左右。左右莫解其意。臣蘇賀對曰。其雨淫淫。言愁且思也。河大水深。不得往來也。日出當心。心有死志也。俄而憑乃自殺。其妻乃陰腐其衣。王與之登臺。妻遂自投臺。左右攬之。衣不中手而死。遺書於帶曰。王利其生。妾利其死。願以屍骨賜憑合葬。王怒弗聽。使里人埋之。冢相望也。王曰。爾夫婦相愛不已。若能使冢合。則吾弗阻也。宿昔之間。便有大梓木生於二冢之端。旬日而大盈抱。屈體相就。根交於下。枝錯於上。又有鴛鴦雌雄各一。恆棲樹上。晨夕不去。交頸悲鳴。音聲感人。宋人哀之。遂號其木曰相思樹。相思之名。起於此也。南人謂此禽卽韓憑夫婦之精魂。今睢陽有韓憑城。其歌謠至今猶存。

舊說太古之時。有大人遠征。家無餘人。惟有一女。牡馬一匹。女親養之。窮居幽處。思念其父。乃戲馬曰。爾能爲我迎得父還。吾將嫁汝。馬既承此言。乃絕韁而去。徑至父所。父見馬驚喜。因取而乘之。馬望所自來。悲鳴不已。父曰。此馬無事如此。我家得無有故乎。亟乘以歸。爲畜生有非常之情。故厚加芻養。馬不肯食。每見女出入。輒喜怒奮擊。如此非一。父怪之。密以問女。女具以告父。必爲是故。父曰。勿言。恐辱家門。且莫出入。於是伏弩射殺之。暴皮於庭。父行。女與隣女於皮所戲。以足蹙之曰。汝是畜生。而欲取人爲婦耶。招此屠剝。如何自苦。言未及竟。馬皮蹷然而起。卷女以行。隣女忙怕。不敢救之。走告其父。父還求索。已出失之。後經數日。得於大樹枝間。女及馬皮盡化爲蠶。而績於樹上。其繭綸理厚大。異於常蠶。隣婦取而養之。其收數倍。因名其樹曰桑。桑者喪也。由斯百姓競種之。今世所養是也。言桑蠶者。是古蠶之餘類也。案天官辰爲馬星。蠶書曰。月當大火。則浴其種。是蠶與馬同氣也。周禮教人職掌。禁原蠶者注云。物莫能兩大。禁原蠶者。爲其傷馬也。漢禮皇后親採桑祀蠶神。曰苑窳婦人。寓氏公主。公主者。女之尊稱也。苑窳婦人。先蠶者也。故今世或謂蠶爲女兒者。是古之遺言也。

張華字茂先。晉惠帝時爲司空。於時燕昭王墓前。有一斑狐。積年能爲變幻。乃變作一書生。欲詣張公。過問墓前華表曰。以我才貌。可得見張司空否。華表曰。子之妙解。無爲不可。但張公智度。恐難籠絡。出必遇辱。殆不得返。非但喪子千歲之質。亦當深誤老表。狐不從。乃持刺謁華。華見其總角風流。潔白如玉。舉動容止。顧盼生姿。雅重之。於是論及文章。辨校聲實。華未嘗聞。比復商略三史。探賾百家。談老莊之奧區。披風雅之絕旨。包十聖。貫三才。箴八儒。擿五禮。華無不應聲屈滯。乃歎曰。天下豈有此年少。若非鬼魅。則是狐狸。乃埽榻延留。留人防護。此生乃曰。明公當尊賢容衆。嘉善而矜不能。奈何憎人學問。墨子兼愛。其若是耶。言卒。便求退。華已使人防門。不得出。既而又謂華曰。公門置甲兵欄騎。當是致疑於僕也。將恐天下之人。捲舌而不言。智謀之士。望門而不進。深爲明公惜之。華不應。而使人防禦甚嚴。時豐城令雷煥字孔章博物士也。來訪華。華以書生白之。孔章曰。若疑之。何不呼獵犬試之。乃命犬以試。竟無憚色。狐曰。我天生秀智。反以爲妖。以犬試我。遮莫千試。萬慮其能爲患乎。華聞益怒曰。此必眞妖也。聞魑魅忌狗。所別者數百年物耳。千年老精。不能復別。惟得千年枯木照之。則形立見。孔章曰。千年神木。何由可得。華曰。世傳燕昭王墓前華表木。已經千年。乃遣人伐華表。使人欲至木所。忽空中有一青衣小兒來。問使曰。君何來也。使曰。張司空有一年少來謁。多才巧辭。疑是妖魅。使我取華表照之。青衣曰。老狐不智。不聽我言。今日禍已及我。其可逃乎。乃發聲而泣。倏然不見。使乃伐其木。血流。便將木歸。燃之以照書生。乃一斑狐。華曰此二物不値我。千年不可復得。乃烹之。

葛洪　晉句容人。字稚川。從鄭隱學煉丹術。悉得其法。後隱居羅浮山煉丹。丹成尸解。年八十一。有抱樸子神仙經。

神仙傳三則　魏伯陽　壺公　左慈

魏伯陽者。吳人也。本高門之子。而性好道術。後與弟子三人入山作神丹。丹成。知弟子心懷未盡。乃試之曰。丹雖成。然先宜與犬試之。若犬飛。然後人可服耳。若犬死。卽不可服。乃與犬食。犬卽死。伯陽謂諸弟子曰。作丹唯恐不成。今旣成而犬食之死。恐是未合神明之意。服之恐復如犬。爲之奈何。弟子曰。先生當服之否。伯陽曰。吾背違世路。委家入山。不得道。亦恥復還。死之與生。吾當服之。乃服丹。入口卽死。弟子顧視相謂曰。作丹以求長生。服之卽死。當奈此何。獨一弟子曰。吾師非常人也。服此而死。得無意也。因乃取丹服之。亦死。餘二弟子相謂曰。所以得丹者。欲求長生耳。今服之旣死。焉用此爲。不服此藥。自可更得數十歲在世間也。遂不服。乃共出山。欲爲伯陽及死弟子求棺木。二子去後。伯陽卽起。將所服丹內死弟子及白犬口中。皆起。弟子姓虞。遂皆仙去。道逢入山伐木人。乃作手書與鄉里人。寄謝二弟子。乃始懊恨。伯陽作參同契五行相類。凡三卷。其說是周易。其實假借爻象。以論作丹之意。而世之儒者。不知神丹之事。多作陰陽注之。殊失其旨矣。

壺公者。不知其姓名也。今世所有召軍符召鬼神治病玉府符。凡二十餘卷。皆出自公。故總名壺公符。時汝南有費長房者。爲市掾。忽見公從遠方來。入市賣藥。人莫識之。賣藥口不二價。治病皆愈。語買人曰。服此藥必吐某物。某日當愈。事無不效。其錢日收數萬。便施與市中貧乏饑凍者。唯留三五十。常懸一空壺於屋上。日入之後。公跳入壺中。人莫能見。唯長房樓上見之。知非常人也。長房乃日日埽公座前地。及供饌物。公受而不辭。如此積久。長房尤不懈。亦不敢有所求。公知長房篤信。謂房曰。至暮無人時更來。長房如其言卽往。公語房曰。見我跳入壺中時。卿便可效我跳。自當得入。長房依言。果不覺已入。入後不復是壺。唯見仙宮世界。樓觀重門閣道。公左右侍者數十人。公語房曰。我仙人也。昔處天曹。以公事不勤見責。因謫人間耳。卿可教。故得見我。長房下座頓首曰。肉人無知。積罪卻厚。幸謬見哀憫。猶人剖棺布氣。生枯起朽。但恐臭穢頑弊。不任驅使。若見哀憐。百生之厚幸也。公曰。審爾大佳。勿語人也。公後詣長房於樓上。曰。我有少酒。相就飲之。酒在樓下。長房使人取之。不能舉盎。至數十人。莫能得上。乃白公。公乃下。以一指提上。與房共飲之。酒器如掌許大。飲之至暮不竭。告長房曰。我某日當去。卿能去乎。房曰。欲去之心。不可復言。欲使親眷不覺知去。當有何計。公曰。易耳。乃取一青竹杖與房。戒之曰。卿以竹歸家。便可稱病。以此竹杖置卿所臥處。默然便來。房如公言。去後家人見房已死。屍在牀。乃向竹杖耳。乃哭泣葬之。房詣公。恍惚不知何所。公乃留房於羣虎中。虎磨牙張口欲噬房。房不懼。明日又內於石室中。頭上有一方石廣數丈。以茅綯懸之。又諸蛇來嚙繩。繩卽欲斷。而長房自若。公至撫之曰。子可敎矣。又令長房啗屎兼蛆長寸許。異常臭惡。房難之。公乃歎謝遣之曰。子不得仙道也。賜子爲地上主者。可得壽數百歲。爲傳封符一卷付之曰。帶此可主諸鬼神。常稱使者。可以治病消災。房憂不得到家。公以一竹杖與之曰。但騎此得到家耳。房騎竹杖辭去。忽如睡覺。已到家。家人謂見鬼。具述前事。乃發棺視之。唯一竹杖。方信之。房所騎竹杖。棄葛陂中。視之乃青龍耳。初去至歸謂一日。推問家人。已一年矣。房乃行符收鬼治病。無不愈者。每與人同坐共語。常呵責嗔怒。問其故。曰。嗔鬼耳。時汝南有鬼怪。歲輒數來郡中。來時從騎如太守。入府打鼓。周行內外。爾乃還去。甚以爲患。房因詣府廳事。正值此鬼來到府門前。府君馳入。獨留房。鬼知之不敢前。房大叫呼曰。便捉前鬼來。乃下車伏庭前。叩頭乞曰。改過。房呵之曰。汝死老鬼。不念溫良。無故導從。唐突官府。自知合死否。急復眞形。鬼須臾成大鼈。如車輪。頭長丈餘。房又令復人形。房以一札符付之。令送與葛陂君。鬼叩頭流涕。持札去。使人追視之。乃見符札立陂邊。鬼以頭繞樹而死。房後到東海。東海大旱三年。謂請雨者曰。東海神君前來淫葛陂夫人。吾係之。辭狀不測。脫然忘之。遂致久旱。吾今當赦之。令其行雨。卽便有大雨。房有神術。能縮地脈。千里存在目前。宛然放之。復舒如舊也。

左慈字元放。廬江人也。明五經。兼通星氣。見漢祚將衰。天下亂起。乃歎曰。值此衰亂。官高者危。財多者死。當世榮華。不足貪也。乃學道。尤明六甲。能役使鬼神。坐致行廚。精思於天柱山中。得石室中九丹金液經。能變化萬端。不可勝記。魏曹公聞而召之。閉一石室中。使人守視。斷穀期年。乃出之。顏色如故。曹公自謂生民無不食道。而慈乃如是。必左道也。欲殺之。慈已知。求乞骸骨。曹公曰。何以忽爾。對曰。欲見殺。故求去耳。公曰。無有此意。公卻高其志。不苟相留也。乃爲設酒。曰。今當遠曠。乞分盃飲酒。公曰。善。是時天寒。溫酒尚熱。慈拔道簪以撓酒。須臾道簪都盡。如人磨墨。初公聞慈求分杯飲酒。謂當使公先飲。以與慈耳。而拔道簪以畫杯。酒中斷。其間相去數寸。卽飲半。半與公。公不善之。未卽爲飲。慈乞盡自飲之。飲畢。以杯擲屋棟。杯懸搖動。似飛鳥俯仰之狀。若欲落而不落。舉坐莫不視杯。良久乃墜。既而已失慈矣。尋問之。還其所居。曹公遂益欲殺慈。試其能免死否。乃勑收慈。慈走入羣羊中。而追者不分。乃數本羊。果餘一口。乃知是慈化爲羊也。追者語主人意。欲待見先生。暫還無怯也。俄而有大羊前跪而曰。爲審爾否。吏相謂曰。此跪羊。慈也。欲收之。於是羣羊咸向吏言曰。爲審爾否。由是吏亦不復知慈所在。乃止。後有知慈處者。告公。公又遣吏收之。得慈。慈非不能隱。故示其神化耳。於是受執入獄。獄吏欲拷掠之。戶中有一慈。戶外亦有一慈。不知孰是。公聞而愈惡之。使引出市殺之。須臾忽失慈所在。乃閉市門而索。或不識慈者。問其狀。言眇一目。著靑葛巾靑單衣。見此人便收之。及爾。一市中人皆眇目。著葛巾靑衣。卒不能分。公令普逐之。如見便殺。後有人見知。便斬以獻公。公大喜。及至視之。乃一束茅。驗其尸亦亡處所。後有人從荆州來見慈。刺史劉表亦以慈爲惑衆。擬收害之。表出耀兵。慈意知欲見其術。乃徐徐去。因又詣表云。有薄禮願以餉軍。表曰。道人單僑。吾軍人衆。安能爲濟乎。慈重道之。表使視之。有酒一斗。器盛脯一束。而十人共舉不勝。慈乃自出取之。以刀削脯投地。請百人奉酒及脯以賜兵士。酒一杯。脯一片。食之如常脯味。凡萬餘人皆周足。而器中酒如故。脯亦不盡。坐上又有賓客千人。皆得大醉。表乃大驚。無復害慈之意。數日乃委表去。入東吳。有徐墮者。有道術。居丹徒。慈過之。墮門下有賓客車牛六七乘。欺慈云。徐公不在。慈知客欺之。便去。客卽見牛在楊樹杪行。適上樹卽不見。下卽復見行樹上。又車轂皆生荆棘。長一尺。斫之不斷。推之不動。

客大懼。即報徐公。有一老翁眇目。吾見其不急之人。因欺之云。公不在。去後須臾。牛皆如此。不知何等意。公曰。咄咄。此是左公過我。汝曹那得欺之。急追可及。諸客分布逐之。及慈。羅布叩頭謝之。慈意解。即遣還去。及至。車牛等各復如故。慈見吳王孫討逆。復欲殺之。後出遊。請慈俱行。使慈行於馬前。欲自後刺殺之。慈在馬前。著木履。挂一竹杖。徐徐而行。討逆著鞭策馬。操兵逐之。終不能及。討逆知其有術。乃止。後慈以意告葛仙公。言當入霍山。合九轉丹。遂乃仙去。

王嘉　東晉前秦安陽人。字子年。清虛服氣。不與世人交。鑿崖穴居。弟子數百人。苻堅累徵不起。後爲姚萇所殺。嘉死之日。有人於隴上見之。著有拾遺記。

拾遺記一則　周穆王

穆王即位三十二年。巡行天下。馭黃金碧玉之車。傍氣乘風。起朝陽之岳。自明及晦。窮寓縣之表。有書史十人。記其所行之地。又副以瑤華之輪十乘。隨王之後。以載其書也。王馭八龍之駿。一名絕地。足不踐土。二名翻羽。行越飛禽。三名奔霄。夜行萬里。四名超影。逐日而行。五名踰輝。毛色炳燿。六名超光。一形十影。七名騰霧。乘雲而奔。八名挾翼。身有肉翅。遞而駕焉。按轡徐行。以匝天地之域。王神智遠謀。使迹轂遍於四海。故絕異之物。不期而自服焉。

三十六年。王東巡大騎之谷。指春宵宮。集諸方士仙術之要。而螭鵠龍蛇之類。奇種憑空而出。時已將夜。王設長生之燈以自照。一名恆輝。又列璠膏之燭。遍於宮內。又有鳳腦之燈。又有冰荷者。出冰壑之中。取此花以覆燈。七八尺。不欲使光明遠也。西王母乘翠鳳之輦而來。前導以文虎文豹。後列雕麟紫麚。曳丹玉之履。敷碧蒲之席。黃莞之薦。共玉帳高會。薦清澄琬琰之膏以爲酒。又進洞淵紅蘤。嶸州甜雪。崐流素蓮。陰岐黑棗。萬歲冰桃。千常碧藕。青花白橘。素蓮者一房百子。淩冬而茂。黑棗者其樹百尋。實長二尺。核細而柔。百年一熟。扶桑東五萬里。有磅磄山。上有桃樹百圍。其花青黑。萬歲一實。鬱水在磅磄山東。其水小流在太陂之下。所謂沈流。亦名重泉。生碧藕長千常。七尺爲常也。條陽山出神蓬。如蒿長十丈。周初國人獻之。周以爲宮柱。所謂蒿宮也。中有白橘。花色翠而實白。大如瓜。香聞數里。奏環天之和樂。列以重霄之寶器。器則有岑華鏤管。䀛澤雕鐘。員山靜瑟。浮瀛羽磬。撫節按歌。萬蠕皆聚。環天者。鈞天也。和。廣也。岑華。山名也。在西海。山有象竹。截爲管。吹之爲羣鳳之鳴。䀛澤出精銅。可爲鐘鐸。員山其形員也。有大林。雖疾風震地。而林木不動。以其木爲琴瑟。故曰靜瑟。浮瀛。卽瀛洲也。上有青石。可爲磬。磬者長一丈。輕若鴻毛。因輕而鳴。西王母與穆王歡歌既畢。乃命駕昇雲而去。

劉義慶　南北朝宋宗室。襲封臨川王。所著世說新語。取後漢訖東晉間軼事瑣聞。分爲三十八門。敍論名雋。爲清言之淵藪。小說之名集也。

世說新語七則 荀巨伯 司馬德操 謝太傅 曹娥碑 周處 劉伶 魏武帝

荀巨伯遠看友人疾。值胡賊攻郡。友人語巨伯曰。吾今死矣。子可去。巨伯曰。遠來相視。子令吾去。敗義以求生。豈荀巨伯所行邪。賊既至。謂巨伯曰。大軍至。一郡盡空。汝何男子。而敢獨止。巨伯曰。友人有疾。不忍委之。寧以我身代友人命。賊相謂曰。我輩無義之人。而入有義之國。遂班軍而還。一郡並獲全。

南郡龐士元聞司馬德操在潁川。故二千里候之。至。遇德操采桑。士元從車中謂曰。吾聞丈夫處世。當帶金佩紫。焉有屈洪流之量。而執絲婦之事。德操曰。子且下車。子適知邪徑之速。不慮失道之迷。昔伯成耦耕。不慕諸侯之榮。原憲桑樞。不易有官之宅。何有坐則華屋。行則肥馬。侍女數十。然後爲奇。此乃許父所以慷慨。夷齊所以長歎。雖有竊秦之爵。千駟之富。不足貴也。士元曰。僕生出邊垂。寡見大義。若不一叩洪鐘。伐雷鼓。則不識其音響也。

謝太傅寒雪日內集。與兒女講論文義。俄而雪驟。公欣然曰。白雪紛紛何所似。兄子胡兒曰。撒鹽空中差可擬。兄女曰。未若柳絮因風起。公大笑樂。卽公大兄無奕女。左將軍王凝之妻也。

魏武嘗過曹娥碑下。楊修從。碑背上見題作黃絹幼婦外孫齏臼八字。魏武謂修曰。解不。答曰。解。魏武曰。卿未可言。待我思之。行三十里。魏武乃曰。吾已得。令修別記所知。修曰。黃絹色絲也。於字爲絕。幼婦少女也。於字爲妙。外孫女子也。於字爲好。虀臼受辛也。於字爲辤。所謂絕妙好辭也。魏武亦記之與修同。乃歎曰。我才不及卿。乃覺三十里。

周處年少時。兇彊俠氣。爲鄉里所患。又義興水中有蛟。山中有邅迹虎。並皆暴犯百姓。義興人謂爲三橫。而處尤劇。或說處殺虎斬蛟。實冀三橫唯餘其一。處卽刺殺虎。又入水擊蛟。蛟或浮或沒。行數十里。處與之俱。經三日三夜。鄉里皆謂已死。更相慶。竟殺蛟而出。聞里人相慶。始知爲人情所患。有自改意。乃自吳尋二陸。平原不在。正見清河。具以情告。幷云欲自修改。而年已蹉跎。終無所成。清河曰。古人貴朝聞夕死。況君前途尙可。且人患志之不立。亦何憂令名不彰邪。處遂改厲。終爲忠臣孝子。

劉伶病酒。渴甚。從婦求酒。婦捐酒毀器。涕泣諫曰。君飲太過。非攝生之道。必宜斷之。伶曰。甚善。我不能自禁。唯當祝鬼神自誓斷之耳。便可具酒肉。婦曰。敬聞命。供酒肉於神前。請伶祝誓。伶跪而祝曰。天生劉伶。以酒爲名。一飲一斛。五斗解酲。婦人之言。愼不可聽。便引酒進肉。隗然已醉矣。

魏武嘗言。人欲危己。己輒心動。因語所親小人曰。汝懷刀密來我側。我必說心動。執汝使行刑。汝但勿言其使。無他。當厚相報。執者信焉。不以爲懼。遂斬之。此人至死不知也。左右以爲實。謀逆者挫氣矣。

吳均　南北朝梁吳興故鄣人。字叔庠。有續齊諧志。卷帙不多。而所載異聞。恆爲唐人所引用。

續齊諧志三則　紫荊樹　華陰黃雀　陽羨書生

京兆田眞兄弟三人。共議分財。生貲皆平均。惟堂前一株紫荊樹。共議欲破三片。明日就截之。其樹卽枯死。狀如火然。眞往見之大驚。謂諸弟曰。樹本同株。聞將分斫。所以顦顇。是人不如木也。因悲不自勝。不復解樹。樹應聲榮茂。兄弟相感。合財寶。遂爲孝門。眞仕至大中大夫。

弘農楊寶。性慈愛。年九歲。至華陰山。見一黃雀。爲鴟梟所搏。逐樹下。傷瘢甚多。宛轉復爲螻蟻所困。寶懷之以歸。置諸梁上。夜聞啼聲甚切。親自照視。爲蚊所嚙。乃移置巾箱中。啖以黃花。逮十餘日。毛羽成。飛翔。朝去暮來。宿巾箱中。如此積年。忽與羣雀俱來。哀鳴遶堂。數日乃去。是夕寶三更讀書。有黃衣童子曰。我王母使者。昔使蓬萊。爲鴟梟所搏。蒙君之仁愛見救。今當受賜南海。別以四玉環與之。曰令君子孫潔白。且從登三公。事如此環矣。寶之孝大聞天下。名位日隆。子震。震生秉。秉生彪。四世名公。及震葬時。有大鳥降。人皆謂眞孝招也。

陽羨許彥。於綏安山行。遇一書生。年十七八。臥路側。云腳痛。求寄鵝籠中。彥以爲戲言。書生便入籠。籠亦不更廣。書生亦不更小。宛然與雙鵝並坐。鵝亦不驚。彥負籠而去。都不覺重。前行息樹下。書生乃出籠。謂彥曰。欲爲君薄設。彥曰善。乃口中吐出一銅奩子。奩子中具諸餚饌。珍羞方丈。其器皿皆銅物。氣味香旨。世所罕見。酒數行。謂彥曰。向將一婦人自隨。今欲暫邀之。彥曰。善。又於口中吐一女子。年可十五六。衣服綺麗。容貌殊絕。共坐宴。俄而書生醉臥。此女謂彥曰。雖與書生結妻。而實懷怨。向亦竊得一男子同行。書生既眠。暫喚之。君幸勿言。彥曰。善。女子於口中吐出一男子。年可二十三四。亦穎悟可愛。乃與彥敍寒溫。書生臥欲覺。女子口吐一錦行障遮書生。書生乃留女子共臥。男子謂彥曰。此女子雖有心。情亦不甚向。復竊得一女人同行。今欲暫見之。願君勿洩。彥曰。善。男子又於口中吐一婦人。年可二十許。共酌戲談甚久。聞書生動聲。男子曰。二人眠已覺。因取所吐女人。還內口中。須臾書生處女乃出。謂彥曰。書生欲起。乃吞向男子。獨對彥坐。然後書生起。謂彥曰。暫眠遂久。君獨坐。當悒悒邪。日又晚。當與君別。遂吞其女子。諸器皿悉納口中。留大銅盤。可二尺廣。與彥別曰。無以藉君。與君相憶也。彥大元中。爲蘭臺令史。以盤餉侍中張散。散看其銘題。云是永平三年作。

古鏡記

王度　隋人。里字未詳。

隋汾陰侯生。天下奇士也。王度常以師禮事之。臨終。贈度以古鏡。曰。持此則百邪遠人。度受而寶之。鏡橫徑八寸。鼻作麒麟蹲伏之象。遶鼻列四方。龜龍鳳虎。依方陳布。四方外又設八卦。卦外置十二辰位。而具畜焉。辰畜之外。又置二十四字。周遶輪郭。文體似隸。點畫無缺。而非字書所有也。侯生云。二十四氣之象形。承日照之。則背上文畫。墨入影內。纖毫無失。舉而扣之。淸音徐引。竟日方絕。嗟乎。此則非凡鏡所得同也。宜其見賞高賢。是稱靈物。侯生常云。昔者吾聞黃帝鑄十五鏡。其第一橫鏡一尺五寸。法滿月之數也。以其相差各校一寸。此第八鏡也。雖歲祀攸遠。圖書寂寞。而高人所述。不可誣矣。昔楊氏納環。累代延慶。張公喪劍。其身亦終。今度遭世擾攘。居常鬱怏。王室如燬。生涯何地。寶鏡復去。哀哉。今具其異跡。列之如後。庶千載之下。儻有得者。知其所由耳。大業七年五月。度自侍御史罷歸河東。適遇侯生卒。而得此鏡。至其年六月。度歸長安。至長樂坡。宿於主人程雄家。雄新受寄一婢。頗甚端麗。名曰鸚鵡。度既稅駕。將白云。不敢住。度因召主人問其故。雄云。兩月前。有一客攜此婢從東來。時婢病甚。客便寄留。云還日當取。比不復來。不知其婢由也。度疑其精魅。引鏡逼之。便云。乞命。卽變形。度卽掩鏡曰。汝先自敍。然後變形。當捨汝命。婢再拜自陳云。某是華山府君廟前長松下千歲老狸。大行變惑。罪合至死。遂爲府君捕逐。逃於河渭之間。爲下邽陳思恭義女。蒙養甚厚。嫁鸚鵡與同鄉人柴華。鸚鵡與華意不相愜。逃而東出韓城縣。爲行人李無傲所執。無傲粗暴丈夫也。遂將鸚鵡遊行數歲。昨隨至此。忽爾見留。不意遭逢天鏡。隱形無路。度又謂曰。汝本老狸。變形爲人。豈不害人也。婢曰。變形事人。非有害也。但逃匿幻惑。神道所惡。自當至死耳。度又謂曰。欲捨汝。可乎。鸚鵡曰。辱公厚賜。豈敢忘德。然天鏡一照。不可逃形。但久爲人形。羞復故體。願緘於匣。許盡醉而終。度又謂曰。緘鏡於匣。汝不逃乎。鸚鵡笑曰。公適有美言。尙許相捨。緘鏡而走。豈不終恩。但天鏡一臨。竄跡無路。唯希數刻之命。以盡一生之歡耳。度登時爲匣鏡。又爲致酒。悉召雄家隣里與宴謔。此婢頃大醉。奮衣起舞而歌曰。寶鏡寶鏡。哀哉予命。自我離形。於今幾姓。生雖可樂。死不必傷。何爲眷戀。守此一方。歌訖再拜。化爲老狸而死。一座驚歎。大業八年四月一日。太陽虧。度時在臺直。晝臥廳閣。覺日漸昏。諸吏告度以日蝕甚。整衣時。引鏡出。自覺鏡亦昏昧。無復光色。度以寶鏡之作。合於陰陽光景之妙。不然。豈合以太陽失曜而寶鏡亦無光乎。怪歎未已。俄而光彩出。日亦漸明。比及日復。鏡亦精朗如故。自此之後。每日月薄蝕。鏡亦昏昧。其年八月十五日。友人薛俠者。獲一銅劍。長四尺。劍連於靶。靶盤龍鳳之狀。左文如火焰。右文如水波。光彩灼爍。非常物也。俠持過度曰。此劍俠常試之。每月十五日。天地清朗。置之暗室。自然有光。旁照數丈。俠持之有日月矣。明公好奇愛古。如饑如渴。願與君今夕一試。度喜甚。其夜果遇天地清霽。密閉一室。無復脫隙。與俠同宿。度亦出寶鏡。置於座側。俄而鏡上吐光。明照一室。相視如晝。劍橫其側。無復光彩。俠大驚曰。請內鏡於匣。度從其言。然後劍乃吐光。不過一二尺耳。俠撫劍歎曰。天下神物。亦有相伏之理也。是後每至月望。則出鏡於暗室。光常照數丈。若日影入室。則無光也。豈太陽太陰之耀。不可敵乎。其年冬。兼著作郎。奉詔撰周史。欲爲蘇綽立傳。度家有奴曰豹生。年七十矣。本蘇氏部曲。頗涉史傳。略解屬文。見度傳草。因悲不自勝。度問其故。謂度曰。豹生常受蘇公厚遇。今見蘇公言驗。是以悲耳。郎君所有寶鏡。是蘇公友河南苗季子所遺蘇公者。蘇公愛之甚。蘇公臨亡之歲。戚戚不樂。常召苗生謂曰。自度死日不久。不知此鏡當入誰手。今欲以蓍筮一斷。先生幸觀之也。便顧豹生取蓍。蘇公自揲布卦。卦訖。蘇公曰。我死十餘年。我家當失此鏡。不知所在。然天地神物。動靜有徵。今河洛之間。往往有寶氣。與卦兆相合。鏡其往彼乎。季子曰。亦為人所得乎。蘇公曰。詳其卦云。先入侯家。復歸王氏。過此以往。莫知所之也。豹生言訖涕泣。度問蘇氏。果云舊有此鏡。蘇公薨後。亦失所在。如豹生之言。故度為蘇公傳。亦具言其事於末篇。論蘇公著筮絕倫。默而獨用。謂此也。大業九年正月朔旦。有一胡僧。行乞而至度家。弟勣出見之。覺其神彩不俗。便邀入室。而為具食。坐語良久。胡僧謂勣曰。檀越家似有絕世寶鏡也。可得見耶。勣曰。法師何以得知之。僧曰。貧道受明錄祕術。頗識寶氣。檀越宅上每日常有碧光連日。絳氣屬月。此寶鏡氣也。貧道見之兩年矣。今擇良日。故欲一觀。勣出之。僧跪捧欣躍。又謂勣曰。此鏡有數種靈相。皆當未見。但以金膏塗之。珠粉拭之。舉以照日。必影徹牆壁。僧又歎息曰。更作法試。應照見腑臟。所恨卒無藥耳。但以金煙薰之。玉水洗之。復以金膏珠粉如法拭之。藏之泥中。亦不晦矣。遂留金煙玉水等法。行之無不獲驗。而胡僧遂不復見。其年秋。度出兼芮城令。令廳前有一棗樹。圍可數丈。不知幾百年矣。前後令至。皆祠謁此樹。不則殃禍立及也。度以為妖由人興。淫祀宜絕。縣吏皆叩頭請度。度不得已。爲之一祀。然陰念此樹。當有精魅所託。人不能除。養成其勢。乃密懸此鏡於樹之間。其夜二鼓許。聞其廳前磊落有聲若雷霆者。遂起視之。則風雨晦暝。纏繞此樹。電光晃耀。忽上忽下。至明。有一大蛇。紫鱗赤尾。綠頭白角。額上有王字。身被數鎗。死於樹下。度便收鏡。命吏出蛇。焚於縣門外。仍掘樹。樹心有一穴。於地漸大。有巨蛇蟠泊之跡。既而實之。妖怪遂絕。其年冬。度以御史帶芮城令。持節河北道。開倉糧賑給陝東。時天下大饑。百姓疾病。滿陝之間。癘疫尤甚。有河北人張龍駒。爲度下小吏。其家良賤數十口。一時遇疾。度憫之。齎此鏡入其家。使龍駒持鏡夜照。諸病者見鏡。皆驚起云。見龍駒持一月來相照。光陰所及。如冰著體。冷徹腑臟。卽時熱定。至曉並愈。以爲無害於鏡。而所濟衆。於是令密持此鏡。遍巡百姓。其夜鏡在匣中冷然自鳴。聲甚徹遠。良久乃止。度心獨怪。明早龍駒來謂度曰。龍駒昨忽夢一人。龍頭蛇身。朱冠紫服。謂龍駒。我卽鏡精也。名曰紫珍。常有德於君家。故來相託。爲我謝王公。百姓有罪。天與之疾。奈何使我反天救物。且病至後月當漸愈。無爲我苦。度感其靈怪。因此誌之。至後月。病果漸愈。如其言也。大業十年。度弟勣自六合丞棄官歸。又將遍遊山水。以爲長往之策。度止之曰。今天下向亂。盜賊充斥。欲安之乎。且吾與汝同氣。未常遠別。此行也。似將高蹈。昔尙子平遊五嶽。不知所之。汝若追踵前賢。吾所不堪也。便涕泣對勣。勣曰。意已決矣。必不可留。兄今之達人。當無所不體。孔子曰。匹夫不可奪其志矣。人生百年。忽同過隙。得情則樂。失志則悲。安遂其欲。聖人之義也。度不得已。與之決別。勣曰。此別也。亦有所求。兄所寶鏡。非塵俗物也。勣將抗志雲路。棲蹤煙霞。欲兄以此爲贈。度曰。吾何惜於汝也。卽以與之。勣得鏡。遂行。不言所適。至大業十三年夏六月。始歸長安。以鏡歸。謂度曰。此鏡眞寶物也。勣辭兄之後。先遊嵩山少室。陟石梁。坐玉壇。屬日暮。遇一嵌巖。有一石堂。可容三五人。勣棲息止焉。月夜二更後。有兩人。一貌胡。鬚眉皓而瘦。稱山公。一面闊。白鬚眉長。黑而矬。稱毛生。謂勣曰。何人斯居也。勣曰。尋幽探穴訪奇者。二人坐與勣談文。往往有異義。出於言外。勣疑其精怪。引手潛後。開匣取鏡。鏡光出而二人失聲。俯伏。矬者化爲龜。胡者化爲猿。懸鏡至曉。二身俱殞。龜身帶綠毛。猿身帶白毛。卽入箕山。渡穎水。歷太和。視玉井。井旁有池。水湛然綠色。問樵夫。曰此靈湫耳。村閭每八節祭之。以祈福佑。若一祭有闕。卽池水出黑雲。大雹傷稼。白雨流樹。浸堤壞阜。勣引鏡照之。池水沸涌。有雷如震。忽爾池水騰出池中。不遺涓滴。可行二百餘步。水落於地。有一魚。可長丈餘。粗觕大於臂。首紅額白。身作青黃間色。無鱗有涎。龍形蛇角。觜尖。狀如鱘魚。動而有光。在於泥水。因而不能遠去。勣謂蛟也。失水而無能爲耳。刃而爲炙。甚膏有味。以充數朝口腹。遂出於宋汴。汴主人張琦家有女子患。入夜哀痛之聲。實不堪忍。勣問其故。病來已經年歲。白日卽安。夜常如此。勣停一宿。及聞女子聲。遂開鏡照之。痛者曰。戴冠郎被殺。其病者牀下有大雄雞死矣。乃是主人七八歲老雞也。遊江南。將渡黃陵揚子江。忽暗雲覆水。黑風波湧。舟子失容。慮有覆沒。勣攜鏡上舟。照江中數步。明朗徹底。風雲四斂。波濤遠息。須臾之間。達濟天塹。躋躡山。趨芳嶺。或攀危頂。或入深洞。逢其羣鳥環人而噪。數能當路而蹲。以鏡揮之。熊鳥奔駭。是時利涉浙江。遇潮出海。濤聲振吼。數百里而聞。舟人曰。濤既近。未可渡南。若不迴舟。吾輩必葬魚腹。勣出鏡照。江波不進。屹如雲立。四面江水豁開五十餘步。水漸清淺。黿鼉散走。舉帆翩翩。直入南浦。然後卻視。濤波洪湧。高數十丈。而至所渡之津也。遂登天台。周覽洞壑。夜行佩之。山谷去身百步。四面光徹。纖微皆見。林間宿鳥驚而亂飛。還履會稽。逢異人張始鸞。授勣周髀九章。及明堂六甲之事。與陳永同歸。更遊豫章。見道士許藏秘。云是旌陽七代孫。有咒登刀履火之術。說妖怪之次。便言豐城縣倉督李敬。家有三女。遭魅病。人莫能識。藏秘療之無效。勣故人曰趙丹。有才器。任豐城縣尉。勣因過之。丹命祗承人指勣停處。勣謂曰。欲得倉督李敬家居止。丹遽設榻為主禮。勣因問其故。敬曰。三女同居堂內閣子。每至日晚。即靚粧衒服。黃昏後。即歸所居閣子。每至日滅燈燭。聽之。竊與人言笑聲。及至曉眠。非喚不覺。日日漸瘦。不能下食。制之不令粧梳。即欲自縊投井。無奈之何。勣謂敬曰。引示閣子之處。其閣東有窗。恐其門閉固而難啟。遂晝日先刻斷窗欞四條。卻以物支拄之如舊。至日暮。敬報勣曰。粧梳入閣矣。至一更。聽之言笑自然。勣拔窗欞子。持鏡入閣照之。三女叫云。殺我壻也。初不見一物。懸鏡至明。有一鼠狼。首尾一尺三四寸。身無毛齒。有一老鼠。亦無毛齒。其肥大可重五斤。又有守宮。大如人手。身披鱗甲。煥爛五色。頭上有兩角。長可寸許。尾長五寸以上。尾頭一寸色白。並於壁孔前死矣。從此疾愈。其後尋眞至廬山。婆娑數月。或棲息長林。或露宿草莽。虎豹接尾。豺狼連跡。舉鏡視之。莫不竄伏。廬巖處士蘇賓。奇識之士也。洞明易道。藏往知來。謂勣曰。天下神物。必不久居人間。今宇宙喪亂。他鄉未必可止。吾子此鏡尙在。足自衞。幸速歸家鄉也。勣然其言。卽時北歸。便遊河北。夜夢鏡謂勣曰。我蒙卿兄厚禮。今當捨人間遠去。欲得一別。卿請早歸長安也。勣夢中許之。及曉。獨居思之。恍恍發悸。卽時西首秦路。今既見兄。勣不負諾矣。終恐此靈物。亦非兄所有。數月。勣還河東。大業十三年七月十五日。匣中悲鳴。其聲纖遠。俄而漸大。若龍咆虎吼。良久乃定。開匣視之。卽失鏡矣。

張說 唐洛陽人。字道濟。又字說之。永昌中策賢良方正。第一。累官同平章事。封燕國公。朝廷大製作。多出其手。與許國公蘇頲齊名。時稱燕許。有張燕公集。

虬髯客傳

隋煬帝之幸江都。命司空楊素守西京。素驕貴。又以時亂。天下之權重望崇者。莫我若也。奢貴自奉。禮異人臣。每公卿入言。賓客上謁。未嘗不踞牀而見。令美人捧出。侍婢羅列。頗僭於上。末年愈甚。無復知所負荷。有扶危持顚之心。一日衞公李靖以布衣上謁。獻奇策。素亦踞見公前揖曰。天下方亂。英雄競起。公爲帝室重臣。須以收羅豪傑爲心。不宜踞見賓客。素斂容而起。謝公。與語大悅。收其策而退。當公之騁辨也。一妓有殊色。執紅拂。立於前。獨目公。公既去。而執拂者臨軒指吏曰。問去者處士第幾。住何處。公具以對。妓誦而去。公歸逆旅。其夜五更初。忽聞叩門而聲低者。公起問焉。乃紫衣帶帽人。杖一囊。公問誰。曰。妾楊家之紅拂妓也。公遽延入。脫衣去帽。乃十八九佳麗人也。素面畫衣而拜。公驚答拜。曰。妾侍楊司空久。閱天下之人多矣。無如公者。絲蘿非獨生。願託喬木。故來奔耳。公曰。楊司空權重京師。如何。曰。彼屍居餘氣。不足畏也。諸妓知其無成。去者甚衆矣。彼亦不甚逐也。計之詳矣。幸無疑焉。問其姓。曰張。問其伯仲之次。曰最長。觀其肌膚儀狀言辭氣語。眞天人也。公不自意獲之。愈喜愈懼。瞬息萬慮不安。而窺戶者無停屨。數日。亦聞追討之聲。意亦非峻。乃雄服乘馬。排闥而去。將歸太原。行次靈石旅舍。既設牀。爐中烹肉且熟。張氏以髮長委地。立梳牀前。公方刷馬。忽有一人。中形。赤髯如虬。乘蹇驢而來。投革囊於爐前。取枕欹臥。看張梳頭。公怒甚。未決。猶親刷馬。張熟視其面。一手握髮。一手映身搖示公。令勿怒。急急梳頭畢。斂衽前問其姓。臥客答曰。姓張。對曰。妾亦姓張。合是妹。遽拜之。問第幾。曰第三。因問妹第幾。曰最長。遂喜曰。今多幸逢一妹。張氏遙呼。李郎且來見三兄。公驟拜之。遂環坐。曰。煮者何肉。曰羊肉。計已熟矣。客曰。饑。公出市胡餅。客抽腰間匕首。切肉共食。食竟。餘肉亂切送驢前食之。甚速。客曰。觀李郎之行。貧士也。何以致斯異人。曰。靖雖貧。亦有心者焉。他人見問。故不言。兄之問。則不隱耳。具言其由。曰。然則將何之。曰。將避地太原。曰。然故非君所致也。曰。有酒乎。曰。主人西則酒肆也。公取酒一斗。既巡。客曰。吾有少下酒物。李郎能同之乎。曰。不敢。於是開草囊。取一人頭幷心肝。卻頭囊中。以匕首切心肝共食之。曰。此人天下負心者。銜之十年。今始獲之。吾憾釋矣。又曰。觀李郎儀形器宇。眞丈夫也。亦聞太原有異人乎。曰。嘗識一人。愚謂之眞人也。其餘將帥而已。曰。何姓。曰。靖之同姓。曰。年幾。曰。僅二十。曰。今何為。曰。州將之子。曰。似矣。亦須見之。李郎能致吾一見乎。曰。靖之友劉文靜者。與之狎。因文靜見之可也。然兄何為。曰。望氣者言太原有奇氣。使訪之。李郎何日到太原。靖計之日。曰。期達之明日。日方曙。候我於汾陽橋。言訖。乘驢而去。其行若飛。迴顧已失。公與張氏且驚且喜。久之曰。烈士不欺人。固無畏。促鞭而行。及期入太原。果復相見。大喜。偕詣劉氏。詐謂文靜曰。有善相者思見郎君。請迎之。文靜素奇其人。一旦聞有客善相。遽遣使迎之。使迴而至。不衫不履。裼裘而來。神氣揚揚。貌與常異。虬髯默然居末坐。見之心死。飲數杯。招靖曰。眞天子也。公以告劉。劉益喜自負。既出。虬髯曰。吾得八九矣。然須道兄見之。李郎宜與一妹復入京。某日午時。訪我於馬行東酒樓下。有此驢及瘦驢。即我與道兄俱在其上矣。到即登焉。又別而去。公與張氏復應之。及期訪焉。宛見二乘。攬衣登樓。虬髯與一道士方對飲。見公驚喜。召坐圍飲。十數巡。曰。樓下櫃中有錢十萬。擇一深穩處駐一妹。某日復會於汾陽橋。如期至。卽道士與虬髯已到矣。俱謁文靜時方弈棋。起揖而語。少焉文靜飛書迎文皇看棋。道士對弈。虬髯與公旁侍焉。俄而文皇到來。精采驚人。長揖就坐。神氣淸朗。滿坐風生。顧盼煒如也。道士一見慘然。斂棋子曰。此局全輸矣。於此失卻局哉。救無路矣。罷弈請去。旣出。謂虬髯曰。此世界非公世界。他方可也。勉之。勿以爲念。因共入京。虬髯曰。計李郞之程。某日方到。到之明日。可以一妹同詣某坊曲小宅相訪。李郞相從一妹。懸然如磬。欲令新婦祗謁。從容無令前卻。言畢。吁嗟而去。公策馬而歸。卽到京。遂與張氏同往。一小版門子。叩之。有應者拜曰。三郞令侯李郞一娘子久矣。延入重門。門愈壯。婢四十人。羅列庭前。奴二十人。引公入東廳。廳之陳設。窮極珍異。巾箱粧奩冠鏡首飾之盛。非人間之物。巾櫛粧飾畢。請更衣。衣又珍異。旣畢。傳云三郞來。乃虬髯紗帽裼裘而來。亦有龍虎之狀。歡然相見。催其妻出拜。蓋亦天人也。四人對饌訖。陳女樂列奏其前。飲食妓樂。若從天降。非人間之曲。食畢行酒。家人自堂東舁出二十牀。以錦繡帕覆之。旣陳。盡去其帕。乃文簿鑰匙耳。虬髯曰。此盡寶貨泉貝之數。吾之所有。悉以充贈。何者。欲以此世界求事。當或龍戰二三載。建少功業。今旣有主。住亦何爲。太原李氏。眞英主也。三五年內。卽當太平。李郞以奇特之才。輔淸平之主。竭心盡善。必極人臣。一妹以天人之姿。蘊不世之藝。從夫之貴。以盛軒裳。非一妹不能識李郞。非李郞不能遇一妹。起陸之漸。際會如期。虎嘯風生。龍吟雲萃。固非偶然也。持予之贈。以佐眞主。贊功業也。勉之哉。此後十年。當東南數千里外有異事。是吾得事之秋也。一妹與李郎可瀝酒東南相賀。因命家僮列拜曰。李郎一妹。是汝主也。言訖。與其妻從一奴乘馬而去。數步遂不復見。公據其宅。乃爲豪家。得以助文皇帝締構之資。遂匡天下。貞觀十年。公以左僕射平章事。適南蠻入奏曰。有海船千艘。甲兵十萬。入扶餘國。殺其主自立。國已定矣。公心知虬髯得事也。歸告張氏。具衣拜賀。瀝酒東南祝拜之。乃知眞人之興也。由英雄所冀。況非英雄者乎。人臣之謬思亂者。乃螳臂之拒走輪耳。我皇家垂福萬葉。豈虛然哉。或曰。衞公之兵法。半乃虬髯所傳也。

枕中記

李泌 唐京兆人。字長源。七歲能文。張九齡稱爲奇童。歷事肅宗代宗德宗。多所匡救。封鄴侯。卒。

開元十九年。道者呂翁經邯鄲道上。邸舍中設榻施席。擔囊而坐。俄有邑中少年盧生。衣短裘。乘青駒。將適於田。亦止邸中。與翁接席。言笑殊暢。久之。盧生顧其衣裝敝褻。乃歎曰。大丈夫生世不諧。而困如是乎。翁曰。觀子膚極腴。體胖無恙。談諧方適。而歎其困者。何也。生曰。吾此苟生耳。何適之爲。翁曰。此而不適。於何爲適。生曰。當建功樹名。出將入相。列鼎而食。選聲而聽。使族益茂。而家用肥。然後可以言其適。吾志於學。而游於藝。自惟當年朱紫可拾。今已過壯。室猶勤田畝。非困而何。言訖。目昏思寐。是時主人蒸黃粱爲饌。翁乃探囊中枕以授之。

曰。子枕此當令子榮適如志。其枕瓷而竅其兩端。生俯首就之。寐中見其竅大而明。若可處。舉身而入。遂至其家。娶清河崔氏女。女容甚麗。而產甚殷。由是衣裘服御。日以華侈。明年舉進士。登甲科。解褐授校書郎。應制舉。授渭南縣尉。遷監察御史。起居舍人。爲制誥。三年。卽眞。出典同州。尋轉陝州。生好土功。自陝西開河八十里。以濟不通。邦人賴之。立碑頌德。遷汴州嶺南道採訪使。入京爲京兆尹。是時神武皇帝方事夷狄。吐蕃新諾羅龍莽布攻陷瓜沙。節度使王君㚟新被敗死。河湟震恐。帝思將帥之任。遂除生御史中丞。河西隴右節度使。大破戎虜。斬首七千級。開地九百里。築三大城以防要害。北邊賴之。以石紀功焉。歸朝策勳。恩禮極崇。轉御史大夫。吏部侍郎。物望清重。羣情翕習。大爲當時宰相所忌。以飛語中之。貶端州刺史。三年。徵還。除戶部尚書。未幾。拜中書侍郎。同中書門下平章事。與蕭令嵩。裴侍中光庭同掌大政十年。嘉謨密命。一日三接。獻替啓沃。號爲賢相。同列者害之。遂誣與邊將交結。所圖不軌。下獄。府吏引徒至其門。追之甚急。生惶駭不測。泣謂妻子曰。吾家本山東。良田數頃。足以禦寒餒。何苦求祿。而今及此。思復衣短裘。乘青駒。行邯鄲道中。不可得也。引刀欲自裁。其妻救之。得免。共罪者皆死。生獨有中人保護。得減死論。出授驩牧。數歲。帝知其寃。復起爲中書令。封趙國公。恩旨殊渥。備極一時。生有五子。僔。倜。儉。位。倚。僔爲考功員外。倜萬年尉。儉爲侍御史。位爲太常丞。季子倚最賢。年二十四。爲右補闕。其姻媾皆天下族望。有孫十餘人凡兩竄嶺表。再登台鉉。出入中外。迴翔臺閣。三十餘年間。崇盛赫奕。一時無比。末節頗奢蕩。好逸樂。後庭聲色。皆第一。前後賜良田甲第。佳人名馬。不可勝數。後年漸老。屢乞骸骨。不許。及病。中人候望。接踵於路。名醫上藥。畢至焉。將終。上疏曰。臣本山東書生。以田圃爲娛。偶逢聖運。得列官序。過蒙榮奬。特受鴻私。出擁旄鉞。入昇鼎輔。周旋中外。綿歷歲年。有忝恩造。無裨聖化。負乘致寇。履薄臨深。日極一日。不知老之將至。今年逾八十。位歷三公。鐘漏並歇。筋骸俱弊。彌留沈困。殆將溘盡。顧無誠效。上答休明。空負深恩。永辭聖代。無任感戀之至。謹奉表稱謝以聞。詔曰。卿以俊德。作朕元輔。出雄藩垣。入贊緝熙。昇平二紀。實卿是賴。比因疾累。日謂痊除。豈遽沈頓。良深憫默。今遣驃騎大將軍高力士。就第候省。其勉加針灸。爲朕自愛。譏冀無妄。期於有喜。其夕卒。盧生欠伸而寤。見方偃於邸中。顧呂翁在傍。主人蒸黃粱尚未熟。觸類如故。蹶然而興。曰。豈其夢寐耶。翁笑謂曰。人世之事。亦猶是矣。生憮然良久。謝曰。夫寵辱之數。得喪之理。生死之情。盡知之矣。此先生所以窒吾欲也。敢不受教。再拜而去。

陳鴻祖　以下六人里字事蹟皆俟考。

東城老父傳

老父姓賈名昌。長安宣陽里人。開元元年癸丑生。元和庚寅歲。九十八年矣。視聽不衰。言甚安徐。心力不耗。語太平事。歷歷可聽。父忠。長九尺。力能拽倒牛。以材官爲中宮幕士。景龍四年。持幕竿隨玄宗入大明宮。誅韋氏。奉睿宗。朝羣后。遂爲景雲功臣。以長刀備親衞。詔徙家東雲龍門。昌生七歲。趫捷過人。能搏柱乘梁。善應對。解鳥語音。玄宗在藩邸時。樂民間清明節鬬雞戲。及卽位。治雞坊於兩宮間。索長安雄雞。金毫鐵距。高冠昂尾。千數。養於雞坊。選六軍小兒五百人。使馴擾教飼。上之好之。民風尤甚。諸王世家。外戚家。貴主家。侯家。傾帑破產市雞。以償雞直。都中男女。以弄雞爲事。貧者弄假雞。帝出遊。見昌弄木雞於雲龍門道旁。召入爲雞坊小兒。衣食右龍武軍。三尺童子入雞羣。如狎羣小。壯者弱者。勇者怯者。水穀之時。疾病之候。悉能知之。舉二雞。雞畏而馴。使令如人。護雞坊中謁者王承恩言於玄宗。召試殿庭。皆中玄宗意。卽日爲五百小兒長。加之以忠厚謹密。天子甚愛幸之。金帛之賜。日至其家。開元十三年。籠雞三百。從封東嶽。父忠死太山下。得予禮奉尸歸葬雍州。縣官爲葬器喪車。乘傳洛陽道。十四年三月。衣鬬雞服。會玄宗於溫泉。當時天下號爲神雞童。時人爲之語曰。生兒不用識文字。鬬雞走馬勝讀書。賈家小兒年十三。富貴榮華代不如。能令金距期勝負。白羅繡衫隨軟轝。父死長安千里外。差夫持道挽喪車。昭成皇后之在相王府。誕聖於八月五日。中興之後。制爲千秋節。賜天下民牛酒樂三日。命之曰酺。以爲常也。大合樂於宮中。歲或酺於洛。元會與清明節。率皆在驪山。每至是日。萬樂具舉。六宮畢從。昌冠雕翠金華冠。錦袖繡襦袴。執鐸拂。導羣雞。序立於廣場。顧眄如神。指揮風生。樹毛振翼。礪吻磨距。抑怒待勝。

進退有期。隨鞭指低昂。不失昌度。勝負既決。强者前。弱者後。隨昌雁行。歸於雞坊。角觝萬夫。跳劍尋橦。蹴毬踏繩。舞於竿顛者。索氣沮色。逡巡不敢入。豈教猱擾龍之徒歟。二十三年。玄宗爲娶梨園弟子潘大同女。男服佩玉。女服繡襦。皆出御府。昌男至信。至德。天寶中。妻潘氏以歌舞重幸於楊貴妃。夫婦席寵四十年。恩澤不渝。豈不敏於伎。謹於心乎。上生於乙酉雞辰。使人朝服鬬雞。兆亂於太平矣。上心不悟。十四載。胡羯陷洛。潼關不守。大駕幸成都。奔衞乘轝夜出便門。馬踣道穽。傷足不能進。杖入南山。每進雞之日。則向西南大哭。祿山往年朝於京師。識昌於橫門外。及亂二京。以千金購昌長安洛陽市。昌變姓名。依於佛舍。除地擊鐘。施力於佛。洎太上皇歸興慶宮。肅宗受命於別殿。昌還舊里。居室爲兵掠。家無遺物。布衣顦顇。不復得入禁門矣。明日復出長安南門道。見妻兒於招國里。菜色黯焉。兒荷薪。妻負故絮。昌聚哭。訣於道。遂長逝。息長安佛寺。學大師佛旨。大曆元年。依資聖寺大德僧運平。往東市海池。立陁羅尼石幢。書能紀姓名。讀釋氏經。亦能了其深義至道。以善心化市井人。建僧房佛舍。植美草甘木。晝把土擁根。汲水灌竹。夜正觀於禪室。建中三年。僧運平人壽盡。服禮畢。奉舍利塔於長安東門外鎭國寺東偏。手植松柏百株。構小舍居於塔下。朝夕焚香灑掃。事師如生。順宗在東宮。捨錢三十萬。爲昌立大師影堂及齋舍。又立外屋。居游民。取傭給。昌因日食粥一杯。漿水一升。臥草席。絮衣。過是悉歸於佛。妻潘氏後亦不知所往。貞元中。長子至信。衣幷州甲。隨大司徒燧入覲。省昌於長壽里。昌如已不生。絕之使去。孜子至德歸。販繒洛陽市。來往長安間。歲以金帛奉昌。皆絕之。遂俱去不復來。元和中。潁川陳鴻祖攜友人出春明門。見竹柏森然。香煙聞於道。下馬覲昌於塔下。聽其言。忘日之暮。宿鴻祖於齋舍。話身之出處。皆有條貫。遂及王制。鴻祖問開元之理亂。昌曰。老人少年。以鬬雞求媚於上。上倡優畜之。家於外宮。安足以知朝庭之事。然有以爲吾子言者。老人見黃門侍郎杜暹。出爲磧西節度。攝御史大夫。始假風憲以威遠。見哥舒翰之鎭涼州也。下石堡。戍靑海城。出白龍。逾葱嶺。界鐵關。總管河左道。七命始攝御史大夫。見張說之領幽州也。每歲入關。輒長轅輓輻車。輦河間薊州庸調繒布。駕轊連軏。坌入關門。輸於王府。江淮綺縠巴蜀錦繡。後宮玩好而已。河州燉煌道。歲屯田實邊食。餘粟轉輸靈州。漕下黃河。入太原倉。備關中凶年。關中粟麥藏於百姓。天子幸五嶽。從官千乘萬騎。不食於民。老人歲時伏臘得歸休。行都市間。見有賣白衫白疊布。行鄰比廛間。有人禳病。法用皂布一疋。持重價不克致。竟以幞頭羅代之。近者老人扶杖出門。閱衢中。東南西北視之。見白衫者不滿百。豈天下之人皆執兵乎。開元十二年。詔三省侍郎有缺。先求曾任刺史者。郎官缺。先求曾任縣令者。及老人見四十三省郎吏。有理刑才名。大者出刺郡。小者鎭縣。自老人居大道旁。往往有郡太守休馬於此。皆慘然不樂。朝廷沙汰使治郡。開元取士。孝悌治人而已。不聞進士宏詞拔萃之爲其得人也。大略如此。因泣下。復言曰。上皇北臣窮盧。東臣雞林。南臣滇池。西臣昆夷。三歲一來會朝。覲之禮容。照之恩澤。衣之錦絮。飫之酒食。吏展事而去。都中無留外國賓。今北胡與京師雜處。娶妻生子。長安中少年有胡心矣。吾子視首飾華服之制。不與向同。得非物妖乎。鴻祖默不敢應而罷去。

長恨傳 附白居易長恨歌

陳鴻

唐開元中。泰階平。四海無事。玄宗在位歲久。勌於旰食宵衣。政無小大。始委於丞相。稍深居游宴。以聲色自娛。先是元獻皇后武淑妃皆有寵。相次卽世。宮中雖良家子千萬數。無悅目者。上心忽忽不樂。時每歲十月。駕幸華清宮。內外命婦。焜燿景從。浴日餘波。賜以湯沐。春風靈液。澹蕩其間。上心油然。恍若有遇。顧左右前後。粉色如土。詔高力士潛搜外宮。得弘農楊玄琰女於壽邸。既笄矣。鬢髮膩理。纖穠中度。舉止閑冶。如漢武帝李夫人。別疏湯泉。詔賜澡瑩。既出水。體弱力微。若不任羅綺。光彩煥發。轉動照人。上甚悅。進見之日。奏霓裳羽衣以導之。定情之夕。授金釵鈿合以固之。又命戴步搖。垂金璫。明年。册爲貴妃。半后服用。繇是冶其容。敏其詞。婉孌萬態。以中上意。上益嬖焉。時省風九州。泥金五嶽。驪山雪夜。上陽春朝。與上行同輦。止同室。宴專席。寢專房。雖有三夫人。九嬪。二十七世婦。八十一御妻。暨後宮才人。樂府妓女。使天子無顧盼意。自是六宮無復進幸者。非徒殊豔尤態。獨能致是。蓋才知明惠善巧便佞。先意希旨。有不可形容者焉。叔父昆弟皆列在淸貴。爵爲通侯。姊妹封國夫人。富埒王室。車服邸第。與大長公主侔。而恩澤勢力則又過之。出入禁門不問。京師長吏爲之側目。故當時謠詠有云。生女勿悲酸。生男勿喜歡。又曰。男不封侯女作妃。君看女卻爲門楣。其爲人心羨慕如此。天寶末。兄國忠盜丞相位。愚弄國柄。及安祿山引兵向闕。以討楊氏爲辭。潼關不守。翠華南幸。出咸陽。道次馬嵬亭。六軍徘徊。持戟不進。從官郎吏伏上馬前。請誅錯以謝天下。國忠奉氂纓盤水。死於道周。左右之意未愜。上問之。當時敢言者。請以貴妃塞天下之怒。上知不免。而不忍見其死。反袂掩面。使牽而去之。蒼黃展轉。竟就絕於尺組之下。既而玄宗狩成都。肅宗受禪靈武。明年。大兇歸元。大駕還都。尊玄宗爲太上皇。就養南宮。自南宮遷於西內。時移事去。樂盡悲來。每至春之日。冬之夜。池蓮夏開。宮槐秋落。梨園弟子。玉管發音。聞霓裳羽衣一聲。則天顏不怡。左右歔欷。三載一意。其念不衰。求之夢魂。杳杳而不能得。適有道士自蜀來。知皇心念楊妃如是。自言有李少君之術。玄宗大喜。命致其神。方士乃竭其術以索之。不至。又能游神馭氣。出天界。沒地府。以求之。又不見。又旁求四虛上下。東極大海。跨蓬壺。見最高仙山。上多樓閣。西廂下有洞戶。東向。闔其門。署曰玉妃太眞院。方士抽簪扣扉。有雙鬟童出應門。方士造次未及言。而雙鬟復入。俄有碧衣侍女至。詰其所從來。方士因稱唐天子使者。且致其命。碧衣云。玉妃方寢。請少待之。於時雲海沈沈。洞天日晚。瓊戶重闔。悄然無聲。方士屏息斂足。拱手門下。久之。而碧衣延入。且曰。玉妃出見。一人冠金蓮。披紫綃。珮紅玉。曳鳳履。左右侍者七八人。揖方士。問皇帝安否。次問天寶十四載已還事。言訖。憫然。指碧衣女取金釵鈿合。各析其半。授使者。曰。爲謝太上皇。謹獻是物。尋舊好也。方士受辭與信。將行。色有不足。玉妃因徵其意。復前跪致詞。乞當時一事。不聞於他人者。驗於太上皇。不然。恐鈿合金釵。負新垣平之詐也。玉妃茫然退立。若有所思。徐而言曰。昔天寶十年。侍輦避暑驪山宮。秋七月。牽牛織女相見之夕。秦人風俗。夜張錦繡。陳飲食。樹花燔香於庭。號爲乞巧。宮掖間尤尚之。時夜始半。休侍衞於東西廂。獨侍上。上憑肩而立。因仰天感牛女事。密相誓心。願世世爲夫婦。言畢。執手各嗚咽。此獨君王知之耳。因自悲曰。由此一念。又不復居此。復墮下界。且結後緣。或爲天。或爲人。決再相見。好合如舊。因言太上皇亦不久人間。幸唯自安。無自苦耳。使者還奏太上皇。皇心嗟悼久之。餘具國史。至憲宗元和元年。盩厔縣尉白居易。爲歌以言其事。使前秀才陳鴻作傳。冠於歌之前。目爲長恨歌傳。居易歌曰。

漢皇重色思傾國。御宇多年求不得。楊家有女初長成。養在深閨人未識。天生麗質難自棄。一朝選在君王側。迴眸一笑百媚生。六宮粉黛無顏色。春寒賜浴華清池。溫泉水滑洗凝脂。侍兒扶起嬌無力。始是新承恩澤時。雲鬢花顏金步搖。芙蓉帳煖度春宵。春宵苦短日高起。

從此君王不早朝。承歡侍宴無閒暇。春從春游夜專夜。後宮佳麗三千人。三千寵愛在一身。金屋妝成嬌侍夜。玉樓宴罷醉和春。姊妹弟兄皆列土。可憐光彩生門戶。遂令天下父母心。不重生男重生女。驪宮高處入青雲。仙樂風飄處處聞。緩歌慢舞凝絲竹。盡日君王看不足。漁陽鼙鼓動地來。驚破霓裳羽衣曲。九重城闕煙塵生。千乘萬騎西南行。翠華搖搖行復止。西出都門百餘里。六軍不發無奈何。宛轉蛾眉馬前死。花鈿委地無人收。翠翹金雀玉搔頭。君王掩面救不得。迴看血淚相和流。黃埃散漫風蕭索。雲棧縈迴登劍閣。峨眉山下少行人。旌旗無光日色薄。蜀江水碧蜀山青。聖主朝朝暮暮情。行宮見月傷心色。夜雨聞鈴腸斷聲。天旋日轉迴龍馭。到此躊躇不能去。馬嵬坡下泥土中。不見玉顏空死處。君臣相顧盡霑衣。東望都門信馬歸。歸來池苑皆依舊。太液芙蓉未央柳。芙蓉如面柳如眉。對此如何不淚垂。春風桃李花開日。秋雨梧桐葉落時。西宮南內多秋草。落葉滿階紅不埽。梨園弟子白髮新。椒房阿監青娥老。夕殿螢飛思悄然。秋燈挑盡未成眠。遲遲鐘漏初長夜。耿耿星河欲曙天。鴛鴦瓦冷霜華重。翡翠衾寒誰與共。攸攸生死別經年。魂魄不曾來入夢。臨邛道士鴻都客。能以精誠致魂魄。爲感君王展轉思。遂敎方士殷勤覓。排空馭氣奔如電。昇天入地求之遍。上窮碧落下黃泉。兩處茫茫皆不見。忽聞海上有仙山。山在虛無縹緲間。樓閣玲瓏五雲起。其中綽約多仙子。中有一人名太眞。雪膚花貌參差是。金闕西廂叩玉扃。轉敎小玉報雙成。

聞道漢家天子使。九華帳裏夢魂驚。攬衣推枕起徘徊。珠箔銀屏迤邐開。雲鬢半偏新睡覺。花冠不整下堂來。風吹仙袂飄飄舉。猶似霓裳羽衣舞。玉容寂寞淚闌干。梨花一枝春帶雨。含情凝睇謝君王。一別音容兩渺茫。昭陽殿裏恩愛歇。蓬萊宮中日月長。迴頭下望人寰處。不見長安見塵霧。空將舊物表深情。鈿合金釵寄將去。釵留一股合一扇。釵擘黃金合分鈿。但令心似金鈿堅。天上人間會相見。臨別殷勤重寄詞。詞中有誓兩心知。七月七日長生殿。夜半無人私語時。在天願作比翼鳥。在地願爲連理枝。天長地久有時盡。此恨綿綿無盡期。

鄭懷古

杜子春傳

杜子春者。周隋間人。少落魄。不事家產。以心氣閒縱。嗜酒邪遊。資產蕩盡。投於親故。皆以不事事之故見棄。方冬衣破腹空。徒行長安中。日晚未食。彷徨不知所往。於東市西門。饑寒之色可掬。仰天長吁。有一老人策杖於前。問曰。君子何歎。子春言其心。且憤其親戚之疏薄也。感激之氣。發於顏色。老人曰。幾緡則豐用。子春曰。三五萬則可以活矣。老人曰。未也。更言之。十萬。曰未也。乃言百萬。亦曰未也。曰三百萬。乃曰可矣。於是袖出一緡。曰給子今夕。明日午時。俟子於西市波斯邸。愼無後期。及時。子春往。老人果與錢三百萬。不告姓名而去。子春既富。蕩心復熾。自以爲終身不復羈旅也。乘肥衣輕。會酒徒。徵絲竹歌舞於倡樓。不復以治生為意。一二年間稍稍而盡。衣服車馬。易貴從賤。去馬而驢。去驢而徒。倏忽如初。既而復無計。自歎於市門。發聲而老人到。握其手曰。君復如此。奇哉。吾將復濟子。幾緡方可。子春慚不對。老人因逼之。子春愧謝而已。老人曰。明日午時。來前期處。子春忍愧而往。得錢一千萬。未受之初。發憤以為從此謀生。石季倫猗頓小豎耳。錢既入手。心又翻然。縱適之情。又卻如故。不三四年間。貧過舊日。復遇老人於故處。子春不勝其愧。掩面而走。老人牽裾止之曰。嗟呼拙謀也。因與三千萬。曰。以此不痊。則子貧在膏肓矣。子春曰。吾落魄邪遊。生涯罄盡。親戚豪族。無相顧者。獨此叟三給我。我何以當之。因謂老人曰。吾得此。人間之事可以立。孤孀可以足衣食。於名教復圓矣。感叟深惠。立事之後。唯叟所使。老人曰。吾心也。子治生畢。來歲中元。見我於老君雙檜下。子春以孤孀多寓淮南。遂轉資揚州。買良田百頃。墊中起甲第。要路置邸百餘間。悉召孤孀分居第中。婚嫁甥姪。遷祔旅櫬。恩者麗之。讎之復之。既畢事。及期而往。老人者方嘯於二檜之陰。遂與登華山雲臺峯。入四十里餘。見一居處。室屋嚴潔。非常人居。綵雲遙覆。鸞鶴飛翔。其上有正堂。中有藥爐。高九尺餘。紫焰光發。灼煥窗戶。玉女數人。環爐而立。青龍白虎。分據前後。其時日將暮。老人者不復俗衣。乃黃冠絳帔士也。持白石三丸。酒一卮。遺子春。令速食之訖。取一虎皮鋪於內西壁。東向而坐。戒曰。慎勿語。雖尊神惡鬼夜叉猛獸地獄。及君之親屬為所囚縛。萬苦皆非真實。但當不動不語耳。安心莫懼。終無所苦。當一心念吾所言。言訖而去。子春視庭唯一巨甕。滿中貯水而已。道士適去。而旌旗戈甲千乘萬騎。遍滿厓谷。呵叱之聲動天地。有一人稱大將軍。身長丈餘。人馬皆著金甲。光芒射人。親衞數百人。拔劍張弓。直入堂前。呵曰。汝是何人。敢不避大將軍。左右竦劍而前。逼問姓名。又問作何物。皆不對。問者大怒。催斬爭射之。聲如雷。竟不應。將軍者拗怒而去。俄而猛虎毒龍狻猊獅子蝮蛇萬計。哮吼拏攫而前。爭欲搏噬。或跳過其上。子春神色不動。有頃而散。既而大雨滂澍。雷電晦暝。火輪走其左右。電光掣其前後。目不得開。須臾庭際水深丈餘。流電吼雷。勢若山川開破。不可制止。瞬息之間。波及座下。子春端坐不顧。未頃而散。將軍者復來。引牛頭獄卒奇貌鬼神。將大鑊湯而置子春前。長槍刃叉。四面遶迊。傳命曰。肯言姓名。即放。不肯言。即當心叉取置之鑊中。又不應。因執其妻來。捽於堦下。指曰。言姓名免之。又不應。乃鞭捶流血。或射或斫。或煮或燒。苦不可忍。其妻號哭曰。誠為陋拙。有辱君子。然幸得執巾櫛。奉事十餘年矣。今為尊鬼所執。不勝其苦。不敢望君匍匐拜乞。但得公一言。即全性命矣。人誰無情。君乃忍惜一言。雨淚庭中。且呪且罵。子春終不顧。將軍且曰。吾不能毒汝妻耶。令取剉碓。從腳寸寸剉之。妻叫哭愈急。竟不顧之。將軍曰。此賊妖術已成。不可使久在世間。敕左右斬之。斬訖。魂魄被領見閻羅王。王曰。此乃雲臺峯妖民乎。促付獄中。於是鎔銅鐵杖碓搗磑磨火坑鑊湯刀山劍林之苦。無不備嘗。然心念道士之言。亦似可忍。竟不呻吟。獄卒告受罪畢。

王曰。此人陰賊。不合作得男。宜令作女人。配生宋州單父縣丞王勤家。生而多病。針灸醫藥之苦。略無停日。亦嘗墜火墮床。痛苦不濟。終不失聲。俄而長大。容色絕代。而口無聲。其家目爲啞女。親戚相狎侮之萬端。終不能對。同鄉有進士盧珪者。聞其容而慕之。因媒氏求焉。其家以啞辭之。盧曰。苟爲妻而賢。何用言矣。亦足以戒長舌之婦。乃許之。盧生備禮親迎爲妻。數年恩情甚篤。生一男。僅二歲。聰慧無敵。盧抱兒與之言。不應。多方引之。終無辭。盧大怒曰。昔賈大夫之妻鄙其夫。纔不笑爾。然觀其射雉。尚釋其憾。今吾陋不及賈。而文藝不徒射雉也。而竟不言。大丈夫爲妻所鄙。安用其子。乃持兩足以頭撲於石上。應手而碎。血濺數步。子春愛生於心。忽忘其約。不覺失聲云。噫。噫聲未息。身坐故處。道士者亦在其前。初五更矣。其紫焰穿屋上天。火起四合。屋室俱焚。道士歎曰。措大誤余乃如是。因提其髻投水甕中。未頃火息。道士前曰。吾子之心。喜怒哀懼惡欲。皆能忘也。所未臻者愛而已。向使子無噫聲。吾之藥成。子亦上仙矣。嗟乎。仙才之難得也。吾藥可重煉。而子之身猶爲世界所容矣。勉之哉。遙指路使歸。子春強登臺觀焉。其爐已壞。中有鐵柱。大如臂。長數尺。道士脫衣。以刀子削之。子春既歸。愧其恩誓。復自效以謝其過。行至雲臺峯。無人跡。歎恨而歸。

許堯佐

柳氏傳

天寶中。昌黎韓翊有詩名。性頗落託。羈滯貧甚。有李生者。與翊友善。家累千金。負氣愛才。其幸姬曰柳氏。豔絕一時。喜談謔。善謳詠。李生居之別第。與翊爲宴歌之地。而館翊於其側。翊素知名。其所候問。皆當時之彥。柳氏自門窺之。謂其侍者曰。韓夫子豈長貧賤者乎。遂通意焉。李生素重翊。無所悋惜。後知其意。乃具饍請翊飲。酒酣。李生曰。柳夫人容色非常。韓秀才文章特異。欲以柳薦枕於韓君。可乎。翊驚慄。避席曰。蒙君之恩。解衣輟食久之。豈宜奪所愛乎。李堅請之。柳氏知其意誠。乃再拜。引衣接席。李坐生於客位。引滿極歡。李生又以資三十萬。佐翊之費。翊悅柳氏之色。柳氏慕翊之才。兩情皆獲。喜可知也。明年。禮部侍郎楊度擢翊上第。屏居間歲。柳氏謂翊曰。榮名及親。昔人所尚。豈宜以濯浣之賤。稽採蘭之美乎。且用器資物。足以佇君之來也。翊於是省家於淸池。歲餘。乏食。鬻妝具以自給。天寶末。盜覆二京。士女奔駭。柳氏以豔獨異。且懼不免。乃剪髮毀形。寄跡法靈寺。是時侯希逸自平盧節度淄靑。素藉翊名。請爲書記。洎宣皇帝以神武返正。翊乃遣使間行求柳氏。以練囊盛麩金。而題之曰。章臺柳。章臺柳。昔日靑靑今在否。縱使長條似舊垂。也應攀折他人手。柳氏捧金嗚咽。左右悽憫。答之曰。楊柳枝。芳菲節。所恨年年贈離別。一葉隨風忽報秋。縱使君來豈堪折。無何。有蕃將沙吒利者。初立功。竊知柳氏之色。劫以歸第。寵之專房。及希逸除左僕射。入覲。翊得從行。至京師。已失柳氏所止。歎想不已。偶於龍首岡見蒼頭以駁牛駕輜軿。從兩女奴。翊偶隨之自車中問曰。得非韓員外乎。某乃柳氏也。使女奴竊言失身沙吒利。阻同車者。請詰旦幸相待於道政里門。及期而往。以輕素結玉合。實以香膏。自車中投之曰。當遂永訣。願寘誠念。乃迴車以手揮之。輕袖搖搖。香車轔轔。目斷意迷。失於魂魄。翃大不勝情。會淄青諸將合樂酒樓。使人請翃。翃彊應之。然意色皆喪。音韻悽咽。有虞侯許俊者。以材力自負。撫劍言曰。必有故。願一效用。翃不得已。具以告之。俊曰。請足下數字。當立致之。乃衣縵胡。佩雙鞬。從一騎。徑造沙吒利之第。候其出行里餘。乃被衽執轡。犯關排闥。急趨而呼曰。將軍中惡。使召夫人。僕侍辟易。無敢仰視。遂昇堂出翃札示柳氏。挾之跨鞍。馬逸塵斷。倏忽乃至。引裾而前曰。幸不辱命。四座驚歎。柳氏與翃執手涕泣。相與罷酒。是時沙吒利恩寵殊等。翃俊懼禍。乃詣希逸。希逸大驚曰。吾平生所難事。俊乃能爾乎。遂獻狀曰。檢校尚書金部員外郎兼御史韓翃。久列參佐。累彰勳效。頃從鄉賦。有妾柳氏。阻絕兇寇。依止名尼。今文明撫運。遐邇率化。將軍沙吒利。兇恣撓法。憑恃微功。驅有志之妾。干無為之政。臣部將兼御史中丞許俊。族本幽薊。雄心勇決。卻奪柳氏。歸於韓翃。義切中抱。雖昭感激之誠。事不先聞。固乏訓齊之令。尋有詔。柳氏宜還韓翃。許俊賜錢三百萬。柳氏歸翃。翃後累遷至中書舍人。

論曰。柳氏志防閑而不克者也。許俊慕感激而不達者也。向使柳氏以色選。則當熊辭輦之誠可繼。許俊以才舉。則曹柯澠池之功可建。夫事由跡彰。功待事立。惜鬱堙不偶。義勇徒激。

皆不入於正。斯豈變之正乎。蓋所遇然也。

李公佐

謝小娥傳

小娥姓謝氏。豫章人。估客女也。生八歲喪母。嫁歷陽俠士段居貞。居貞負氣重義。交遊豪俊。小娥父蓄巨產。隱名商賈間。常與段壻同舟。貨往來江湖間。小娥年十四。始及笄。父與夫俱爲盜所殺。盡掠金帛。段之弟兄。謝之生姪。與同僕輩數十。悉沈於江。小娥亦傷腦折足。漂流水中。爲他船所獲。經夕而活。因流轉乞食至上元縣。依妙果寺尼淨悟之室。初父之死也。小娥夢父謂曰。殺我者。車中猴。門東草。又數日。復夢其夫謂曰。殺我者。禾中走。一日夫。小娥不自解悟。常書此語。廣求智者辯之。歷年不能得。至元和八年春。余罷江西從事。扁舟東下。淹泊建業。登瓦官寺閣。有僧齊物者。重賢好學。與余善。因告余曰。有孀婦名小娥者。每來寺中。示我十二字謎語。某不能辨。余遽請齊公書於紙。乃憑檻書空。凝思默慮。坐客未倦。了悟其文。令寺童疾召小娥而至。詢訪其由。小娥嗚咽良久。乃曰。我父及夫。皆爲賊所殺。邇後嘗夢父告曰。殺我者。車中猴。門東草。又夢夫告曰。殺我者。禾中走。一日夫。歲久無人悟之。余曰。若然者。吾審詳矣。殺汝父是申蘭。殺汝夫是申春。且車中猴。車字去上下各一畫。是申字。又申屬猴。故曰車中猴。草下有門。門中有東。乃蘭字也。又禾中走。是穿田過。亦是申字也。一日夫者。夫上更一晝。下有日。是春字也。殺汝父是申蘭。殺汝夫是申春。足可明矣。小娥慟哭再拜。書申蘭申春四字於衣中。誓將訪殺二賊。以復其冤。娥因問余姓氏官族。垂涕而去。爾後小娥便爲男子服。傭保於江湖間。歲餘。至潯陽郡。見竹戶上有紙牓子。云召傭者。小娥至應召詣門。問其主。乃申蘭也。蘭引歸。娥心憤貌順。在蘭左右。甚見親愛。金帛出入之數。無不委娥。已二歲餘。竟不知娥之女人也。先是謝氏之金寶錦繡衣物器具。悉掠在蘭家。小娥每執舊物。未嘗不暗泣移時。蘭與春宗昆弟也。時春一家住大江北獨樹浦。與蘭往來密洽。蘭與春同去經月。多獲財帛而歸。每留娥與蘭妻蘭氏同守家室。酒肉衣服。給娥甚豐。或一日春攜大鯉兼酒詣蘭。娥私歎曰。李君精悟玄鑒。皆符夢言。此乃天啟其心。志將就矣。是夕蘭與春會。羣賊畢至酣飲。暨諸兇既去。春沈醉臥於內室。蘭亦露寢於庭。小娥潛鏁春於內。抽佩刀先斷蘭首。呼號隣人並至。春擒於內。蘭死於外。獲贓收貨數至千萬。初蘭春有黨數十。暗記其名。悉擒就戮。時潯陽太守張公喜因而行覈其事。廉吏旌表。乃得免死而已。元和十二年夏。娥復父夫之讐畢。歸本里見親屬。里中豪族爭求聘娥。誓心不嫁。遂翦髮披褐。訪道於牛頭山。師事大士尼將律師。娥志堅行苦。霜春雨薪。不倦筋力。十三年四月。始受具戒於泗州開元寺。竟以小娥爲法號。不忘本也。其年夏五月。余歸長安。途經泗濱。過善義寺。謁大德尼令操戒。新見者數十。淨髮鮮帔。威儀雍容。列侍師之左右。中有一尼問師曰。此郎豈非洪州李判官二十三郎者乎。師曰然。曰使我獲報父讎。得雪寃恥。是判官恩德也。顧余悲泣。余不之識。詢訪其由。尼師曰名小娥。頃乞食孀婦也。判官時爲辨申蘭申春二賊名字。豈不憶念乎。余曰初不相記。今卽悟也。娥因泣。具寫記申蘭申春復父夫之讎志願相畢。經營終始艱苦之狀。小娥又謂余曰報判官恩。當有日矣。豈徒然哉。嗟乎。余能辨二盜之姓名。小娥又能盡復父夫之讎寃。神道不昧。昭然可知。小娥厚貌深辭。聰敏端特。鍊指跛足。誓求眞如。爰自入道。衣無絮帛。齋無鹽酪。非律儀禪理口無所言。後數日。告我歸牛頭山。扁舟泛淮。雲遊南國。不復而過。

君子曰。誓志不捨。復父夫之讎。節也。傭保雜處。不知女人。貞也。女子之行。唯貞與節能終始全之也。如小娥。足以儆天下逆道亂常之心。足以觀天下貞夫孝婦之節。余備詳前事。發明隱文。暗與冥會。符於人心。知善不錄。非春秋之義也。故作傳以旌美之。

南柯記

東平淳于棼。吳楚游俠之士。嗜酒使氣。不守細行。累巨產。養豪客。曾以武藝補淮南軍裨將。因使酒忤帥。斥逐落魄。縱誕飲酒爲事。家居廣陵郡東十里。所居宅南有大古槐一株。枝幹修永。清陰數畝。淳于生日與羣豪大飲其下。以貞元七年九月。因沈醉致疾。時二友人於坐。扶生歸家。臥於堂東廡之下。二友謂生曰。子其寢矣。余將秣馬濯足。俟子小愈而去。生解巾就枕。昏然忽忽。髣髴若夢。見二紫衣使者。跪拜生曰。槐安國王遣小臣致命奉邀。生不覺下榻。整衣隨二使至門。見青油小車。駕以白牡。左右從者七人。扶生上車。出大戶。指古槐穴而去。使者卽驅入穴中。生意頗甚異之。不敢致問。豁見山川風候草木道路。與人世甚殊。前行數十里。有郛郭城堞。車輿人物。不絕於路。生左右傳車者傳呼甚嚴。行者亦爭避於左右。又入大城。朱門重樓。樓上有金書題曰。大槐安國。執門者趨拜奔走。旋有一騎傳呼曰。王以駙馬遠降。令且息東華館。因前導而去。俄見一門洞開。生降車而入。彩檻彫楹。華木珍果。列植於庭下。几案茵褥。簾幃肴膳。陳設於庭上。生心甚自悅。復有呼曰。右相且至。生降階祗奉。有一人紫衣象簡前趨。賓主之儀敬盡焉。右相曰。寡君不以敝國遠僻。奉迎君子。託以姻親。生曰。某以賤劣之軀。豈敢是望。右相因請生同詣其所。行可百步。入朱門。矛戟斧鉞。布列左右。軍吏數百。辟易道側。生有平生酒徒周弁者。亦趨其中。生私心悅之。不敢前問。右相引生升廣殿。御衞嚴肅。若至尊之所。見一人長大端嚴。居正位。衣素練服。簪朱華冠。生戰慄不敢仰視。左右侍者令生拜。王曰。前奉令尊命。不棄小國。許令次女瑤芳奉事君子。生但俯伏而已。不敢致詞。王曰。且就賓宇。續造儀式。有頃。右相亦與生偕還館舍。生思念之。意必以爲父在邊將。因投虜中。不知存亡。將謂父北蕃交遜而致茲事。心甚迷惑。不知其由。是夕。羔雁幣帛。威容儀度。妓樂絲竹。肴膳燈燭。車騎禮物之用。無不咸備。有羣女。或稱華陽姑。或稱清溪姑。

或稱上仙子。或稱下仙子。若是者數輩。皆侍從數十。冠翠鳳冠。衣金霞帔。綵碧金鈿。目不可視。遨遊戲樂。往來其門。爭以淳于郎爲戲弄。風態妖麗。言詞巧豔。生莫能對。復有一女謂生曰。昨上巳日。吾從靈芝夫人過禪智寺。於天竺院觀石延舞婆羅門。吾與諸女坐北牖石榻上。時君少年。亦解騎來看。君獨强來親洽。言調笑謔。吾與瓊英妹結絳巾。挂於竹枝上。君獨不憶念之乎。又七月十六日。吾於孝感寺侍上眞子。聽契玄法師講觀音經。吾於講下捨金鳳釵兩隻。上眞子捨水犀合子一枚。時君亦謁筵中。於師處請釵合視之。賞歎再三。嗟異良久。顧余輩曰。人之與物。皆非世間所有。或問吾氏。或訪吾里。吾亦不答。情意戀戀。矚盼不捨。君豈不思念之乎。生曰。中心藏之。何日忘之。羣女曰。不意今日與此君爲眷屬。復有三人。冠帶甚偉。前拜生曰。奉命爲駙馬相者。中一人與生且故。生指曰。子非馮翊田子華乎。對曰。然。生前執手敘舊久之。生謂曰。子何以居此。子華曰。吾放遊。獲受知於右相武成侯段公。因以棲託。生復問曰。周弁在此。知之乎。子華曰。周生貴人也。職爲司隸。權勢甚盛。吾數蒙庇護。言笑甚懽。俄傳聲曰。駙馬可進矣。三子取劍佩冕服更衣之。子華曰。不意今日獲覩盛禮。無以相忘也。有仙姬數十。奏諸異樂。婉轉清亮。曲調悽悲。非人間之所聞聽。有執燭引導者亦數十。左右見金翠步障。彩碧玲瓏。不斷數里。生端坐車中。心意恍惚。甚不自安。田子華數言笑以解之。向者羣女姑姊。各乘鳳翼輦。亦往來其間。至一門。號修儀宮。羣仙姑姊。亦紛然在側。

令生降車輦拜揖讓升降。一如人間。撤障去扇見一女子。云號金枝公主。年可十四五。儼若神仙。交歡之禮頗亦明顯。生自爾情義日洽。榮曜日盛。出入車服遊宴賓御。次於王者。王命生與羣寮備武衞。大獵於國西靈龜山。山阜峻秀。川澤廣遠。林樹豐茂。飛禽走獸。無不蓄之。師徒大獲。竟夕而還。生因他日啟王曰。臣頃結好之日。大王云奉臣父之命。臣父頃佐邊將用兵失利。陷沒胡中。爾來絕書。十七八歲矣。王旣知所在。臣請一往拜覲。王遽謂曰。親家翁職守北土。信問不絕。卿但具書狀知聞。未用便去。遂命妻致饋賀之禮。一以遣之。數夕還答。生驗書本意。皆父平生之跡。書中憶念教誨。情意委曲。皆如昔年。復問生親戚存亡。閭里興廢。復言路道乖遠。風煙阻絕。詞意悲苦。言語哀傷。又不令生來覲。云歲在丁丑。當與女相見。生捧書悲咽。情不自堪。他日妻謂生曰。子豈不思爲官乎。生曰。我放蕩者。不習政事。妻曰。卿但爲之。余當奉贊。妻遂白於王。累日謂生曰。吾南柯政事不理。太守黜廢。欲藉卿才。可曲屈之。便與小女同行。生敦授教命。王遂敕有司備太守行李。因出金玉錦繡箱奩僕妾車馬。列於廣衢。以餞公主之行。生少遊俠。曾不敢有望。至是甚悅。因上表曰。臣將門餘子。素無藝術。猥當大任。必敗朝章。自悲負乘。坐致覆餗。今欲廣求賢哲。以贊不逮。伏見司隸潁川周弁忠亮剛直。守法不回。有毗佐之器。處士馮翊田子華。淸愼通變。達政化之源。二人與臣有十年之舊。備知才用。可託政事。周請署南柯司憲。田請署司農。庶使臣政績有聞。憲章不紊。王並依表以遣之。其夕。王與夫人餞於國南。王謂生曰。南柯國之大郡。土地豐穰。民物豪盛。非惠政不能治之。況有周田二贊。卿其勉之。以副國念。夫人戒公主曰。淳于郎性剛好酒。加之少年。為婦之道。貴乎柔順。爾善事之。吾無憂矣。南柯雖封境不遙。晨昏有間。今日暌別。寧不沾巾。生與妻拜首南去。登車擁騎。言笑甚歡。累夕達郡。郡有官吏僧道耆老音樂車輿武衛鑾鈴。爭來迎奉。人物闐咽。鐘鼓諠譁。不絕十數里。見雉堞臺觀。佳氣鬱鬱。入大城門。門亦有大牓。題以金字曰南柯郡城。見朱軒棨戶。森然深邃。生下車。省風俗。療病苦。政事委以周田。郡中大理。自守郡二十載。風化廣被。百姓歌謠。建功德碑。立生祠宇。王甚重之。賜食邑錫爵。位居台輔。周田皆以政治著聞。遞遷顯職。生二男二女。男以門蔭授官。女亦聘於王族。榮耀顯赫。一時之盛。代莫比之。是歲有檀蘿國者。來伐是郡。王命生練將訓師以征之。乃表周弁將兵三萬。以拒賊之眾於瑤臺城。弁剛勇輕敵。師徒敗績。弁單騎裸身潛遁。夜歸城。賊亦收輜重鎧甲而還。生因囚弁以請罪。王並捨之。是月。司憲周弁疽發背卒。生妻公主遘疾。旬日又薨。生因請罷郡。護喪赴國。王許之。便以司農田子華行南柯太守事。生哀慟發引。威儀在塗。男女叫號。人吏奠饌。攀轅遮道者不可勝數。遂達於國。王與夫人素衣哭於郊。候靈轝之至。諡公主曰順儀公主。備儀仗羽葆鼓吹。葬於國東十里盤龍岡。是月。故司憲子榮信亦護喪赴國。生久鎮外藩。結好中國。貴門豪族。靡不是洽。自罷郡還國。出入無恆。交游賓從。威福日盛。王意疑忌之時有國人上表云。玄象謫見。國有大恐。都邑遷徙。宗廟崩壞。釁起他族。事在蕭牆。時議以生侈僭之應也。遂奪生侍衛。禁生游從。處之私第。生自恃守郡多年。曾無敗政。流言怨悖。鬱鬱不樂。王亦知之。因命生曰。姻親二十餘年。不幸小女夭札。不得與君子偕老。良用痛傷。夫人因留孫自鞠育之。又謂生曰。卿離家多時。可暫歸本里。一見親族。諸孫留此。無以爲念。後三年。當令迎生。生曰。此乃家矣。何更歸焉。王笑曰。卿本人間。家非在此。生忽若惛睡。瞢然久之。方乃發悟前事。遂流涕請還。王顧左右以送生。生再拜而去。復見前二紫衣使者從焉。至大戶外。見所乘車甚劣。左右親使御僕。遂無一人。心甚歎異。上牛車行可數里。復出大城。宛是昔年東來之逕。山川原野。依然如舊。所送二使者。甚無威勢。生逾怏怏。問使者曰。廣陵郡何時可到。二使謳歌自若。強之乃答曰。少頃卽至。俄出一穴。見本里閭巷。不改往日。潸然自悲。不覺流涕。二使者引生下車。入其門。升自階。己身臥於堂東廡之下。生甚驚畏。不敢前近。二使因大呼生之姓名數聲。生遂發悟如初。見家之僮僕擁篲於庭。二客濯足於榻。斜日未隱於西垣。餘樽尚湛於東牖。夢中倏忽。若度一世矣。生感念嗟歎。遂呼二客而語之。驚駭。因與生出外。尋槐下穴。生指曰。此卽夢中所經入處。二客將謂狐狸木媚之所爲祟。遂命僕夫荷斤斧。斷擁腫。折查枿。尋穴究源。旁可袤丈。有大穴。洞然明朗。可容一榻。上有積土壤。以爲城郭臺殿之狀。有蟻數斛。隱聚其中。中有小臺。其色若丹。二大蟻處之。素翼朱首長可三寸。左右大蟻數十輔之。諸蟻不敢近。是其王矣。卽槐安國都也。又窮一穴。直上南枝可四丈。宛轉方中。亦有土城小樓。羣蟻亦處其中。卽生所領南柯郡也。又一穴。西去二丈。磅薄空墟。嵌窞異狀。中有一腐龜殼。大如斗。積雨浸潤。小草叢生。繁茂翳薈。掩映振殼。卽生所獵靈龜山也。又窮一穴。東去丈餘。古根盤屈。若龍虺之狀。中有小土壤。高尺餘。卽生所葬妻龍岡之墓也。追想前事。感歎於懷。披閱窮跡。皆符所夢。不欲二客壞之。遽令掩塞如舊。是夕。風雨暴發。旦視其穴。遂失羣蟻。莫知所去。故先言國有大恐。都邑遷徙。此其驗矣。復念檀蘿征伐之事。又請二客訪跡於外。宅東一里。有古涸澗。側有大檀樹一株。藤蘿擁織。上不見日。旁有小穴。亦有羣蟻隱聚其間。檀蘿之國。豈非此耶。嗟乎。蟻之靈異。猶不可窮。況山藏木伏之大者所變化乎。時生酒徒周弁田子華。並居六合縣。不與生過從旬日矣。生遽遣家僮疾往候之。周生暴疾已逝。田子華亦寢疾於牀。生感南柯之浮虛。悟人世之倏忽。遂棲心道門。絕棄酒色。後三年。歲在丁丑。亦終於家。時年四十七。將符宿契之限矣。公佐貞元十八年秋八月。自吳之洛。暫泊淮浦。偶覿淳于生棼。詢訪遺跡。翻覆再三。事皆摭實。輒編錄成傳。以資好事。雖稽神語怪。事涉非經。而竊位貪生。冀將爲戒。後之君子。幸以南柯爲偶然。無以名位驕於天壤間云。前華州參軍李肇讚曰。貴極祿位。權傾國都。達人視此。蟻聚何殊。

裴說

無雙傳

唐王仙客者。建中中朝臣劉震之甥也。初仙客父亡。與母同歸外氏。震有女曰無雙。小仙客數歲。皆幼稚。戲弄相狎。震之妻常戲呼仙客爲王郎子。如是者凡數歲。而震奉孀姊及撫仙客尤至。一日王氏姊疾。且重。召震約曰。我一子。念之可知也。恨不見其婚宦。無雙端麗慧聰。我深念之。異日無令歸他族。我以仙客爲託。爾誠許我。瞑目無所恨也。震曰。姊宜安靜自頤養。無以他事自撓。其姊竟不痊。仙客護喪歸葬襄鄧。服闋。思念身世孤子。如此宜求婚娶以廣後嗣。無雙長成矣。我舅氏豈以位尊官顯而廢舊約耶。於是飾裝抵京師。時震爲尚書租庸使。門館赫奕。冠蓋塡塞。仙客既覲。置於學舍。弟子爲伍。舅甥之分。依然如故。但寂然不聞選取之議。又於窗隙間窺見無雙。姿質明豔。若神仙中人。仙客發狂。唯恐姻親之事不諧也。遂鬻囊橐。得錢數百萬。舅氏舅母左右給使。達於廝養。皆厚遺之。又因復設酒饌。中門之內皆得入之矣。諸表同處。悉敬事之。遇舅母生日。市新奇以獻。雕鏤犀牛以爲首飾。舅母大喜。又旬日。仙客遣老嫗。以求親之事。聞於舅母。舅母曰。是我所願也。卽當議其事。又數夕。有青衣告仙客曰。娘子適以親情事言於阿郎。阿郎云。向前亦未許之。模樣云云。恐是參差也。仙客聞之。心氣俱喪。遲旦不寐。恐舅氏之見棄也。然奉事不敢懈怠。一日。震趨朝。至日初出。忽然走馬入宅。汗流氣促。唯言鎖卻大門。鎖卻大門。一家惶駭。不測其由。良久乃言。涇原兵士反。姚令言領兵入含元殿。天子出苑北門。百官奔赴行在。我以妻女爲念。略歸部署。疾召仙客。與我句當家事。我嫁與爾無雙。仙客聞命。驚喜拜謝。乃裝金銀羅錦二十馱。謂仙客曰。汝易衣服。押領此物出開遠門。覓一深隙店安下。我以汝舅母及無雙出啟夏門。遶城續至。仙客依所教。至日落。城外店中待久不至。城門自午後扃鏁。南望目斷。遂乘驄秉燭遶城至啟夏門。門亦鏁。守門者不一。持白棓。或坐或立。仙客下馬徐問曰。城中有何事如此。又問今日有何人出此門。門者曰。朱太尉已作天子。午後有一人重戴。領婦人四五輩。欲出此門。街中人皆識。云是租庸使劉尚書。門司不敢放出。近夜追騎至。一時驅向北去矣。仙客失聲慟哭。卻歸店。三更向盡。城門忽開。見火炬如晝。兵士皆持兵挺刃。傳呼斬斫使出城。搜城外朝官。仙客捨輜騎驚走。歸襄陽。村居三年。後知剋復。京闕重整。海內無事。乃入京訪舅氏消息。至新昌南街。立馬彷徨之際。忽有一人馬前拜。熟視之。乃舊使蒼頭塞鴻也。鴻本王家生。其舅常使得力。遂留之。握手垂涕。仙客謂鴻曰。阿舅阿母安否。鴻云。並在興化宅。仙客喜極云。我便過街去。鴻云。某已得從良。客戶有一小宅子。販繒爲業。今日已夜。郎君且就客戶一宿。來早同去未晚。遂引至所居。飲饌甚備。至昏黑。乃聞報曰。尚書授僞命官。與夫人皆處極刑。無雙已入掖庭矣。仙客哀寃號絕。感動隣里。謂鴻曰。四海至廣。舉目無親戚。未知託身之所。又問曰。舊家人誰在。鴻曰。唯無雙所使婢採蘋者。今在吾將軍王遂中宅。仙客曰。無雙固無見期。

得見採蘋。死亦足矣。由是乃刺謁。以從姪禮見。遂中具道本末。願納厚價以贖採蘋。遂中深見相知。感其事而許之。仙客稅屋與鴻蘋居。塞鴻每言郎君年漸長。合求官職。悒悒不樂。何以遣時。仙客感其言。以情懇告遂中。遂中薦見仙客於京兆尹李齊運。齊運以仙客前銜爲富平縣尹。知長樂驛。累月。忽報有中使押領內家三十人往園陵。以備灑掃。宿長樂驛。氈車子十乘下訖。仙客謂塞鴻曰。我聞宮嬪選在掖庭。多是衣冠子女。我恐無雙在焉。汝爲我一窺可乎。鴻曰。宮嬪數千。豈便及無雙。仙客曰。汝但去。人事亦未可定。因令塞鴻假爲驛吏。烹茗於簾外。仍給錢三千。約曰。堅守茗具。無暫捨去。忽有所覩。即疾報來。塞鴻唯唯而去。宮人悉在簾下。不可得見之。但夜語諠譁而已。至夜深。羣動皆息。塞鴻滌器構火。不敢輒寐。忽聞簾下語曰。塞鴻塞鴻。汝爭得知我在此也。郎健否。言訖嗚咽。塞鴻曰。郎君見知此驛。今日疑娘子在此。令塞鴻問候。又曰。我不久語。明日我去後。汝於東北舍閣子中紫褥下取書送郎君。言訖便去。忽聞簾下極鬧。云內家中惡。中使索湯藥甚急。乃無雙也。塞鴻疾告仙客。仙客驚曰。我何得一見。塞鴻曰。今方修渭橋。郎君可假作理橋官。車子過橋時。近車子立。無雙若認得。必開簾子。當得瞥見耳。仙客如其言。至第三車子。果開簾子。窺見眞無雙也。仙客悲感怨慕。不勝其情。塞鴻於閣子中褥下得書送仙客。花牋五幅。皆無雙眞跡。詞理哀切。敘述周盡。仙客覽之。茹恨涕下。自此永訣矣。其書後云。常見敕使說富平縣古押衙人間有心人。今能求之否。仙客遂申府。請解驛務。歸本官。遂尋訪古押衙。閒居於村墅。仙客造謁見古生。生所願必力致之。繒綵寶玉之贈。不可勝紀。一年未開口。秩滿。閒居於縣。古生忽來。謂仙客曰。洪一武夫。年且老。何所用。郎君於某竭分。察郎君之意。將有求於老夫。老夫乃一片有心人也。感郎君之深恩。願粉身以答效。仙客泣拜。以實告古生。古生仰天。以手拍腦數四。曰。此事大不易。然與郎君試求。不可朝夕便望。仙客拜曰。但生前得見。豈敢以遲晚爲恨耶。半歲無消息。一日扣門。乃古生送書。書云。茅山使者迴。且來此。仙客奔馬去見古生。生乃無一言。又啟使者。復云。殺卻也。且吃茶。夜深。謂仙客曰。宅中有女家人識無雙否。仙客以採蘋對。仙客立取而至。古生端相。且笑且喜云。借留三五日。郎君且歸。後累日。忽傳說曰。有高品過處置園陵宮人。仙客心甚異之。令塞鴻探所殺者。乃無雙也。仙客號哭。乃歎曰。本望古生。今死矣。爲之奈何。流涕歔欷。不能自已。是夕更深。聞叩門甚急。及開門。乃古生也。領一篼子入。謂仙客曰。此無雙也。今死矣。心頭微暖。後日當活。微灌湯藥。切須靜密。言訖。仙客抱入閣子中。獨守之。至明。遍體有煖氣。見仙客。哭一聲遂絕。救療至夜方愈。古生又曰。暫借塞鴻。於生後掘一坑。坑稍深。抽刀斷塞鴻頭於坑中。仙客驚怕。古生曰。郎君莫怕。今日報郎君恩足矣。比聞茅山道士有藥術。其藥服之者立死。三日卻活。某使人專求得一丸。昨令採蘋假作中使。以無雙逆黨。賜此藥令自盡。至陵下。託以親故。百縑贖其屍。凡道路郵傳。皆厚賂矣。必免漏泄。

茅山使者及舁篼人在野外處置訖。老夫爲郎亦自刎。郎君不得更居此。門外有擔子一十人。馬五匹。絹三百疋。五更挈無雙便發。變姓名浪跡以避禍。言訖。舉刃。仙客救之。頭已落矣。遂幷屍蓋覆訖。未明發。歷西蜀下峽。寓居於渚宮。悄不聞京兆之耗。乃挈家歸襄鄧別業。與無雙偕老矣。男女成羣。

贊曰。人生之契闊會合多矣。罕有若斯之比。常謂古今所無。無雙遭亂世籍沒。而仙客之志。死而不奪。卒遇古生之奇法取之。寃死者十餘人。艱難走竄。其後歸故鄉。爲夫婦五十年。何其異哉。

烏將軍記

無名氏

代國公郭元振開元中下第。自晉之汾。夜行。陰晦失道。久而絕遠有燈火之光。以爲人居也。徑往投之。八九里有宅。門宇甚峻。既入門。廊下及堂上。燈燭熒煌。牢饌羅列。若嫁女之家。而悄無人。公繫馬西廊前。歷階而升。徘徊堂上。不知其何處也。俄聞堂中東閤有女子哭聲。嗚咽不已。公問曰。堂上泣者人邪。鬼邪。何陳設如此。無人而獨泣。曰。妾此鄉之祠有烏將軍者。能禍福人。每歲求偶於鄉人。鄉人必擇處女之美者而嫁焉。妾雖陋拙。父利鄉人之五百緡。潛以應選。今夕鄉人之女並爲遊宴者。到是醉妾此室。共鏁而去。以適於將軍者也。今父母棄之就死而已。惴惴哀懼。君誠人邪。能相救免。畢身爲除埽之婦。以奉指使。公大憤曰。其來當何時。曰。二更。公曰。吾忝爲大丈夫也。必力救之。如不得。當殺身以徇汝。終不使汝枉死於淫鬼之手也。女泣少止。於是坐於西階上。移其馬於堂北。令一僕侍立於前。若爲儐而待之。未幾。火光照耀。車馬駢闐。二紫衣吏入而復走出。曰。相公在此。逡巡。二黃衣吏入而出。亦曰。相公在此。公私心獨喜。吾當爲宰相。必勝此鬼矣。既而將軍漸下。導吏復告之。將軍曰。入。有戈劍弓矢翼引以入。卽東階下。公使僕前曰。郭秀才見。遂行揖。將軍曰。秀才安得到此。曰。聞將軍今夕嘉禮。願爲小相耳。將軍者喜而延坐。與對食。言笑極歡。公囊中有利刀。思取刺之。乃問曰。將軍曾食鹿腊乎。曰。此地難遇。公曰。某有少許珍者。得自御廚。願削以獻。將軍者大悅。公乃起取鹿腊幷小刀。因削之。置一小器。令自取。將軍喜。引手取之。不疑其他。公伺其無機。乃投其脯。捉其腕而斷之。將軍失聲而走。導從之吏。一時驚散。公執其手。脫衣纏之。令僕夫出望之。寂無所見。乃啟門謂泣者曰。將軍之腕。已在此矣。尋其血蹤。死亦不久。汝既獲免。可出就食。泣者乃出。年可十七八。而甚佳麗。拜於公前曰。誓爲僕妾。公勉諭焉。天方曙。開視其手。則豬蹄也。俄聞哭泣之聲漸近。乃女之父母兄弟及鄉中耆老。相與舁櫬而來。將收其屍以備殯殮。見公及女。乃生人也。咸驚以問之。公具告焉。鄉老共怒殘其神。曰。烏將軍此鄉鎭神。鄉人奉之久矣。歲配以女。才無他虞。此禮少遲。卽風雨雷雹爲虐。奈何失路之客。而傷我明神。致暴於人。此鄉何負。當殺公以祭烏將軍。不爾。亦縛送本縣。揮少年將令執公。公諭之曰。爾徒老於年。未老於事。我天下之達理者。爾衆聽吾言。夫神受天之命而爲鎮也。不若諸侯受命於天子而疆理天下乎。曰然。公曰。使諸侯漁色於國中。天子不怒乎。殘虐於人。天子不伐乎。誠使爾呼將軍者。眞神明也。神固無豬蹄。天豈使淫妖之獸乎。且淫妖之獸。天地之罪畜也。吾執正以誅之。豈不可乎。爾曹無正人。使爾少女年年橫死於妖畜。積罪動天。安知天不使吾雪焉。從吾言。當爲爾除之。永無聘娶之患。如何。鄉人悟而喜曰。願從命。公乃令數百人執弓矢刀鎗鍬钁之屬。環而自隨。尋血而行。纔二十里。血入大塚穴中。因圍而斸之。應手漸大。如甕口。公令束薪燃火投入照之。其中若大室。見一大豬。無前左蹄。血臥其地。突烟走出。斃於圍中。鄉人翻共相慶。會錢以酬公。公不受。曰。吾爲人除害。非鬻獵者。得免之女辭其父母親族曰。多幸爲人。託質血屬。閨闈未出。固無可殺之罪。今者貪錢五十萬。以嫁妖獸。忍鏁而去。豈人所宜。若非郭公之仁勇。寧有今日。是妾死於父母而生於郭公也。請從郭公。不復以舊鄉爲念矣。泣拜而從公。公多方援喻止之。不獲。遂納爲側室。生子數人。公之貴也。皆任大官之位。事已前定。雖生遠地而棄焉。鬼神終不能害。明矣。

無名氏

聶隱娘傳

聶隱娘者。唐貞元中魏博大將聶鋒之女也。方十歲。有尼乞食於鋒舍。見隱娘悅之。乃云問押衙乞取此女。鋒大怒叱尼。尼曰。任押衙鐵櫃中盛。亦須偸去矣。及夜果失隱娘所在。鋒大驚駭。令人搜尋。曾無形響。父母每思之。相對啼泣而已。後五年。尼送隱娘歸。告鋒曰。教已成矣。可自領取。尼欻亦不見。一家悲喜。問其所習。曰。初但讀經念呪。餘無他也。鋒不信。懇詰隱娘。曰。眞說又恐不信。如何。鋒曰。但眞說之。乃曰。隱娘初被尼挈去。不知行幾里。及明至大石穴中。嵌空數十步。寂無居人。猿狖極多。尼先已有二女。亦各十歲。皆聰明婉麗。不食。能於峭壁上飛走。若捷猱登木。無有蹶失。尼與我藥一粒。兼令執寶劍一口。長二尺許。鋒利吹毛可斷。遂令二女教某攀緣。漸覺身輕如風。一年後。刺猿狖百無一失。後刺虎豹。皆決其首而歸。三年後能使刺鷹隼。無不中。劍之刃漸減五寸。飛走遇之。不知其來也。至四年。留二女守穴。挈我於都市。不知何處也。指其人者。一一數其過。曰。爲我刺其首來。無使知覺。定其膽。非若鳥之容易也。授以羊角匕首。刃廣三寸。遂白日刺其人於都市中。人莫能見。以首入囊。返命。則以藥化之爲水。五年。又曰。某大僚有罪。無故害人若干。夜可入其室。決其首來。又攜匕首入室。度其門隙無有障礙。伏之梁上。至瞑時。得其首而歸。尼大怒曰。何太晚如是。某云。見前人戲弄一兒可愛。未忍便下手。尼叱曰。已後遇此輩。必先斷其所愛。然後決之。某拜謝。尼曰。吾爲汝開腦後藏匕首而無所傷。用卽抽之。曰。汝術已成。可歸家。遂送還。云後二十年。方可一見。鋒聞語甚懼。後遇夜卽失蹤。及明而返。鋒已不敢詰之。因茲亦不甚憐愛。忽值磨鏡少年及門。女曰。此人可與我爲夫。白父。父又不敢不從。遂嫁之。其夫但能淬鏡。餘無他能。父乃給衣食甚豐具。數年後。父卒。魏帥知其異。遂以金帛召署爲左右吏。如此又數年。至元和間。魏帥與陳許節度使劉悟參商不協。使隱娘賊其首。隱娘辭帥之許。許帥能神算。已知其來。召牙將。令曰。早至城北。候一丈夫一女子。各跨白黑衞至門。遇有鵲來噪。丈夫以弓彈之不中。妻奪夫彈。一丸而斃鵲者。揖之云。吾欲相見。祗迎也。牙將受約束。遇之。隱娘夫妻曰。劉僕射果神人。不然者。何以動召也。願見劉公。劉勞之。隱娘夫妻拜曰。得罪僕射。合萬死。劉曰。不然。各親其主。人之常事。魏今與許何異。請當留此。勿相疑也。隱娘謝曰。僕射左右無人。願舍彼而就此。服公神明耳。蓋知魏帥之不及劉也。劉問其所須。曰。每日只要錢二百文足矣。乃依所請。忽不見二衞所在。劉使人尋之。不知所向。後潛於布囊中見二紙衞。一黑一白。後月餘。白劉曰。彼未知止。必使人繼至。今宵請翦髮。繫之以紅綃。送於魏枕前。以表不回。劉聽之。至四更。卻返曰。送其信矣。是夜必使精精兒來殺某及賊僕射之首。此時亦萬計殺之。乞不憂耳。劉豁達大度。亦無畏色。是夜明燭。半宵之後。果有二幡子。一紅一白。飄飄然如相擊於床四隅。良久。見一人自空而踣。身首異處。隱娘亦出曰。精精兒已斃。拽出於堂之上。以藥化爲水。毛髮不存矣。隱娘曰。後夜當使妙手空空兒繼至。空空兒之神術。人莫能窺其用。鬼莫得躡其蹤。能從空虛入冥莫。無形而滅影。隱娘之藝。故不能造其境。此即繫僕射之福耳。但以于闐玉周其頸。擁以衾。隱娘當化為蠛蠓。潛入僕射腸中聽伺。其餘無逃避處。劉如言。至三更。瞑目未熟。果聞項上鏗然聲甚厲。隱娘自劉口中躍出。賀曰。僕射無患矣。此人如俊鶻一搏不中。即翩然遠逝。恥其不中。耳纔未逾一更。已千里矣。後視其玉。果有匕首劃處。痕逾數分。自此劉轉厚禮之。元和八年。劉自許入覲。隱娘不願從焉。云自此尋山水訪至人。但一一請給與其夫。劉如約。後漸不知所之。及劉薨於軍。隱娘亦鞭驢而一至京師。柩前慟哭而去。開成年。昌裔子縱除陵州刺史。至蜀棧道。遇隱娘。貌若當時。甚喜相見。依前跨白衛如故。謂縱曰。郎君大災。不合適此。出藥一粒。令縱吞之。云來年火急拋官歸洛。方脫此禍。吾藥力只保一年患耳。縱亦不甚信。遺其繒綵。隱娘一無所受。但沈醉而去。後一年。縱不休官。果卒於陵州。自此無復有人見隱娘矣。

楊巨源。　唐蒲州人。字景山。貞元進士。累拜國子司業。年七十致仕。卒。

紅線傳

潞州節度使薛嵩家。有青衣紅線者。善彈阮咸。又通經史。嵩召俾其掌牋表。號曰內記室。時軍中大宴。紅線謂嵩曰。羯鼓之聲。頗甚悲切。其擊者必有事也。嵩素曉音律。曰。如汝所言。乃召而問之。云某妻昨夜身亡。不敢求假。嵩遽令歸。是時至德之後。兩河未寧。以滏陽為鎮。令嵩固守。控壓山東。殺傷之餘。軍府草創。朝廷命嵩遣女嫁魏博節度使田承嗣男。又遣嵩男娶滑臺節度使令狐章女。三鎮交爲姻婭。使蓋日浹往來。而田承嗣常患肺氣。遇熱增劇。每曰。我若移鎭山東。納其涼冷。可以延數年之命。乃募軍中武勇十倍者。得三千人。號外宅男。而厚其廩給。常令三百人夜直州宅。卜選良日。將併潞州。嵩聞之。日夜憂悶。咄咄自語。計無所出。時夜漏將傳。轅門已閉。杖策庭除。唯紅線從焉。紅線曰。主自一月不遑寢食。意有所屬。豈非鄰境乎。嵩曰。事繫安危。非爾能料。紅線曰。某誠賤品。亦能解主憂者。嵩聞其語異。乃曰。我不知汝是異人。我暗昧也。遂具告其事曰。我承祖父遺業。受國家重恩。一日失其疆土。數百年勳伐盡矣。紅線曰。此易與耳。不足勞主憂焉。暫放某一到魏城。觀其形勢。覘其有無。今一更首塗。五更可以復命。請先定一走馬使。具寒暄書。其他則待某卻迴也。嵩曰。儻事或不濟。反速其禍。又如之何●紅線曰。某之此行。無不濟也。乃入闈房。飭其行具。梳烏蠻髻。貫金雀釵。衣紫繡短袍。繫青絲絇履。胸前佩龍文匕首。額上書太一神名。再拜而行。倏忽不見。嵩乃返身閉戶。背燭危坐。常時飲酒。不過數合。是夕舉觴十餘不醉。忽聞曉角吟風。一葉墜落。驚而起問。卽紅線迴矣。嵩喜而慰勞。問事諧否。紅線曰。不敢辱命。嵩問曰。無傷殺否。曰。不至是。但取牀頭金合爲信耳。紅線曰。某子夜前三刻。卽達魏城。凡歷數門。遂及寢所。聞外宅兒止於房廊。睡聲雷動。見中軍卒步於庭下。傳叫風生。某乃發其左扉。抵其寢帳。田親家翁止於帳內。鼓腹酣眠。頭枕文犀。髻包黃縠。枕前露七星劍。劍前仰開一金合。合內書生身甲子與北斗神名。復以名香美珠。壓鎭其上。然則揚威玉帳。坦其心豁於生前。熟寢蘭堂。不覺命懸於手下。寧勞擒縱。只益傷嗟。時則蠟炬煙微。爐香燼委。侍人四布。兵仗交羅。或頭觸屏風。鼾而嚲者。或手持巾拂。寢而伸者。某乃拔其簪珥。褰其襦裳。如病如醒。皆不能寤。遂持金合以歸。出魏城西門。將行二百里。見銅臺高揭。漳水東流。晨雞動野。斜月在林。忿往喜還。頓忘於行役。感知酬德。聊副於咨謀。所以當夜漏三時。往返七百里。入危邦。一道經過五六城。冀減主憂。敢言其苦。嵩乃發使入魏。遺田承嗣書曰。昨夜有客從魏中來。云自元帥牀頭獲一金合。不敢留駐。謹卻封納。專使星馳。夜半方到。見搜捕金合。一軍憂疑。使者以馬箠撾門。非時請見。承嗣遽出。使者乃以金合授之。捧承之時。驚怛絕倒。遂留使者止於宅中。狎以宴私。多其錫賚。明日專遣使齎帛三萬疋。名馬二百匹。雜珍異等。以獻於嵩曰。某之首領。繫在恩私。便宜知過自新。不復更貽伊戚。專膺指使。敢議親姻。往當捧轂後車。來在麾鞭前馬。所置紀綱外宅兒者。本防他盜。亦非異圖。今並脫其甲裳。放歸田畝矣。由是一兩個月內。河北河南信使交至。忽一日紅線辭去。嵩曰。汝生我家。今將安往。又方賴於汝。豈可議行。紅線曰。某前本男子。遊學江湖間。讀神農藥書。而救世人災患。時里有孕婦。忽患蠱癥。某以芫花酒下之。婦人與腹中二子俱斃。是某一舉殺其三人。陰律見誅。陷爲女子。使身居賤隸。氣稟凡俚。幸生於公家今十九年矣。身厭羅綺。口窮甘鮮。寵待有加。榮亦甚矣。況國家建極。慶且無疆。此即違天理當盡弭。昨至魏邦。以是報恩。今兩地保其城池。萬人全其性命。使亂臣知懼。列士謀安。在某一婦人功亦不小。固可贖其前罪。遂其本形。便當遁跡塵中。棲心物外。澄清一氣。生死長存。嵩曰。不然。以千金爲居山之所。紅線曰。事關來世。安可預謀。嵩知不可留。乃廣爲餞別。悉集賓僚。夜宴中堂。嵩以歌送紅線酒。請座客冷朝陽爲詞。詞曰。採菱歌怨木蘭舟。送客魂消百尺樓。還似洛妃乘霧去。碧天無際水空流。歌竟。嵩不勝其悲。紅線拜且泣。因僞醉離席。遂亡所在。

鶯鶯傳

元稹　唐河南人。工詩。與白居易齊名。時稱元和體。宮中妃嬪多誦之。呼元才子。著有長慶集。

唐貞元中。有張生者。性溫茂。美丰容。內秉堅孤。非禮不可入。或朋從遊宴。擾雜其間。他人皆洶洶拳拳。若將不及。張生容順而已。終不能亂。以是年二十三。未嘗近女色。知者詰之。謝而言曰。登徒子非好色者。是有淫行耳。余眞好色者。而適不我値。何以言之。大凡物之尤者。未嘗不留連於心。是知其非忘情者也。詰者哂之。無幾何。張生遊於蒲。蒲之東十餘里。有僧舍曰普救寺。張生寓焉。適有崔氏孀婦。將歸長安。路出於蒲。亦止茲寺。崔氏婦。鄭女也。張出於鄭。緒其親。乃異派之從母。是歲渾瑊薨於蒲。有中人丁文雅。不善於軍。軍人因喪而擾。大掠蒲人。崔氏之家。財產甚厚。多奴僕。旅寓惶駭。不知所託。先是張與蒲將之黨友善。請吏護之。遂不及於難。十餘日。廉使杜確將天子命。以統戎節。令於軍。軍由是戢。鄭厚張之德甚。因飭饌以命張。中堂宴之。復謂曰。姨之孤嫠未亡。提攜幼稚。不幸屬師徒大潰。實不保其身。弱子幼女。猶君之生也。豈可比常恩哉。今俾以仁兄禮奉見。冀所以報恩也。命其子曰歡郎。可十餘歲。容甚溫美。次命女曰。鶯鶯出拜爾兄。爾兄活爾。久之。辭疾。鄭怒曰。張兄活爾之命。不然爾且虜矣。能復遠嫌乎。久之乃至。常服悴容。不加新飾。鬟垂黛接。雙臉斷紅而已。顏色豔異。光輝動人。張驚。爲之禮。因坐鄭旁。以鄭之抑而見也。凝睇怨絕。若不勝其體。問其年紀。鄭曰。今天子甲子歲之七月。今貞元庚辰。生十七年矣。張生稍以詞導之。不對。終席而罷。張自是惑之。願致其情。無由得也。崔之婢曰紅娘。生私爲之禮者數四。乘間遂道其衷。婢果驚沮。腆然而奔。張生悔之。翌日。婢復至。張生乃羞而謝之。不復云所求矣。婢因謂張曰。郎之言。所不敢言。亦不敢泄。然而崔氏之族姻。君所詳也。何不因其德而求娶焉。張曰。予始自孩提。性不苟合。或時紈綺閒居。曾莫流盼。不爲當年。終有所蔽。昨日一席間。幾不自持。數日來。行忘止。食忘飽。恐不能逾旦暮。若因媒氏而娶。納采問名。則三數月間。索我於枯魚之肆矣。爾其謂我何。婢曰。崔之貞順自保。雖所尊不可以非語犯之。下人之謀。固難入矣。然而善屬文。往往沈吟章句。怨慕者久之。君試爲喻情詩以亂之。不然則無由也。張大喜。立綴春詞二首以投之。是夕紅娘復至。持綵牋以授張曰。崔所命也。題其篇曰明月三五夜。其詞曰。待月西廂下。迎風戶半開。拂牆花影動。疑是玉人來。張亦微喻其旨。是夕歲二月旬有四日矣。崔之東有杏花一樹。攀援可踰。既望之夕。張因梯其樹而踰焉。達於西廂。則戶半開矣。紅娘寢於牀上。因驚之。紅娘駭曰。郎何以至。張因紿之曰。崔氏之牋召我矣。爾爲我告之。無幾紅娘復來。連曰。至矣至矣。張生且喜且駭。必謂獲濟。及女至。則端服嚴容。大數張曰。兄之恩活我之家厚矣。是以慈母以弱子幼女見託。奈何因不令之婢。信淫逸之詞。始以護人之亂。而終掠亂以求之。是以亂易亂。其去幾何。誠欲寢其詞。則保人之姦。不義。明之於母。則背人之惠。不祥。將寄於婢僕。又懼不得發其眞誠。是用託短章。願自陳啟。猶懼兄之見難。是用鄙靡之詞。以求其必至。非禮之動。能不愧心。特願以禮自持。無及於亂。言畢。翻然而逝。張自失者久之。復踰而出。於是絕望。數夕。張君臨軒獨寢。忽有人覺之。驚欻而起。則紅娘斂衾攜枕而撫張曰。至矣。至矣。睡何爲哉。並枕重衾而去。張生拭目危坐久之。猶疑夢寐。然而修謹以俟。俄而紅娘捧崔氏而至。至則嬌羞融冶。力不能運支體。曩時端莊。不復同矣。是夕旬有八日也。斜月晶熒。幽輝半牀。張生飄飄然。且疑神仙之徒。不謂從人間至矣。有頃。寺鐘鳴。天將曉。紅娘促去。崔氏嬌啼宛轉。紅娘又捧之而去。終夕無一言。張生辨色而興。自疑曰。豈其夢耶。及明。覩粧在臂。香在衣。淚光熒熒然猶瑩於茵席而已。是後十餘日。杳不復知。張生賦會眞詩三十韻未畢而紅娘適至。因授之以貽崔氏。自是復容之。朝隱而出。暮隱而入。同安於曩所謂西廂者。幾一月矣。張生常詰鄭氏之情。則曰。我不可奈何矣。因欲就成之。無何。張生將之長安。先以詩諭之。崔氏宛無難詞。然而愁怨之容動人矣。將行之再夕。不復可見。而張生遂西。數月復游於蒲。舍於崔氏者又累月。崔氏甚工刀札。善屬文。求索再三。終不可見。往往張生自以文挑之。亦不甚覩覽。大略崔之出人者。藝必窮極。而貌若不知。言則敏辯。而寡於酬對。待張之意甚厚。然未嘗以詞繼之。時愁豔幽邃。恆若不識。喜慍之容。亦罕形見。異時獨夜操琴。愁弄悽惻。張竊聽之。求之則終不復鼓矣。以是愈惑之。張生俄以文調及期。又當西去。當去之夕。不復自言其情。愁歎於崔氏之側。崔已陰知將訣矣。恭貌怡聲。徐謂張曰。始亂之。終弃之。固其宜矣。愚不敢恨。必也君亂之。君終之。君之惠也。則沒身之誓。其有終矣。又何必深感於此行。然而君既不懌。無以奉寧。君常謂我善鼓琴。嚮時羞顏。所不能及。今且往矣。既君此誠。因命拂琴。鼓霓裳羽衣序。不數聲。哀音怨亂。不復知其是曲也。左右皆歔欷。崔亦遽止之。投琴泣下流漣。趨歸鄭所。遂不復至。明旦而張行。明年文戰不勝。遂止於京。因貽書於崔。以廣其意。崔氏緘報之詞。粗載於此。云。捧覽來問。撫愛過深。兒女之情。悲喜交集。兼惠花勝一合。口脂五寸。致耀首膏脣之飾。雖荷殊恩。誰復為容。睹物增懷。但積悲歎耳。伏承示於京中就業。進修之道。固在便安。但恨僻陋之人。永以遐棄。命也如此。知復何言。自去秋已來。常忽忽如有所失於諠譁之下。或勉爲語笑。閒宵自處。無不淚零。乃至夢寐之間。亦多敍感咽離憂之思。綢繆繾綣。暫若尋常。幽會未終。驚魂已斷。雖半衾如暖。而思之甚遙。一昨拜辭。倏逾舊歲。長安行樂之地。觸緒牽情。何幸不忘幽微。眷念無斁。鄙薄之志。無以奉酬。至於終始之盟。則固不忒。憶昔中表相因。或同宴處。婢僕見誘。遂致私誠。兒女之心。不能自固。君子有援琴之挑。鄙人無投梭之拒。及薦寢席。義盛意深。愚陋之情。永謂終託。豈期既見君子。而不能定情。致有自獻之羞。不復明侍巾櫛。沒身永恨。含歎何言。儻仁人用心。俯遂幽眇。雖死之日。猶生之年。如或達士略情。舍小從大。以先配爲醜行。謂要盟之可欺。則當骨化形銷。丹誠不沒。因風委露。猶託清塵。存沒之誠。言盡於此。臨紙嗚咽。情不能申。千萬珍重。珍重千萬。玉環一枚。是兒嬰年所弄。寄充君子下體之佩。玉取其堅潔不移。環取其終始不斷。兼亂絲一絇。文竹茶碾子一枚。此數物不足見珍。意者欲君子如玉之貞。俾志如環不解。淚痕在竹。愁緒縈絲。因物達誠。永以爲好耳。心邇身遐。拜會無期。幽憤所鍾。千里神合。千萬珍重。春風多厲。彊飯爲佳。愼言自保。無以鄙爲深念。張生發其書於所知。由是時人多聞之。所善楊巨源好屬詞。因爲賦崔娘詩一絕云。清潤潘郎玉不如。中庭蕙草雪銷初。風流才子多春思。腸斷蕭娘一紙書。河南元稹亦續生會眞詩三十韻曰。微月透簾櫳。螢光度碧空。遙天初縹緲。低樹漸葱蘢。龍吹過庭竹。鸞歌拂井桐。羅綃垂薄霧。環珮響輕風。絳節隨金母。雲心捧玉童。更深人悄悄。晨會雨濛濛。珠瑩光文履。花明隱繡籠。瑤釵行綵鳳。羅帔掩丹虹。言自瑤華浦。將朝碧玉宮。因遊洛城北。偶向宋家東。戲調初微拒。柔情已暗通。低環蟬影動。迴步玉塵蒙。轉面流花雪。登牀抱綺叢。鴛鴦交頸舞。翡翠合歡籠。眉黛羞偏聚。脣朱暖更融。氣淸蘭蕊馥。膚潤玉肌豐。無力慵移履。多嬌愛斂躬。汗光珠點點。髮亂綠葱葱。方喜千年會。俄聞五夜窮。留連時有限。繾綣意難終。慢臉含愁態。芳詞誓素衷。贈環明運合。留結表心同。啼粉流淸鏡。殘燈遠暗蟲。華光猶苒苒。旭日漸曈曈。乘鶩還歸洛。吹簫亦上嵩。衣香猶染麝。枕膩尙殘紅。冪冪臨塘草。飄飄思渚蓬。素琴鳴怨鶴。淸漢望歸鴻。海闊誠難度。天高不易沖。行雲無處所。蕭史在樓中。張之友聞之者。莫不聳異之。然而張亦志絕矣。稹特與張厚。因徵其詞。張曰。大凡天之所命尤物也。不妖其身。必妖於人。使崔氏子遇合富貴。乘寵嬌。不爲雲爲雨。則爲蛟爲螭。吾不知其所變化矣。昔殷之辛。周之幽。據百萬之國。其勢甚厚。然而一女子敗之。潰其衆。屠其身。至今爲天下僇笑。余之德不足以勝妖孽。是用忍情。於時坐者皆爲深嘆。後歲餘。崔已委身於人。張亦有所娶。適經所娶居。乃因其夫言於崔。求以外兄見。夫語之。而崔終不爲出。張怨念之誠。動於顏色。崔知之。潛賦一章。詞曰。自從銷瘦減容光。萬轉千迴懶下牀。不爲旁人羞不起。爲郎憔悴却羞郎。竟不之見。後數日。張生將行。又賦一章以謝絕之。棄置今何道。當時且自親。還將舊來意。憐取眼前人。自是絕不復知矣。時人多許張爲善補過者矣。余嘗於朋會之中往往及此意者。夫使知者不爲。爲之者不惑。貞元歲九月。執事李公垂宿於余靖安里第。語及於是。公垂卓然稱異。遂爲鸎鸎歌以傳之。崔氏小名鸎鸎。公垂以命篇。歌曰。伯勞飛遲燕飛疾。垂楊綻金花笑日。綠窗嬌女字鸎鸎。金雀婭鬟年十七。黃姑上天阿母在。寂寞霜姿素蓮質。門掩重關蕭寺中。芳草花時不曾出。河橋上將亡官軍。虎旗長戟交壘門。鳳凰詔書猶未到。滿城戈甲如雲屯。家家玉貌棄泥土。少女嬌妻愁被虜。出門走馬皆健兒。紅粉潛藏欲何處。嗚嗚阿母啼向天。窗中抱女投金鈿。鉛華不顧欲藏豔。玉顏轉瑩如神仙。此時潘郎未相識。偶住蓮館對南北。潛歎悽惶阿母心。爲求白馬將軍力。明明飛詔五雲下。將選金門兵悉罷。阿母深居鷄犬安。八珍玉食邀郎餐。千言萬語對生意。小女初笄爲姊妹。丹誠寸心難自比。寫在紅箋方寸紙。寄與春風伴落花。彷彿隨風綠楊裏。窗中暗讀人不知。翦破紅綃裁作詩。還怕香風易飄蕩。自令青鳥口銜之。詩中報郎含隱語。郎知暗到花深處。三五月明當戶時。與郎相見花間路。

楊烈婦傳

李翺　小傳見歷代論文名著類。

建中四年。李希烈陷汴州。既又將盜陳州。分其兵數千人。抵項城縣。蓋將掠其玉帛。俘纍其男女。以會於陳州。縣令李侃不知所爲。其妻楊氏曰。君縣令也。寇至當守。力不足。死焉職也。

君如逃。則誰守。傴曰。兵與財皆無。將若何。楊氏曰。如不守。縣爲賊所得矣。倉廩皆其積也。府庫皆其財也。百姓皆其戰士也。國家何有。奪賊之財而食其食。重賞以令死士。其必濟。於是召胥吏百姓於庭。楊氏言曰。縣令誠主也。雖然。歲滿則罷去。非若吏人百姓。然吏人百姓邑人也。墳墓在焉。宜相與致死以守其節。忍失其貞而爲賊之人耶。衆皆泣許之。乃徇曰。以瓦石中賊者。與之千錢。以刀矢兵刃之物中賊者。與之萬錢。得數百人。傴率之以乘城。楊氏親爲之爨。以食之。無長少。必周而均。使傴與賊言曰。項城父老義不爲賊矣。皆悉力守死。得吾城不足以威。不如亟去。徒失利無爲也。賊皆笑。有蜚箭集於傴。傴傷而歸。楊氏責之曰。君不在。則人誰固肯矣。與其死於城。不猶愈於家乎。傴遂忍之。復登陴。項城小邑。無長戟勁弩高城深溝之固。賊氣吞焉。率其徒將從超城而下。有以弱弓射者中其帥。墮馬死。其帥希烈之壻也。賊失勢。遂相與散走。項城之人無傷焉。刺史上傴之功。詔遷絳州太平縣令。楊氏至茲猶存。人之受氣於其天。何不同也。婦人女子之德。奉父母舅姑。盡恭順。和於娣姒。於卑幼有慈愛。而能不失其貞者。則賢矣。至於辨行陣。明攻守勇烈之道。此固公卿大臣之所難。厥自兵興。朝廷注意。寵旌守禦之臣。憑堅城深池之險。儲蓄山積。貨財自若。冠胄服甲。負弓矢而馳者。不知幾人。其勇不能戰。其智不能守。其忠不能死。棄其城而走者有矣。彼何人哉。若楊氏者。婦人也。孔子曰。仁者必有勇。楊氏當之矣。

贊曰。凡人之情。皆謂後來者不及於古之人。賢者自古亦希。獨後代耶。及其有之。與古不殊也。若高愍女楊烈婦者。雖古烈女。其何加焉。予懼其行事堙滅而不傳。故皆序之。將告於史官。

蔣防　唐義興人。字子徵。李紳卽席令賦鞲上鷹詩。云幾欲高飛天上去。誰人爲解綠絲縧。紳識其意。薦之。後歷官翰林學士中書舍人。

霍小玉傳

大曆中。隴西李生名益。年二十。以進士擢第。其明年。拔萃。俟試於天官。夏六月。至長安。舍於新昌里。生門族清華。少有才思。麗詞佳句。時謂無雙。先達丈人。翕然推伏。每自矜風調。思得佳偶。博求名妓。久而未諧。長安有媒鮑十一娘者。故薛駙馬家青衣也。折券從良。十餘年矣。性便辟。巧言語。豪家戚里。無不經過。追風挾策。推爲渠帥。常受生誠託厚賂。意頗德之。經數月。生方閒居舍之南亭。申未間。忽聞扣門甚急。云是鮑十一娘至。攝衣從之。迎問曰。鮑卿今日何故忽然而來。鮑笑曰。蘇姑子作好夢也未。有一仙人。謫在下界。不邀財貨。但慕風流。如此色目。共十郎相當矣。生聞之驚躍。神飛體輕。引鮑手且拜且謝曰。一生作奴。死亦不憚。因問其名居。鮑具說曰。故霍王小女。字小玉。王甚愛之。母曰淨持。淨持卽王之寵婢也。王之初薨。諸弟兄以其出自賤庶。不甚收錄。因分與資財。遣居於外。易姓爲鄭氏。人亦不知其王女。

資質穠豔。一生未見。高情逸態。事事過人。音樂詩書。無不通解。昨遣某求一好兒郎。格調相稱者。某具說十郎。他亦知有李十郎名字。非常歡愜。住在勝業坊古寺曲南上東閒宅是也。已與他作期約。明日午時。但至曲頭覓桂子。卽得矣。鮑既去。生便備行計。遂令家童秋鴻。於從兄京兆參軍尙公處假青驪駒黃金勒。其夕。生澣衣沐浴。修飾容儀。喜躍交幷。通夕不寐。遲明。巾幘引鏡自照。惟懼不諧也。徘徊之間。至於亭午。遂命駕疾驅。直抵勝業。至約之所。果見青衣立候。迎問曰。莫是李十郎否。卽下馬。令牽入屋底。急急鏁門。見鮑果從內出來。遙笑曰。何等兒郎。造次入此。生調誚未畢。引入中門。庭間有四櫻桃樹。西北懸一鸚鵡籠。見生入來。鳥語曰。有人入來。急下簾者。生本性雅淡。心猶疑懼。忽見鳥語。愕然不敢進。逡巡。鮑引淨持下堦相迎。延入對坐。年可四十餘。綽約多姿。談笑甚媚。因謂生曰。素聞十郎才調流。今風又見容儀雅秀。名下固無虛士。某有一女子。雖拙教訓。顏色不至醜陋。得配君子。頗爲相宜。頻見鮑十一娘說意旨。今亦便令永奉箕箒。生謝曰。鄙拙庸愚。不意顧盼。儻垂採錄。生死爲榮。遂命酒饌。卽令小玉自堂東閣子中出來。生卽拜迎。但覺一室之中。若瓊林玉樹。互相照曜。轉盼精彩射人。既而遂坐母側。母謂曰。汝嘗愛念。開簾風動竹。疑是故人來。卽此十郎詩也。爾終日吟想。何如一見。玉乃低鬟微笑。細語曰。見面不如聞名。才子豈能無貌。生遽起連拜曰。小娘子愛才。鄙夫重貌。兩好相映。才貌相兼。母女相顧而笑。遂舉酒數巡。生起。請玉唱歌初不肯。母固彊之。發聲清亮。曲度精奇。酒闌。及暝。鮑引生就西院憩息。閒庭邃宇。簾幕甚華。鮑令侍兒桂子浣紗與生脫靴解帶。須臾玉至。言敘溫和。辭氣宛媚。解羅衣之際。態有餘妍。低幃暱枕。極甚歡愛。生自以為巫山洛浦不過也。中宵之夜。玉忽流涕觀生曰。妾本倡家。自知非匹。今以色愛。託其仁賢。但慮一旦色衰。恩移情替。使女蘿無託。秋扇見捐。極歡之際。不覺悲至。生聞之。不勝感歎。乃引臂替枕。徐謂玉曰。平生志願。今日獲從。粉骨碎身。誓不相捨。夫人何發此言。請以素縑著之盟約。玉因收淚。命侍兒櫻桃褰幄執燭。授生筆硯。玉管絃之暇。雅好詩書。筐箱筆硯。皆王家之舊物。遂取繡囊。出越姬烏絲欄素緞三尺以授生。生素多才思。援筆成章。引諭山河。指誠日月。句句懇切。聞之動人。誓畢。命藏於寶篋之內。自爾婉孌相得。若翡翠之在雲路也。如此二歲。日夜相從。其後年春。生以書判拔萃登科。授鄭縣主簿。至四月。將之官。便拜慶於東洛。長安親戚。多就筵餞。時春物尚餘。夏景初麗。酒闌賓散。離思縈懷。玉謂生曰。以君才地名聲。人多景慕。願結婚媾。固亦眾矣。況堂有嚴親。室無冢婦。君之此去。必就佳姻。盟約之言。徒虛語耳。然妾有短願。欲輒指陳。永委君心。復能聽否。生驚怪曰。有何罪過。忽發此辭。試說所言。必當敬奉。玉曰。妾年始十八。君纔二十有二。逮君壯室之秋。猶有八歲。一生歡愛。願畢此期。然後妙選高門。以求秦晉。亦未為晚。妾便捨棄人事。剪髮披緇。夙昔之願。於此足矣。生且愧且感。不覺涕流。因謂玉曰。皎日之誓。死生以之。與卿偕老。

猶恐未愜素志。豈敢輒有二三。固請不疑。但端居相待。至八月。必當卻到華州。尋使奉迎。相見非遠。更數日。生遂訣別東去。到任旬日。求假往東都覲親。至家。旬日。太夫人已與商量表妹盧氏。言約已定。太夫人素嚴毅。生逡巡不敢辭讓。遂就禮謝。便有近期。盧亦甲族也。嫁女於他門。聘財必以百萬爲約。不滿此數。義在不行。生家素貧。事須求丐。便託假故。遠投親知。涉歷江淮。自秋及夏。生自以孤負盟約。大愆迴期。寂不知聞。欲斷其望。遙託親故。不遺漏言。玉自生逾期。數訪音信。虛詞詭說。日日不同。博求師巫。遍詢卜筮。懷憂抱恨。周歲有餘。羸臥空閨。遂成沈疾。雖生之書題竟絕。而玉之想望不移。賂遺親知。使通消息。尋求既切。資用屢空。往往私令侍婢潛賣篋中服玩之物。多託於西市寄附鋪侯景先家貨賣。曾令侍婢浣紗將紫玉釵一隻。詣景先家貨之。路逢內作老玉工。見浣紗所執。前來認之曰。此釵吾所作也。昔歲霍王小女將欲上鬟。令我作此。酬我萬錢。我嘗不忘。汝是何人。從何而得。浣紗曰。我小娘子即霍王女也。家事破散。失身於人。夫壻昨向東都。更無消息。悒怏成疾。今欲二年。令我賣此。賂遺於人。使求音信。玉工悽然下泣曰。貴人男女。失機落節。一至於此。我殘年向盡。見此盛衰。不勝傷感。遂引至延先公主宅。具言前事。公主亦爲之悲歎良久。給錢十二萬焉。時生所定盧氏女在長安。生既畢於聘財。還歸鄭縣。其年臘月。又請假入城就親。潛卜靜居。不令人通。有明經崔允明者。生之重表弟也。性甚長厚。昔歲常與生同飲於鄭氏之室。杯盤笑語。曾不相問。每得生信。必誠告於玉。玉常以薪蒭衣服。資給於崔。崔頗感之。生既至。崔具以誠告玉。玉恨且歎曰。天下豈有是事乎。遍託親朋。多方召致。生自以愆期負約。又知玉疾候沈綿。慙恥忍割。終不肯往。晨出暮歸。欲以迴避。玉日夜涕泣。都忘寢食。期一相見。竟無因由。寃憤益深。委頓牀枕。自是長安中稍有知者。風流之士。共感玉之多情。豪俠之倫。皆怒生之薄行。時已三月。人多春遊。生與同輩五六人。詣崇敬寺。翫牡丹花。步於西廊。遞吟詩句。有京兆韋夏卿者。生之密友。時亦同行。謂生曰。風光甚麗。草木榮華。傷哉鄭君。銜寃空室。足下終能棄置。實是忍人。丈夫之心。不宜如此。足下宜爲思之。歎讓之際。忽有一豪士。衣輕黃紵衫。挾朱彈。風神俊美。衣服輕華。唯見一翦頭胡雛從後。潛行而聽之。俄而前揖生曰。公非李十郞者乎。某族本山東。姻連外戚。雖乏文藻。心嘗樂賢。仰公聲華。常思覯止。今日幸會。得覩清揚。某之弊居。去此不遠。亦有聲樂。足以娛情。妖姬八九人。駿馬十數匹。惟公所要。但願一過。生之儕輩。共聆斯語。更相歎美。因與豪士策馬同行。疾轉數坊。遂至勝業。生以近鄭之所止。意不欲過。便託事故。欲迴馬首。豪士曰。弊居咫尺。忍相棄乎。乃挽挾其馬。牽引而行。遷延之間。已及鄭曲。生神情恍惚。鞭馬欲迴。豪士遽命奴僕數人。抱持而進。急走推入中門。便令鏁卻。報云。李十郞至也。一家驚喜。聲聞於外。先此一夕。玉夢黃衫丈夫抱生來。至席。使玉脫鞋。驚寤而告母。因自悟曰。鞋者諧也。夫婦再合。脫者解也。既合而解。亦當永訣。由此徵之。必遂相見。相見之後。當死矣。淩晨。請母妝梳。母以其久病。心意惑亂。不甚信之。僶勉之間。彊為妝梳。妝梳纔畢。而生果至。玉沈綿日久。轉側須人。忽聞生來。欻然自起。更衣而出。恍若有神。遂與生相見。含怒凝視。不復有言。羸質嬌姿。如不勝致。時復掩袂。返顧李生。感物傷人。坐皆欷歔。頃之。有酒殽數十盤。自外而來。一坐驚視。遽問其故。悉是豪士之所致也。因遂陳設。相就而坐。玉乃側身轉面。斜視生良久。遂舉杯酒酬地曰。我為女子。薄命如斯。君是丈夫。負心若此。韶顏稚齒。飲恨而終。慈母在堂。不能供養。綺羅絃管。從此永休。徵痛黃泉。皆君所致。李君李君。今當永訣。我死之後。必為厲鬼。使君妻妾。終日不安。乃引左手握生臂。擲杯於地。長慟號哭數聲而絕。母乃舉屍。置於生懷。令喚之。遂不復蘇矣。生為之縞素。旦夕哭泣甚哀。將葬之夕。生忽見玉繐帷之中。容貌妍麗。宛若平生。著石榴裙。紫褴襠。紅綠帔子。斜身倚帷。手引繡帶。顧謂生曰。媿君相送。尚有餘情。幽冥之中。能不感歎。言畢。遂不復見。明日。葬於長安御宿原。生至墓所。盡哀而返。後月餘。就禮於盧氏。傷情感物。鬱鬱不樂。夏五月。與盧氏偕行。歸於鄭縣。至縣旬日。生方與盧氏寢。忽帳外叱叱之聲。生驚視之。則見一男子。年可三十餘。姿狀溫美。藏身映幔。連招盧氏。生惶遽走起。遶幔數匝。倏然不見。生自此心懷疑惡。猜忌萬端。夫妻之間。無聊生矣。或有親情。曲相勸諭。生意稍解。後旬日。生復自外歸。盧氏方鼓琴於牀。忽見自門拋一斑犀鈿花合子。方圓一寸餘。裹有輕綃。作同心結。墜於盧氏懷中。生開而視之。見相思子二叩頭蟲一。發殺觜一。驢駒媚少許。生當時憤怒叫吼。聲如豺虎。引拳撞擊其妻。詰令實告。盧氏亦終不自明。爾後往往暴加捶楚。備諸毒虐。竟訟於公庭而遣之。盧氏既出。生或與侍婢媵妾之屬。暫同枕席。便加妬忌。或有因而殺之者。生嘗遊廣陵。得名姬曰營十一娘者。容態潤媚。生甚悅之。每相對坐。嘗謂營曰。我嘗於某處得某姬。犯某事。我以某法殺之。日日陳說。欲令懼己。以肅清閨門。出則以浴斛覆營於牀。周迴封署。歸必詳視。然後乃開。又畜一短劍。甚利。顧謂侍婢曰。此信州葛溪鐵。唯斷作罪過頭。大凡生所見婦人。輒加猜忌。至於三娶。率皆如初焉。

薛用弱　唐河東人。字中勝。太和中自儀曹出守弋陽。著集異記四十六則。多述唐代軼聞。亦間涉靈異。序述頗有文彩。足資引據。

集異記三則　徐佐卿　裴珙　王之渙

明皇天寶十三載重陽日。獵於沙苑。雲間有孤鶴徊翔焉。上親御弧矢。一發而中。其鶴則帶箭徐墜。將及地丈許。歘然矯翰西南而逝。萬衆極目。良久乃滅。益州城距郭十五里。有明月觀焉。依山臨水。松桂深寂。道流非修習精慤者。莫得而居。觀之東廊第一院。尤爲幽絕。每有自稱青城道士徐佐卿者。風局清古。一歲率三四而至焉。觀之耆舊。因虛其院之正堂。以俟其來。而佐卿至則棲焉。或三五日。或旬朔。言歸青城。甚爲道流之所傾仰。一日忽自外至。神爽不怡。謂院中人曰。吾行山中。偶爲飛矢所加。尋已無恙矣。然此箭非人間所有。吾留之於壁上。後年箭主到此。卽宜付之。愼無墜失。仍援毫記壁云。留箭之時。則十三載九月九日也。及玄宗避狄幸蜀。暇日命駕遊行。偶至斯觀。樂其佳景。因遍幸道室。旣入此堂。忽覩挂箭。則命侍臣取而玩之。蓋御箭也。深異之。因詢觀之道士。皆以實對。卽是佐卿所題。乃前歲沙苑縱畋之日也。佐卿蓋中箭孤鶴耳。究其題處。乃沙苑翻飛當日。集於斯。與上大奇之。因收其箭而寶焉。自後蜀人。亦無復有逢佐卿者矣。

裴孝廉珙者。家在洛京。仲夏自鄭西歸。及端午以覲親焉。下駟蹇劣。日勢已晚。方至石橋。於是驢馬徒行。情顧甚速。續有乘馬而牽一馬者。步驟極駿。顧珙有仁色。珙因謂曰。子非投夕入都哉。曰然。珙曰。珙有懇誠。將丐餘力於吾子。子其聽乎。卽以誠告之。乘馬者曰。但及都門而下。則不違也。珙許約。因謂顧己之二僮曰。爾可緩驅疲乘。投宿於白馬寺西吾之表兄竇溫之墅。來晨徐歸。因上馬揮鞭而鶩。俄頃至上東門。遂歸其馬。珍重而別。乘馬者馳去極速。珙居水南。日已半規。卽促步而進。及家暝矣。入門方見其親與珙之弟妹張燈會食。珙乃前拜。曾莫顧瞻。因俯階高語曰。珙自外至。卽又不聞。珙卽大呼弟妹之名字。亦無應者。笑言自若。珙心神忿惑。因又極叫。亦皆不知。但見其親顧謂卑小曰。珙在何處耶。今日不至耶。遂泣下。而坐者皆泣。珙私怪曰。吾豈爲異物耶。何其幽顯之隔如此哉。因思令僕馬宿竇氏莊。登卽遽返。時夜已深。門闔盡閉。而珙意將往。身趣過矣。斯須而至。方見其形僵臥於地。而二僮環泣呦呦焉。珙卽舉衾以入。情意絕邈。終不能合。因出走求人以告。所見過者。雖極情訴。而曾莫覽焉。珙彷徨憂撓。大哭於路。忽有老叟問曰。子其何哉。珙則具白以事。叟曰。生魂馳鬼馬。禍非自掇耶。因同詣竇門。令其閉目。自後推之。省然而蘇。其二僮皆曰。向者行至石橋。察郞君疾作。語言大異。懼其將甚。因投於此。旣而則已絕矣。珙驚歎久之。少頃無恙。及時乃以其實陳於家。余於上都。自見竇溫細話其事。

開元中。詩人王昌齡高適王之渙齊名。時風塵未偶。而遊處略同。一日天寒微雪。三詩人共詣旗亭。貰酒小飲。忽有梨園伶官十數人。登樓會讌。三詩人因避席隈映。擁爐火以觀焉。俄有妙妓四輩。尋續而至。奢華豔曳。都冶頗極。旋則奏樂。皆當時之名部也。昌齡等私相約曰。我輩各擅詩名。每不自定其甲乙。今者可以密觀諸伶所謳。若詩入歌詞之多者。則爲優矣。俄而一伶拊節而唱。乃曰。寒雨連江夜入吳。平明送客楚山孤。洛陽親友如相問。一片冰心在玉壺。昌齡則引手畫壁曰。一絕句。尋又一伶謳之曰。開篋淚霑臆。見君前日書。夜臺何寂寞。猶是子雲居。適則引手畫壁曰。一絕句。尋又一伶謳曰。奉帚平明金殿開。强將團扇共徘徊。玉顏不及寒鴉色。猶帶昭陽日影來。昌齡則又引手畫壁曰。二絕句。之渙自以得名已久。因謂諸人曰。此輩皆潦倒樂官。所唱皆巴人下里之詞耳。豈陽春白雪之曲。俗物敢近哉。因指諸妓之中最佳者曰待此子所唱如非我詩吾即終身不敢與子爭衡矣脫是吾詩子等當須列拜牀下奉吾爲師因歡笑而俟之須臾次至雙鬟發聲則曰黃河遠上白雲間一片孤城萬仞山羌笛何須怨楊柳春風不度玉門關之渙即揶揄二子曰田舍奴我豈妄哉因大諧笑諸伶不喻其故皆起詣曰不知諸郎君何此歡噱昌齡等因話其事諸伶競拜曰俗眼不識神仙乞降清重俯就筵席三子從之歡醉竟日

李商隱　唐河內人字義山號玉溪生開成進士工詩文詩與溫庭筠齊名世稱其詩爲西崑體有詩文集行世

李賀小傳

京兆杜牧爲李長吉集序狀長吉之奇甚盡世傳之長吉姊嫁王氏者語長吉之事尤備長吉細瘦通眉長指爪能苦吟疾書最先爲昌黎韓愈所知所與遊者王參元楊敬之權璩崔植爲密每旦日出與諸公游未嘗得題然後爲詩如他人思量牽合以及程限爲意恆從小奚奴騎鉅驢背一古破錦囊遇有所得即書投囊中及暮歸太夫人使婢受囊出之見所書多輒曰是兒要當嘔出心始已耳上鐙與食長吉從婢取書研墨疊紙足成之投他囊中非大醉及弔喪日率如此過亦不復省王楊輩時復來探取寫去長吉往往獨騎往還京雒所至或時有著隨棄之故沈子明家所餘四卷而已長吉將死時忽晝見一緋衣人駕赤虬持一版書若太古篆或霹靂石文者云當召長吉長吉了不能讀欻下榻叩頭言阿嬭（長吉學語時呼

太夫人云。老且病。賀不願去。緋衣人笑曰。帝成白玉樓。立召君爲記。天上差樂不苦也。長吉獨泣。邊人盡見之。少之。長吉氣絕。常所居窗中。勃勃有煙氣。聞行車嘒管之聲。太夫人急止人哭待之。如炊五斗黍許時。長吉竟死。王氏姊非能造作謂長吉者。實所見如此。嗚呼。天蒼蒼而高也。上果有帝耶。帝果有苑囿宮室觀閣之玩耶。苟信然。則天之高邈。帝之尊嚴。亦宜有人物文彩愈此世者。何獨眷眷於長吉。而使其不壽耶。噫。又豈世所謂才而奇者。不獨地上少。即天上亦不多耶。長吉生二十七年。位不過奉禮太常。中當時人亦多排擯毀斥之。又豈才而奇者。帝獨重之。而人反不重耶。又豈人見會勝帝耶。

韓偓　唐萬年人。字致堯。小字冬郎。龍紀進士。仕昭宗朝。有節槪。所爲詩慷慨激昂。迥異當時靡靡之響。舊稱其善香奩體。因唐志著錄其香奩集一卷。未見其全故也。有韓內翰別集。

海山記

隋煬帝生時。有紅光燭天。里中牛馬皆鳴。先是獨孤后夢龍出身中。飛高十餘里。龍墮地。尾輒斷。以告文帝。帝沈吟默塞不答。帝三歲。戲於文帝前。文帝抱之玩視甚久。曰。是兒極貴。恐破吾家。自茲雖愛帝。而亦不快於帝。帝十歲。好觀古今書傳。至於方藥天文地理伎藝術數。無不通曉。然而性褊急。陰賊刻忌。好鉤索人情深淺。時楊素有戰功。方貴用事。帝傾意結之。文帝得疾。內外莫有知者。帝坐便室。召素謀曰。君國之元老。能了吾家事者。君也。乃私執素手曰。使我得志。我亦終身報公。素曰。待之。當自有計。素入問疾。文帝見素。起坐謂素曰。吾常親鋒刃。冒矢石。出入生死。與子同之。方享今日之貴。吾自惟不免此疾。不能臨天下。汝乃語族中人。吾不諱。汝立吾兒勇爲帝。汝倍吾言。吾去世亦殺汝。此事吾不語人。素曰。國本不可屢易。臣不敢奉詔。文帝忿懣。乃大呼左右曰。召吾兒勇來。乃氣哽塞。回面向之。不言。素乃出。語帝曰。事未可更。待之。有頃。左右出報素曰。帝呼不應。喉中呦呦有聲。帝拜素曰。以終身累公。素急入。帝已崩矣。乃不發喪。明日。素袖遺詔立帝。時百官猶未知。素執圭謂百官曰。大行遺詔立帝。有不從者。戮於此。左右扶帝上殿。帝足弱。欲倒者數四。不能上。素下。左右以手扶接帝。帝援之。乃上。百官莫不嗟歎。素歸。謂家人輩曰。小兒子吾已提起。教作大家。卽不知了當得否。素恃有功。見帝多呼爲郞君。時宴內宮。宮人偶覆酒。汚素衣。素怒。叱左右引下。加撻焉。帝頗惡之。隱忍不發。一日。帝與素釣魚於池。並坐。左右張傘以遮日。帝起如廁。回見素坐赭傘下。風骨秀異。堂堂然。帝大忌之。帝多欲。有所爲。素輒請而抑之。由是愈有害素意。會素死。帝曰。使素不死。夷其九族。先素欲入朝。出見文帝執金鉞逐之。曰。此賊。吾欲立勇。汝竟不從吾言。今必殺汝。素驚呼入室。召子弟二人而語曰。吾必死矣。出見文帝。語不移時。素死。帝自素死。益無憚。乃闢地周二百里。爲西苑。役民力常百萬。內爲十六院。聚巧石爲山。鑿池爲五湖四海。詔天下境內所有鳥獸草木。驛至京師。天下共進花木鳥獸魚蟲。莫知其數。此不具載。詔定西苑十六院名。景明一。迎暉二。棲鸞三。晨光四。明霞五。翠華六。文安七。積珍八。影紋九。儀鳳十。仁智十一。清修十二。寶林十三。和明十四。綺陰十五。降陽十六。皆帝自製名。院有二十人。皆擇宮中佳麗謹厚有容色美人實之。每一院。選帝常幸御者爲之首。每院有宦者主出入易市。又鑿五湖。每湖四方十里。東曰翠光湖。南曰迎陽湖。西曰金光湖。北曰潔水湖。中曰廣明湖。湖中積土石爲山。構亭殿。屈曲環遶澄碧。皆窮極人間華麗。又鑿北海。周環四十里。中有三山。效蓬萊方丈瀛洲。上皆臺榭迴廊。水深數丈。開溝通五湖北海。溝盡通行龍鳳舸。帝多泛東湖。因製湖上曲望江南八闋云。湖上月。偏照列仙家。水浸寒光鋪枕簟。浪搖晴影走金蛇。偏稱泛靈槎。光景好。輕彩望中斜。清露冷侵銀兔影。西風吹落桂枝花。開宴思無涯。湖上柳。煙裏不勝摧。宿霧洗開明媚眼。東風搖弄好腰肢。煙雨更相宜。環曲岸。陰覆畫橋低。線拂行人春晚後。絮飛晴雪暖風時。幽意更依依。湖上雪。風急墮還多。輕片有時敲竹戶。素華無韻入澄波。望外玉相磨。湖水遠。天地色相和。仰面莫思梁苑賦。朝來且聽玉人歌。不醉擬如何。湖上草。碧翠浪通津。修帶不爲歌舞緩。濃鋪堪作醉人茵。無意襯香衾。晴霽後。顏色一般新。游子不歸生滿地。佳人遠意寄青春。留咏卒難伸。湖上花。天水浸靈芽。淺蕊水邊勻玉粉。濃苞天外翦明霞。只在列仙家。開爛熳。插鬢若相遮。水殿春寒幽冷豔。玉軒晴照暖添華。清賞思何賒。湖上女。精選正輕盈。猶恨乍離金殿侶。相將盡是采蓮人。清唱漫頻頻。軒內好。嬉戲下龍津。玉管朱絃聞晝夜。踏青鬪草事青春。玉輦從羣眞。湖上酒。終日助清歡。檀板輕聲銀甲緩。醅浮香米玉蛆寒。醉眼暗相看。春殿晚。仙豔奉杯盤。湖上風光眞可愛。醉鄉天地就中寬。帝主正清安。湖上水。流遶禁園中。斜日緩搖清翠動。落花香暖衆紋紅。蘋末起清風。閒縱目。魚躍小蓮東。泛泛輕搖蘭棹穩。沈沈寒影上仙宮。遠意更重重。帝常遊湖上。多令宮中美人歌唱此曲。大業六年。後苑草木鳥獸繁息茂盛。桃蹊李徑。翠陰交合。金猿青鹿。動輒成羣。自大內開爲御道。直通西苑。夾道植長松高柳。帝多幸苑中。去來無時。侍御多夾道而宿。帝往往中夜即幸焉。一夕。帝泛舟遊北海。與宦人十數輩升海山。是時月色朦朧。晚風輕軟。浮浪無聲。萬籟俱寂。怳惚間水上有一小舟。祇容兩人。帝謂爲十六院中美人。洎至。首一人先登。贊唱陳後主謁帝。帝亦忘其死。帝幼年與後主甚善。乃起迎之。後主再拜。帝亦鞠躬勞謝。既坐。後主曰。憶昔與帝同隊遊戲。情愛甚於同氣。今陛下富有四海。令人欽服。始者謂帝將致理於三王之上。今乃甚取當時之樂。以快平生。無甚美事。聞陛下已開隋渠。引洪河之水。東游維揚。因作詩來奏。乃探懷出詩上帝。詩曰。隋室開茲水。初心謀大賒。一千里力役。百萬民吁嗟。水殿不復反。龍舟成小瑕。溢流隨陡岸。濁浪噴黃沙。兩人迎客至。三月柳飛花。日腳沈雲外。榆梢噪暝鴉。如今游子俗。異日便天家。且樂人間景。休尋海上槎。人喧舟艤岸。風細錦帆斜。莫言無後利。千古壯京華。帝覩詩。拂衣怒曰。死生命也。興亡數也。

爾安知我開河爲後人之利。帝怒叱之。後主曰。子之壯氣。能得幾日。其終始更不若我。帝乃起逐之。後主走曰。且去且去。後一年。吳公臺下相見。乃沒於水際。帝方悟其死。兀然不自知。驚悸移時。一日。明霞院美人楊夫人喜報帝曰。酸棗邑所進玉李。一夕忽長。清陰數畝。帝沈默甚久。曰。何故而忽茂。夫人云。是夕院中人聞空中若有千百人語。言云李木當茂。洎曉看之。已茂盛如此。帝欲伐去。左右或奏曰。木德來助之應也。又一夕。晨光院周夫人來奏。云院中楊梅一夕忽爾繁盛。帝喜。問曰。楊梅之茂。能如玉李乎。或曰。楊梅雖茂。終不敵玉李之盛。帝往兩院觀之。亦自見玉李繁茂。後梅李同時結實。院妃來獻。帝問二果孰勝。院妃曰。楊梅雖好。味頗清酸。終不若玉李之甘。苑中人多好玉李。帝歎曰。惡梅好李。豈人情哉。天意乎。後帝將崩揚州。一日。院妃報楊梅已枯死。帝果崩於揚州。異乎。一日。洛水漁者獲生鯉一尾。金鱗赭尾。鮮明可愛。帝問漁者之姓。姓解。未有名。帝以朱筆於魚額上題解生字以記之。乃投之北海中。後帝幸北海。其鯉已長丈餘。浮水見帝。其魚不沒。帝與蕭后及諸院妃嬪同看魚之額。朱字尚存。惟解字無半。尚隱隱角字存焉。蕭后曰。鯉有角。龍也。帝曰。朕爲人主。豈不知此意。遂引弓射之。魚乃沈。大業四年。道州貢矮民王義。眉目濃秀。應對甚敏。帝尤愛之。常從帝游。終不得入宮。曰。爾非宮中物也。義乃自宮。帝由是愈加憐愛。得出入內寢。義多臥御榻下。帝游湖海回。多宿十六院。一夕。帝中夜潛入棲鸞院。時夏氣暄煩。院妃慶兒臥於簾下。初月照軒。頗明朗。慶兒睡中驚魘。若不救者。帝使義呼慶兒。帝自扶起。久方清醒。帝曰。汝夢中何故而如此。慶兒曰。妾夢中如常時。帝握妾臂游十六院。至第十院。帝入院坐殿上。俄時火發。妾乃奔走。回視帝坐烈焰中。驚呼人救帝。久方睡覺。帝自強解曰。夢死得生。火有威烈之勢。吾居其中。得威者也。大業十年。幸江都被弑。帝入第十院。居火中。此其應也。龍舟為楊玄感所燒。後敕揚州刺史再造。制度又華麗。仍長廣於前舟。江都來進。帝東幸維揚。後宮十六院。皆隨行。西苑令馬守忠別帝曰。願陛下早還都輦。臣整頓西苑以待乘輿之來。西苑風景臺殿如此。陛下豈不思戀。舍之而遠游也。又泣下。帝亦愴然。謂守忠曰。為吾好看西苑。無令後人笑吾不解裝景趣也。左右甚疑訝。帝御龍舟。中道夜半。聞歌者甚悲。其辭曰。我兒征遼東。餓死青山下。今我挽龍舟。又困隋隄道。方今天下饑。路糧無些小。前去三千程。此身安可保。寒骨枕荒沙。幽魂泣烟草。悲損門內妻。望斷吾家老。安得義男兒。焚此無主屍。引其孤魂回。負其白骨歸。帝聞其歌。遽遣人求其歌者。至曉不得其人。帝頗徬徨。通夕不寐。揚州朝百官。天下朝貢使無一人至者。有來者在途遭兵。奪其貢物。帝猶與羣臣議詔十三道起兵。誅不朝貢者。帝知世祚已去。意欲遂幸永嘉。羣臣皆不願從。帝未遇害前數日。帝亦微識玄象。多夜起觀天。乃召太史令袁充問曰。天象如何。充伏地泣涕曰。星文大惡。賊星逼帝座甚急。恐禍起旦夕。願陛下遽修德滅之。帝不樂。乃起入便殿。挼膝俯首不語。顧王義曰。汝知天下將亂乎。汝何故省言而不告我也。義泣對曰。臣遠方廢民。得蒙上貢。自入深宮。久膺聖澤。又常自宮以近陛下。天下大亂。固非今日。履霜堅冰。其來久矣。臣料大禍。事在不救。帝曰。子何不早告我也。義曰。臣不早言。言卽臣死久矣。帝乃泣下曰。卿爲我陳成敗之理。朕貴知也。翌日。義上書云。臣本南楚卑薄之地。逢聖明爲治之時。不愛此身。願從入貢。臣本侏儒。性尤蒙滯。出入左右。積有歲華。濃被聖私。皆踰素望。侍從乘輿。周旋臺閣。臣雖至鄙。酷好窮經。頗知善惡之本源。少識興亡之所以。還往民間。周知利害。深蒙顧問。方敢敷陳。自陛下嗣守元符。體臨大器。聖神獨斷。諫謀莫從。獨發睿謀。不容人獻。大興西苑。兩至遼東。龍舟踰於萬艘。宮闕徧於天下。兵甲常役百萬。士民窮乎山谷。征遼者百不存十。沒葬者十未有一。帑藏全虛。穀粟湧貴。乘輿竟往。行幸無時。兵人侍從。常踰萬人。遂令四方失望。天下爲墟。方今有家之村。存者可數。子弟死於兵役。老弱困於蓬蒿。兵屍如嶽。餓莩盈郊。狗彘厭人之肉。鳶魚食人之餘。臭聞千里。骨積高原。膏血草野。狐犬盡肥。陰風無人之墟。鬼哭寒草之下。目斷平野。千里無煙。萬民剝落。莫保朝昏。父遺幼子。妻號故夫。孤苦何多。饑荒尤甚。亂離方始。生死孰知。人主愛人。一何如此。陛下恆性毅然。孰敢上諫。或有鯁言。又令賜死。臣下相顧。箝結自全。龍逄復生。安敢議奏。左右近臣。阿諛順旨。迎合帝意。造作拒諫。皆出此途。乃逢富貴。陛下惡過。從何得聞。方今又敗遼師。再幸東土。社稷危於春雪。干戈遍於四方。生民已入塗炭。官吏猶未敢言。陛下自惟。若何爲計。陛下欲幸永嘉。坐延歲月。神武威嚴。一何銷鑠。陛下欲興師。則兵吏不順。欲行幸則侍衞莫從。適當此時。如何自處。陛下雖欲發憤修德。特加愛民。聖慈雖切。救時。天下不可復得。大勢已去。時不再來。巨廈之崩。一木不能支。洪河已決。掬壤不能救。臣本遠人。不知忌諱。事忽至此。安敢不言。臣今不死。後必死兵。敢獻此書。延頸待盡。帝省義奏。曰。自古安有不亡之國。不死之主乎。義曰。陛下尙猶蔽飾已過。陛下常言吾當跨三皇。超五帝。下視商周。使萬世不可及。今日其勢如何。能自復回都輦乎。帝乃泣下。再三嘉歎。義曰。臣昔不言。誠愛生也。今旣具奏。願以死謝也。天下方亂。陛下自愛。少選報云。義自刎矣。帝不勝悲傷。命厚葬焉。不數日。帝遇害。時中夜聞外切切有聲。帝急起衣冠御內殿。坐未久。左右伏兵俱起。司馬戡攜刃向帝。帝叱之曰。吾終年重祿養汝。吾無負汝。汝何負吾。帝常所幸朱貴兒在帝傍。謂戡曰。三日前。帝慮侍衞秋寒。詔宮人悉絮袍褲。帝自臨視造數千袍。兩日畢工。前日賜公等。豈不知也。爾等何敢逼脅乘輿。乃大罵戡。戡曰。臣實負陛下。但今天下俱叛。二京已爲賊據。陛下歸亦無門。臣生亦無門。臣已虧臣節。雖欲復已不可得也。願得陛下首以謝天下。乃攜劍上殿。帝復叱曰。汝豈不知諸侯之血入地。當大旱。況天子乎。戡進帛帝入內閣自經。貴兒猶大罵不息。爲亂兵所殺。

馮延己　五代南唐廣陵人。一名延嗣。字正中。官至左僕射同平章事。工詞。有陽春集。

崑崙奴傳

唐大曆中有崔生者。其父爲顯僚。與蓋天之勳臣一品者熟。生是時爲千牛。其父使往省一品疾。生少年容貌如玉。性稟孤介。舉止安詳。發言清雅。一品命妓軸簾召生入室。生拜傳父命。一品忻然慕愛。命坐與語。時三妓人豔皆絕代。居前以金甌貯緋桃而擘之。沃以甘酪而進。一品遂命衣紅綃妓者。擎一甌與生食。生少年赧妓輩。終不食。一品命紅綃妓以匙而進之。生不得已而食。妓哂之。遂告辭而去。一品曰。郎君閒暇。必須一相訪。無間老夫也。命紅綃送出院。時生回顧。妓立三指。又反掌者三。然後指胸前小鏡子云。記取。餘更無言。生歸達一品意。返學院。神迷意奪。語減容沮。怳然凝思。日不暇食。但吟詩曰。悞到蓬山頂上遊。明璫玉女動星眸。朱扉半掩深宮月。應照瓊芝雪豔愁。左右莫能究其意。時家中有崑崙磨勒。顧瞻郎君曰。心中有何事。如此抱恨不已。何不報老奴。生曰。汝輩何知。而問我襟懷間事。磨勒曰。但言。當爲郎君釋解。遠近必能成之。生駭其言異。遂具告知。磨勒曰。此小事耳。何不早言之。而自苦耶。生又白其隱語。勒曰。又何難會。立三指者。一品宅中有十院歌姬。此乃第三院耳。反掌三者。數十五指。以應十五日之數。胸前小鏡子。十五夜月圓如鏡。令郎君來耳。生大喜不自勝。謂勒曰。何計而能達我鬱結耶。磨勒笑曰。後夜乃十五夜。請深青絹兩疋。爲郎君製束身之衣。一品宅有猛犬。守歌妓院門外。常人不得輒入。入必噬殺之。其警如神。其猛如虎。

郎曹孟海州之犬也。世間非老奴不能斃此犬耳。今夕當爲郎君撾殺之。遂宴犒以酒肉。至三更。攜鍊椎而往。食頃而回。曰。犬已斃訖。固無障塞耳。是夜三更。與生衣青衣。遂負而逾十重垣。乃入歌妓院內。止第三門。繡戶不扃。金釭微明。惟聞妓長歎而坐。若有所伺。翠鬟初墜。紅臉纔舒。幽恨方深。殊愁轉結。但吟詩曰。深谷鶯啼恨院香。偷來花下解珠璫。碧雲飄斷音書絕。空倚玉簫愁鳳凰。侍衛皆寢。鄰近闃然。生遂掀簾而入。姬默然良久。躍下榻執生手曰。知郎君穎悟。必能默識。所以手語耳。又不知郎君有何神術而至此。生具告磨勒之謀。負荷而至。姬曰。磨勒何在。曰。簾外耳。遂召入。以金甌酌酒而飲之。姬白生曰。某家本居朔方。主人擁旄。逼爲姬僕。不能自死。尚且偷生。臉雖鉛華。心頗鬱結。縱玉筯舉饌。金鑪泛漿。雲屏而每近綺羅。繡被而常眠珠翠。皆非所願。如在桎梏。賢爪牙既有神術。何妨爲脫狴牢。所願既伸。雖死不悔。請爲僕隸。願侍光容。又不知郎君高意如何。生愀然不語。磨勒曰。娘子既堅確如是。此亦小事耳。姬甚喜。磨勒請先爲姬負其囊橐妝奩。如此三復焉。然後曰。恐遲明。遂負生與姬而飛出峻垣十餘重。一品家之守禦。無有警者。遂歸學院而匿之。及旦。一品家方覺。又見犬已斃。一品大駭曰。我家門垣。從來邃密。扃鐍甚嚴。勢似飛騰。寂無形跡。此必是一大俠矣。無更聲聞。徒爲患禍耳。姬隱崔生家二歲。因花時駕小車而遊曲江。爲一品家人潛誌認。遂白一品。一品大異。召崔生而詰之。生懼而不敢隱。遂細言端由。皆因奴磨勒負荷而去。一品曰。是姬大罪過。但郎君驅使踰年。即不能問是非。某須為天下人除害。命甲士五十人。嚴持兵仗圍崔生院。使擒磨勒。磨勒遂持匕首飛出高垣。瞥若翅翎。疾同鷹隼。攢矢如雨。莫能中之。頃刻之間。不知所向。然崔家大驚愕。後一品悔懼。每夕多以家童持劍戟自衛。如此周歲方止。十餘年。崔家有人見磨勒賣藥於洛陽市。容髮如舊耳。

韋莊　五代前蜀人。字端己。唐乾寧中第進士。以左補闕宣諭兩川。遂留蜀。事王建。梁篡唐。莊與諸將乃擁建稱帝。累官吏部尚書同平章事。卒諡文靖。有浣花集及箋表離魂記。

離魂記

天授三年。清河張鎰因官家於衡州。性簡靜。寡知友。無子。其女二人。其長早亡。幼女倩娘端妍絕倫。鎰外甥太原王宙。幼聰悟。美容範。鎰常器重。每曰。他時當以倩娘妻之。後各長成。宙與倩娘常私感想於寤寐。家人莫知其狀。後有賓僚之選者求之。鎰許焉。女聞而鬱抑。宙亦深恚恨。託以當調。請赴京。止之不可。遂厚遣之。宙陰恨悲慟。決別上船。日暮至山郭數里。夜方半。宙不寐。忽聞岸上有一人行聲甚速。須臾至船。問之。乃倩娘步行跣足而至。宙驚喜發狂。執手問其從來。泣曰。君厚意如此。寢食相感。今將奪我此志。又知君深情不易。思將殺身奉報。是以亡命來奔。宙非意所望。欣躍特甚。遂匿倩娘於船。連夜遁去。倍道兼行。數月至蜀。凡五年。生兩子。與鎰絕信。其妻常思父母。涕泣言曰。吾曩日不能相負。棄大義而來奔君。今向五年。恩慈間阻。覆載之下。胡顏獨存也。宙哀之曰。將歸無苦。遂俱歸衡州。既至。宙獨身先至鎰家。首謝其事。鎰大驚曰。倩娘疾在閨中數年。何其詭說也。宙曰。見在舟中。鎰大驚。促使人驗之。果見倩娘在船中。顏色怡暢。訊使者曰。大人安否。家人異之。疾走報鎰。室中女聞。喜而起。飾粧更衣。笑而不語。出與相迎。翕然而合爲一體。其衣裳皆重。其家以事不常。秘之。唯親戚間有潛知之者。後四十年間。夫妻皆喪。二男並孝廉擢第。至丞尉。事出陳玄祐離魂記云。玄祐少日常聞此說。而多異同。或謂其虛。大歷末。遇萊蕪令張仲規。因備述其本末。鎰則仲規堂叔祖。而說極備悉。故記之。

綠珠傳

樂史　宋宜黃人。仕太宗朝。有仙洞集。廣卓異記。又有太平寰宇記。卷帙浩博。考據尤精核。

綠珠者。姓梁。白州博白縣人也。州則南昌郡。古粵地。秦象郡。漢合浦縣地。唐武德初。削平蕭銑。於此置南州。尋改爲白州。取白江爲名。州境有博白山。博白江。盤龍洞。房山。雙角山。大荒山。山上有池。池中有婢妾魚。綠珠生雙角山下。美而豔。粵俗以珠爲上寶。生女爲珠娘。生男爲珠兒。綠珠之字由此而稱。晉石崇爲交趾采訪使。以眞珠三斛致之。崇有別廬在河南金谷澗。澗中有金水。自太白源來。崇卽川阜製園館。綠珠吹笛。又善舞明君。明君者。漢妃也。漢元帝時。匈奴單于入朝。詔王嬙配之。卽昭君也。及將去。入辭。光彩射人。天子悔焉。重難改更。

漢人憐其遠嫁。爲作此歌。崇以此曲敎之。而自製新歌曰。我本良家子。將適單于庭。辭別未及終。前驅已抗旌。僕御流涕別。轅馬悲且鳴。哀鬱傷五內。涕泣霑珠纓。行行日已遠。遂造匈奴城。延佇於穹廬。加我閼氏名。殊類非所安。雖貴非所榮。父子見陵辱。對之慚且驚。殺身良不易。默默以苟生。苟生亦何聊。積思常憤盈。願假飛鴻翼。乘之以遐征。飛鴻不我顧。佇立以屏營。昔爲匣中玉。今爲糞上英。朝華不足歡。甘與秋草并。傳語後世人。遠嫁難爲情。崇又製懊惱曲以贈綠珠。崇之美豔者千餘人。擇數十人妝飾一等。使同視之。不相分別。刻玉爲倒龍佩。縈金爲鳳凰釵。結袖繞楹而舞。欲有所召者。不呼姓名。悉聽佩聲視釵色。佩聲輕者居前。釵色豔者居後。以爲行次而進。趙王倫亂常。賊類孫秀使人求綠珠。崇方登涼觀。臨清水。婦人侍側。使者以告。崇出侍婢數十人以示之。皆蘊蘭麝而披羅縠。曰。任所擇。使者曰。君侯服御麗矣。然受命指索綠珠。不知孰是。崇勃然曰。吾所愛不可得也。秀因是譖倫族之。收兵忽至。崇謂綠珠曰。我今爲爾獲罪。綠珠泣曰。願效死於君前。崇固止之。於是墜樓而崇棄東市。時人名其樓曰綠珠樓。樓在步庚里。近狄泉。狄泉在王城東。綠珠有弟子宋禕。有國色。善吹笛。後入晉明帝宮中。今白州有一派水。自雙角山出。合容州江。呼爲綠珠江。亦猶歸州有昭君灘。昭君村。昭君場。吳有西施谷。脂粉塘。蓋取美人出處爲名。又有綠珠井。在雙角山下。耆老傳云。汲此井飲者。誕女必多美麗。里閭有識者。以美色無益於時。因以巨石鎮之。爾後雖有產女端妍者。而七竅四肢。多不完具。異哉。山水之使然。昭君村生女。皆灸破其面。故白居易詩曰。不取往者戒。恐貽來者冤。至今村女面。燒灼成瘢痕。又以不完具而惜焉。牛僧孺周秦行記云。夜宿薄太后廟。見戚夫人王嬙太眞妃潘淑妃。各賦詩言志。別有善笛女子短鬟窄袖長帶。貌甚美。與潘氏偕來。太后以接坐居之。令吹笛。往往亦及酒。太后顧而謂曰。識此否。石家綠珠也。潘妃養作妹。太后曰。綠珠豈能無詩乎。綠珠拜謝作曰。此日人非昔日人。笛聲空怨趙王倫。紅殘鈿碎花樓下。金谷千年更不春。太后曰。牛秀才遠來。今日誰人與伴。綠珠曰。石衞尉性嚴忌。今有死。不可及亂。然事雖詭怪。聊以解頤。噫。石崇之敗。雖自綠珠始。亦其來有漸矣。崇常刺荊州。劫奪遠使。沈殺客商。以致巨富。又遺王愷鴆鳥。共爲鴆毒之事。有此陰謀。加以每邀客宴集。令美人行酒。客飲不盡者。使黃門斬美人。王丞相與大將軍嘗共訪崇。丞相素不能飲。輒自勉强。至於沈醉。至大將軍。故不飲以觀其氣色。已斬三人。君子曰。禍福無門。惟人自召。崇心不義。舉動殺人。烏得無報也。非綠珠無以速石崇之誅。非石崇無以顯綠珠之名。綠珠之墜樓。侍兒之有貞節者也。比之於古。則有曰六出。六出者王進賢侍兒。進賢晉愍太子妃。洛陽亂。石勒掠進賢渡孟津。欲妻之。進賢罵曰。我皇太子婦。司徒公女。胡羌小子。敢干我乎。言畢投河。六出曰。大既有之。小亦宜然。復投河中。又有窈娘者。武周時喬知之寵婢也。盛有姿色。特善歌舞。知之教讀書。善屬文。深所愛幸。時武承嗣驕貴。內宴酒酣迫知之將金玉賭窈娘。知之不勝。便使人就家强載以歸。知之怨悔。作綠珠篇以敘其怨。詞曰。石家金谷重新聲。明珠十斛買娉婷。此日可憐無復比。此日可愛得人情。君家閨閣未曾難。嘗持歌舞使人看。富貴雄豪非分理。驕矜勢力橫相干。辭君去君終不忍。徒勞掩面傷紅粉。百年離別在高樓。一旦紅顏爲君盡。知之私屬承嗣家閽奴傳詩於窈娘。窈娘得詩悲泣。投井而死。承嗣令汲出。於衣中得詩。鞭殺閽奴。諷吏羅織知之。以至殺焉。悲夫。二子以愛姬示人。掇喪身之禍。所謂倒持太阿。授人以柄。易曰。慢藏誨盜。冶容誨淫。其此之謂乎。其後詩人題歌舞妓者。皆以綠珠爲名。庾肩吾曰。蘭堂上客至。倚席清絃撫。自作明君辭。還教綠珠舞。李元操云。絳樹搖歌扇。金谷舞筵開。羅袖拂歸客。留歡醉玉杯。江總云。綠珠含淚舞。孫秀强相邀。綠珠之沒。已數百年矣。詩人尚詠之不已。其故何哉。蓋一婢子。不知書而能感主恩。憤不顧身。其志烈懍懍。誠足使後人仰慕歌詠也。至有享厚祿。盜高位。亡仁義之行。懷反覆之情。暮三朝四。惟利是務。節操反不若一婦人。豈不媿哉。今爲此傳。非徒述美麗。窒禍源。且欲懲戒辜恩背義之類也。季倫死後十日。趙王倫敗。左衞將軍趙泉斬孫秀於中書。軍士趙駿剖秀心食之。倫囚金墉城。賜金屑酒。倫慚。以巾覆面曰。孫秀誤我也。飲金屑而卒。皆夷家族。南陽生曰。此乃假天之報怨。不然。何以梟夷之立見乎。

張邦基　宋高郵人。字子賢。仕履未詳。清四庫書目子部雜家載其所著墨莊漫錄。謂所記軼事。多參以神怪。頗闖入小說家言。

墨莊漫錄　蘇子瞻

蘇子由在政府。子瞻爲翰苑。有一故人。與子由兄弟有舊者。來干子由。求差遣。久而未遂。一日來見子瞻。且云某有望內翰以一言爲助。公徐曰。舊聞有人貧甚。無以爲生。乃謀伐冢。遂破一墓。見一人裸而坐曰。爾不聞漢世楊王孫乎。裸葬以矯世。無物以濟汝也。復鑿一冢。用力彌艱。既入見一王者曰。我漢文帝也。遺制壙中無納金玉。器皆陶瓦。何以濟汝。復見有二冢相連。乃穿其在左者。久之方透。見一人曰。我伯夷也。瘠羸面有飢色。餓於首陽之下。無以應汝之求。其人歎曰。用力之勤而無所獲。不若更穿西冢。或冀有得也。瘠羸者謂曰。勸汝別謀於他所。汝視我形骸如此。舍弟叔齊。豈能爲人也。故人大笑而去。

洪邁　宋鄱陽人仕高宗孝宗朝卒謚文敏有容齋隨筆夷堅志唐人萬首絕句。

夷堅志二則　毛烈陰獄　張拱遇仙

瀘州合江縣趙市村民毛烈。以不義起富。他人有善田宅。輒百計謀之。必得乃已。昌州人陳祈與烈善。祈有弟三人。皆少。慮弟壯而析其產也。則悉舉田質於烈。累錢數千緡。其母死。但以見田分爲四。於是載錢詣毛氏贖所質。烈受錢。有乾沒心。約以他日取券。祈曰。得一紙書爲證足矣。烈曰。君與我待是耶。祈信之。後數日往。則烈避不出。祈訟於縣。縣吏受烈賄。曰。官用文書耳。安得交易錢數千緡而無券者。吾且言之。令令決獄果如吏旨。祈以誣罔受杖。訴於州。於轉運使。皆不得直。乃具牲酒詛於社。夢與神遇。告之曰。此非我所能辦。盍往禱東嶽行宮。當如汝請。既至殿上。於幡帷蔽映之中。屑然若有言曰。夜間來。祈急趨出。迨夜復入拜謁。置狀於几上。又聞有語曰。出去。遂退。時紹興四年四月二十日也。如是三日。烈在門內。黃衣人直入。捽其胸毆之。奔迸得脫。至家死。又三日。牙儈一僧死。一奴爲左者亦死。最後祈亦死。少焉復蘇。謂家人曰。吾往對毛張大事。即烈也善守我。七日至十日勿斂也。祈入陰府。追者引烈及僧參對。烈猶以無償錢券爲解。獄吏指其心曰。所憑唯此耳。安用券。取業鏡照之。覩烈夫婦並受祈錢狀。曰。信矣。引入大庭下。兵衞甚盛。其上袞冕人怒叱吏械烈。烈懼。乃首服。主者又曰。縣令聽決不直。已黜官若干。吏受賕者。盡火其居。仍削壽之半。烈遂赴獄。且行泣謂祈曰。吾還無日。爲語吾妻。多作佛果救我。君元券在某櫝中。又吾平生以詐得人田凡十有三契。皆在室中錢積下。幸呼十三家人併償之。以減罪。主者又命引僧前。僧曰。但見初質田時事。他不預知也。與祈俱得釋。既出。經聚落屋室。大抵皆囹圄。送者指曰。此治殺降者。不孝者。巫祝淫祠者。逋誑佛事者。其類甚衆。自周秦以來。貴賤華夷。悉治不擇也。又謂祈曰。子來七日矣。可急歸。遂抵其家而寤。遣子視縣吏。則其廬焚矣。視其僧。荼毗已三日。往毛氏。迹其事。其子如父言。取券還之。是夕。僧來擊毛氏門罵曰。我坐汝父之故被逮。得還而身已焚。

將何以處我。毛氏曰。業已至此。惟有爲作佛事耳。僧曰。我未合死。鬼錄所不受。又不可爲人。雖得冥福無用也。俟此世數盡。方別受生。今只守爾門不可去矣。自是每夕必至。久之其聲漸遠。曰。以爾作福。我稍退舍。然終無生理也。後數年毛氏衰替始已。

汴人張拱。舉進士不第。家甚貧。母黨龔氏世爲醫。故拱亦能方術。置藥肆於宜春門後坊。仍不售。嘗晨起披衣櫛髮未洗頮。有道士迎日而來。目光炯然。射日不瞬。徑造肆中。顧而不揖。振衣上坐。拱頗忿其倨。作色問所來。答曰。汝無詰吾所從來。正欲見汝耳。拱意此妄人。京師固多。其比。擲一錢與之。麾使去。笑曰。吾無求於人。以汝有道質。故來誨汝。何賜拒之深。拱悟起。冠巾而出。與之語。及出家事。理致精微。聞所未聞。於是始愧悔。曰。拱鄙人。眼凡心惑。仙君幸見臨。願終教之。道士曰。汝何求。曰。家貧。飦粥不繼。儻使不食可飽。則上願也。俄而鬻蒸棗者來。道士取先所擲一錢買之。得七枚。顧謂拱曰。神仙以辟穀爲下。然卻粒則無滓。濁無滓濁則不漏。由此亦可以入道。張子房諸人乃以丹藥療飢。固已汚矣。汝欲得此。道自此不淫可乎。人能不淫。俗念自息。俗念既息。則仙才也。乃取七棗熟視而噓之。曰。汝啗此可終身不食。人或強使食。亦無禁。復欲不食則如初。但汝有老母妻子。未可相從。然既啗七棗。當應七夢。豫爲汝言。汝事親既終。昏嫁既畢。已能不食。復又何求。宜脫身詣名山。於懸絕處尋石穴深廣有容者。自累石塞其門。一念不起。坐臥行立於其間。自有佳趣。僅及半紀。則汝之身如蟬出殼逍遙乎六合之外矣。過此非今日可以語汝也。言竟攝衣而起。拱因留之不可。起出門。無所見。拱乃知其非常人。悵然有所失者累月。聞飲食氣輒嘔。遂不食踰二年。糞溺俱絕。神氣明爽。步趨輕利。每日試其力。從旦至暮。緣京城外郛可市者五反。蓋數百里也。前後得七夢。如道士言不小差。母病痔二十年。衆藥不驗。漫以七棗餘核進之。一夕而愈。拱既不御內。視其妻如路人。妻郭氏性剛果。忿恚而卒。家人益憂疑之。逼而餽之食。食兼數人。爾後可食或不食。朋友疑其詐者。扃諸室試之。不以爲苦。人或召醫。則攜藥而往。至則登病者之席。坐於旁。雖逾旬涉月。杯水粒粟無所須。喜飲酒。好作詩。行年六十而顏色如壯者。後其母沒。不知所終。

沈俶　淸四庫書子部小說家存目。載有其所著諧史一卷。云嘉定後人所錄。皆汴京舊聞。以多詼諧之語。故名曰諧史。

諧史　我來也

京城閭閻之區。竊盜極多。蹤跡詭祕。未易根緝。趙師羼尙書尹臨安日。有賊每於人家作竊。必以粉書我來也三字於門壁。雖緝捕甚嚴。久而不獲。我來也之名。鬨傳京邑。不曰捉賊。但云捉我來也。一日所屬解一賊至。謂此卽我來也。亟送獄鞫勘。乃略不承服。且無贓物可證。未能竟此獄。其人在禁。忽密謂守卒曰。我固嘗爲賊。卻不是我來也。今亦自知無脫理。但乞好好相看。我有白金若干。藏於寶叔塔上某層某處。可往取之。卒思塔上乃人跡往來之衝。意其相侮。賊曰。毋疑。但往此方作少緣事。點塔燈一夕。盤旋終夜。便可得矣。卒從其計。得金大喜。次早入獄。密以酒肉與賊。越數日。又謂卒曰。我有器物一甕。寘侍郎橋某處水內。可復取之。卒曰。彼處人鬧。何以取。賊曰。令汝家人以籮貯衣裳。橋下洗濯。潛掇甕入籮。覆以衣。舁歸可也。卒從其言。所得愈豐。次日復勞以酒食。卒雖甚喜。而莫知賊意。一夜。至二更。賊低語爲卒曰。我欲略出。四更盡即來。決不累汝。卒曰。不可。賊曰。我固不至累汝。設或我不復來。汝失囚必至配罪。而我所遺。儘可爲生。苟不見從。卻恐悔吝有甚於此。卒無奈。遂縱之去。卒坐以伺。正憂惱間。聞簷瓦聲。已躍而下。卒喜。復桎梏之。甫旦。啟獄戶。聞某門張府有詞云。昨夜三更被盜。失物某某。賊於府門上寫我來也三字。師睪撫案曰。幾誤斷此獄。宜乎其不承認也。止以不合犯夜。從杖而出諸境。獄卒回。妻曰。半夜後聞扣門。恐是汝歸。亟起開門。但見一人以二布囊擲戶內而去。遂藏之。卒取視。則皆黃白器也。乃悟張府所盜之物。又以賂卒。賊竟逃命。雖以趙尹之明。特而莫測其奸。可謂黠矣。卒乃以疾辭獄。享從容之樂。終身。沒後子不能守。悉蕩焉。始與人言。

元好問　金秀容人。字裕之。號遺山。第進士。官至尚書左司員外郎。詩文備有衆體。蔚爲一代宗匠。有遺山集中州集唐詩鼓吹續夷堅志。

續夷堅志　張童入冥

平輿南函頭村張老者。以捕鶉爲業。故人目爲鵪鶉。年已老。止一兒。成童矣。一旦死。翁媪自念老無所倚。號哭悶絕。恨不俱死。明日欲埋之。又復不忍。但累磚作邱。入地一二尺許。云吾兒還活。人笑其癡。而亦有哀之者。三日復墓慟哭不休。忽聞墓中呻吟聲。翁媪驚曰。吾兒果還魂矣。撤棺磚。曳棺木出。舁歸其家。俄索湯粥。良久說初爲人攝往冥司。兒哀訴主者。爹娘老可念。乞盡餘年葬送畢死無所恨。冥官頗憐之。卽云。今放汝歸。語汝父能棄打捕之業。汝命可延矣。其父聞此語。盡焚網罟之屬。挈兒入寺供佛。寺有一僧呂姓者。年未四十。儀表殊偉。曾上州作綱首。張童卽前問僧師亦還魂耶。呂云何曾死。張童言我在冥中引問。次見師在殿角銅柱上。鐵繩繫足。獄卒往來以棓撞師腋下。流血淋漓。及放歸時。曾問監卒呂師何故受罪。乃云他多脫下齊主經文。故受此報。呂聞大駭。蓋其腋下病一漏瘡。已三年矣。兒初不知。呂遂潔居一室。日以誦經爲課。凡三年。瘡乃平。

宋本　元大都人。字誠夫。至治初進士第一。官監察御史。集賢學士。兼國子祭酒。卒諡正獻。有至治集。

工獄

京師小木局木工數百人。官什伍其人。置長分領之。一工與其長爭長曲不下。工遂絕不往來半歲。衆工謂口語非大嫌。醵酒肉强工造長居和解之。乃讙如初。暮醉散去。工婦淫素與所私者謀戕良人。不得間。是日以其醉於讎而返也。殺之。倉卒藏屍無所。室有土榻。榻中空。蓋寒則以厝火者。迺啟榻甎置屍空中。空隘。割爲四五始容焉。復甎故所。明日婦往長家哭曰吾夫昨不歸。必而殺之。訟諸警巡院。院以長仇也。逮至榜掠不勝毒。自誣服。婦發喪成服。召比邱修佛事。哭盡哀。院詰長屍處。曰棄壕中。責伍作二人索之壕。弗得。伍作本治喪者。民不得良死而訟者主之。是故常也。刑部御史京尹交促具獄甚急。二人者期十日得屍。不得。笞。既乃竟不得。笞期七日。又不得。期五日。期三日。四被笞。終不得。而期益近。二人歎惋。循壕相語。笞無已時。因謀別殺人應命。暮坐水傍。一翁騎驢渡橋。犄角擠墮水中。縱驢去。懼狀不類。不敢輒出。又數受笞。涉旬餘。度翁爛不可識。舉以聞。院召婦審視。婦撫而大號曰是矣。吾夫死乃爾若耶。取夫衣招魂壕上。脫笄珥具棺葬之。獄遂成。院當長死。案上未報。可騎驢翁之族。物色翁不得。一人負驢皮道中。過宛然其所畜。奪而披視。血皮未燥。執愬於邑。亦以鞫訊憯酷。自誣劫翁驢。翁拒而殺之。屍葬某地。求之不見。負皮者瘐死獄中。歲餘。前長奏下。縛出狴犴。衆工隨而譟。若雷。雖皆憤其寃。而不能爲之明。環視無可奈何。長竟斬。衆工愈哀歎不置。徧訪其事。無所得。不知爲計。乃聚議裒交鈔百定。處處置衢路。有得某工死狀者。酬以是。亦寂然無應者。初婦每修佛事。則丐者坌至。求供飯。一故偸常從丐往乞。一日偸將盜他人家。尚早不可。既熟婦門戶。乃闇中依其垣屋以須。迫鐘時。忽醉者踉蹌而入。酗而怒婦詈之拳之。且蹴之。婦不敢出聲。醉者睡。婦微許燭下曰。緣而殺吾夫。體骸異處土榻下。二歲餘矣。楊既不可火。又不敢瘞。治吾夫尚不知腐盡以否。今乃虐我。歎息飲泣。偷立牖外。悉得之默自賀曰。奚偷爲明發入局中號於衆。吾已得某工死狀。速付我錢。衆以其故。偷不肯曰。必暴著乃可。遂書合分支與偷。且俾衆遙隨我往。偷陽被酒入婦舍。挑之。婦大罵。丐敢爾。鄰居皆不平。偷將毆之。偷遽去土榻席扳。輒作欲擊鬬狀。則屍見矣。衆工突入。償偷購。反接婦送官。婦吐實。醉者則所私也。官復窮壕中死人何從來。伍作款擠何物騎驢翁墮水。伍作誅。婦洎所私者磔於市。先主長死。吏皆廢終身。官知水中翁即鄉瘐死者事。然以發之則吏又有得罪者數人。遂寢。負皮者冤竟不白。

王惲　元汲縣人。字仲謀。官翰林學士。有玉堂佳話秋澗集。

烈婦胡氏傳

劉平妻胡氏。濱州渤海縣秦臺鄉田家子。至元庚午。平挈胡洎二子南戍棗陽。垂至宿沙河岸。夜半有虎突來。啞平左髆。曳之而去。胡即抽刀前追。可十許步。及之。徑刺虎。劃腸而出。斃焉。趣呼夫。猶生。曰可忍死。去此若他虎復來。奈何。委裝車。遂扶傷攜幼涉水而西。黎明及季陽堡。訴於戍長趙侯。爲捄藥之。軍中聚觀。哀平之不幸。咤胡之勇烈也。信宿平以傷死。趙移其事上聞。得復役終身。嘻。胡柔懦者也。非不懼獸之殘酷。正以援夫之氣激於衷。知有夫而不知有虎也乎。雖死。其志烈言言。方之泰山虢婦。何壯毅哉。

劉基　明青田人。字伯溫。元末進士。佐太祖定天下。累官御史中丞。諸大典制。皆基與李善長宋濂計定。封誠意伯。卒諡文成。基博通經史。尤精象緯之學。有郁離子覆瓿集寫情集犁眉公集等書。

賣柑者言

杭有賣果者。善藏柑。涉寒暑不潰。出之燁然。玉質而金色。剖其中。乾若敗絮。予怪而問之曰。若所市於人者。將以實籩豆。奉祭祀。供賓客乎。將衒外以惑愚瞽乎。甚矣哉為欺也。賣者笑曰。吾業是有年矣。吾業賴是以食吾軀。吾售之。人取之。未聞有言。而獨不足子所乎。世之為欺者不寡矣。而獨我也乎。吾子未之思也。今夫佩虎符。坐皐比者。洸洸乎干城之具也。果能授孫吳之略耶。峨大冠。拖長紳者。昂昂乎廟堂之器也。果能建伊皐之業耶。盜起而不知御。民困而不知救。吏奸而不知禁。法斁而不知理。坐糜廩粟而不知恥。觀其坐高堂。騎大馬。醉醇醴而飫肥鮮者。孰不巍巍乎可畏。赫赫乎可象也。又何往而不金玉其外。敗絮其中也哉。今子是之不察。而以察吾柑。予默默無以應。退而思其言。類東方生滑稽之流。豈其忿世嫉邪者耶。而託於柑以諷耶。

蘇伯衡　小傳見列代論文名著類。

瞽說　好利

東郭氏之貓羣聚於庭。首以相枕。足以相⿴行扌。尾以相戲。舌以相咶。甚相狎也。投之腐鼠。皆挺而起。得者馳以去。不得者或逐其後。或據其前。或號其右。或攫其左。相與鬭且噬矣。空同子曰。利之善移心術也如此。夫物交於前。欲炎於中。恐己不得而人得之也。雖腐鼠之微。甚狎之貓。鬭而噬弗顧矣。而況有大於鼠者乎。今之人平居相與握手附耳。以致懽忻洽愛。自謂骨肉良不過是。及乎勢位一接。幸於得而忘其所以爲義。醜抵而深排。陰擠而陽奪。不得之不已。心術之移於利也如是。則與東郭氏之貓何異哉。

方孝孺 明寧海人。字希直。從宋濂遊。工古文。建文之難。殉節死。有遜志齋集。

吳士

吳士好夸言。自高其能。謂舉世莫及。尤喜談兵。談必推孫吳。遇元季亂。張士誠稱王姑蘇。與國朝爭雄。兵未決。士謁士誠曰。吾觀今天下形勢。莫便於姑蘇。粟帛莫富於姑蘇。兵甲莫利於姑蘇。然而不霸者。將劣也。今大王之將。皆任賤丈夫。戰而不知兵。此鼠鬭耳。王果能將吾。中原可得。於勝小敵何有。士誠以爲然。俾爲將。聽自募兵。戒司粟吏勿與較贏縮。士嘗遊錢塘。與無賴懦人交。遂募兵於錢塘。無賴士皆起從之。得官者數十人。月糜粟萬計。日相與講擊刺坐作之法。暇則斬牲具酒燕飲。其所募士實未嘗能將兵也。李曹公破錢塘。士及麾下遁去。不敢少格。蒐得縛至轅門。誅之。垂死猶曰。吾善孫吳法。

越巫

越巫自詭善驅鬼物。人病。立壇場。鳴角振鈴。跳擲叫呼。爲胡旋舞禳之。病幸已。饌酒食持其資去。死則諉以他故。終不自信其術之妄。恆夸人曰。我善治鬼。鬼莫敢我抗。惡少年慍其誕。瞷其夜歸。分五六人棲道旁木上。相去各里所。候巫過。下沙石擊之。巫以爲眞鬼也。卽鳴其角。且角且走。心大駭。首岑岑加重。行不知足所在。稍前。駭頗定。木間沙亂下如初。又鳴其角。角不能成音。走愈急。復至前。復如初。手慄氣懾。不能角。角墜。振其鈴。既而鈴墜。惟大叫以行。行聞履聲及葉鳴谷響。亦皆以爲鬼。號求救於人。甚哀。夜半抵家。大哭叩門。其妻問故。舌縮不能言。惟指牀曰。亟扶我寢。我遇鬼。今死矣。扶至牀。膽裂死。膚色如藍。巫至死不知其非鬼。

中山狼傳

馬中錫　明故城人字天祿成化進士官至都御史有東田漫藁別本東田集。

趙簡子大獵於中山。虞人道前。鷹犬羅後。捷禽鷙獸。應弦而倒者不可勝數。有狼當道。人立而啼。簡子垂手登車。援烏號之弓。挾肅慎之矢。一發飲羽。狼失聲而逋。簡子怒。驅車逐之。驚塵蔽天。足音鳴雷。十步之外。不辨人馬。時墨者東郭先生將北適中山以干仕。策蹇驢。囊圖書。夙行失道。望塵驚悸。狼奄至。引首顧曰。先生豈有志於濟物哉。昔毛寶放龜而得渡。隋侯救蛇而獲珠。龜蛇固弗靈於狼也。今日之事。何不使我早處囊中。以苟延殘喘乎。異時倘得脫穎而出。先生之恩。生死而肉骨也。敢不努力以效龜蛇之誠。先生曰。嘻。私汝狼以犯世卿。忤權貴。禍且不測。敢望報乎。然墨之道。兼愛爲本。吾終當有以活汝。脫有禍。固所不辭也。乃出圖書。空囊橐。徐徐焉實狼其中。前虞跋胡。後恐疐尾。三納之而未克。徘徊容與。追者益近。狼請曰。事急矣。先生固將揖遜救焚溺而鳴鸞避寇盜邪。惟先生速圖。乃跼蹐四足。引繩而束縛之。下首至尾。曲脊掩胡。蝟縮蠖屈。蛇盤龜息。以聽命先生。先生如其指。內狼於囊。遂括囊口。肩舉驢上。引避道左。以待趙人之過。已而簡子至。求狼弗得。盛怒。拔劍斬轅端示先生。罵曰。敢諱狼方向者。有如此轅。先生伏質就地。匍匐以進。跽而言曰。鄙人不慧。將有志於世。奔走遐方。自迷正途。又安能發狼蹤。以指示夫子之鷹犬也。然嘗聞之。大道以多歧亡羊。夫羊。一童子可制之。如是其馴也。尚以多歧而亡。狼非羊比。而中山之歧。可以亡羊者何限。乃區區循大道以求之。不幾於守株緣木乎。況田獵。虞人之所事也。君請問諸皮冠。行道之人何罪哉。且鄙人雖愚。獨不知夫狼乎。性貪而很。黨豺爲虐。君能除之。固當窺左足以效微勞。又肯諱之而不言哉。簡子默然。回車就道。先生亦驅驢兼程而進。良久。羽旄之影漸沒。車馬之音不聞。狼度簡子之去遠。而作聲囊中曰。先生可留意矣。出我囊。解我縛。拔矢我臂。我將逝矣。先生舉手出狼。狼咆哮謂先生曰。適爲虞人逐。其來甚速。幸先生生我。我餒甚。餒不得食。亦終必亡而已。與其飢死道路。爲羣獸食。毋寧斃於虞人。以俎豆於貴家。先生既墨者。摩頂放踵。思一利天下。又何吝一軀啖我而全微命乎。遂鼓吻奮爪以向先生。先生倉卒以手搏之。且搏且卻。引蔽驢後。便旋而走。狼終不得有加於先生。先生亦極力拒。彼此俱倦。隔驢喘息。先生曰。狼負我。狼負我。我曰。吾非固欲負汝。天生汝輩。固需吾輩食也。相持既久。日晷游移。先生竊念天色向晚。狼復羣至。吾死矣夫。因紿狼曰。民俗事疑。必詢三老。第行矣。求三老而問之。苟謂我可食。卽食。不可卽已。狼大喜。卽與偕行。踰時。道無人行。狼饞甚。望老木僵立路側。謂先生曰。可問是老。先生曰。草木無知。叩焉何益。狼曰。第問之。彼當有言矣。先生不得已。揖老木。具述始末。問曰。若然。狼當食我邪。木中轟轟有聲。謂先生曰。我杏也。往年老圃種我時。費一核耳。踰年華。再踰年實。三年拱把。十年合抱。至於今二十年矣。老圃食我。老圃之妻食我。外至賓客。下至於僕。皆食我。又復鬻實於市以規利於我。其有功於老圃甚巨。今老矣。不得斂華就實。賈老圃怒。伐我條枚。芟我枝葉。且將售我工師之肆取直焉。噫。樗朽之材桑榆之景。求免於斧鉞之誅而不可得。汝何德於狼。乃覬免乎。是固當食汝。言下。狼復鼓吻奮爪以向先生。先生曰。狼爽盟矣。矢詢三老。今値一杏。何遽見迫耶。復與偕行。狼愈急。望見老牸。曝日敗垣中。謂先生曰。可問是老。先生曰。嚮者草木無知。謬言害事。今牛禽獸耳。更何問爲。狼曰。第問之。不問將咥汝。先生不得已。揖老牸。再述始末以問。牛皺眉瞪目。舐鼻張口向先生曰。老杏之言不謬矣。老牸繭栗少年時。筋力頗健。老農賣一刀以易我。使我貳羣牛事南畝。既壯。羣牛日以老憊。凡事我都之。彼將馳驅。我伏田車。擇便途以急奔趨。彼將躬耕。我脫輻衡。走郊坰。以闢榛荊。老農親我。猶左右手。衣食仰我而給。婚姻仰我而畢。賦稅仰我而輸。倉庾仰我而實。我亦自諒可得帷席之敝。如馬狗也。往年家儲無儋石。今麥收多十斛矣。往年窮居無顧藉。今掉臂行村社矣。往年塵卮罌。涸脣吻。盛酒瓦盆半生未接。今醞黍稷據尊罍。驕妻妾矣。往年衣短褐。侶木石。手不知揖。心不知學。今持兔園。戴笠子。腰韋帶。衣寬博矣。一絲一粟。皆我力也。顧欺我老弱。逐我郊野。酸風射眸。寒日弔影。瘦骨如山。老淚如雨。涎垂而不可收。足攣而不可舉。皮毛俱亡。瘡痍未瘥。老農之妻妬且悍。朝夕進說曰。牛之一身無廢物也。肉可脯。皮可鞟。骨角且切磋爲器。指大兒曰。汝受業庖丁之門有年矣。胡不礪刃硎以待。跡是觀之。是將不利於我。我不知死所矣。夫我有功。彼無情。乃若是。行將蒙禍。汝何德於狼。覬幸免乎。言下。狼又鼓吻奮爪以向先生。先生曰。毋欲速。遙望老子杖藜而來。鬚眉皓然。衣冠閑雅。蓋有道者也。先生且喜且愕。舍狼而前。拜跪啼泣。致辭曰。乞丈人一言而生。丈人問故。先生曰。是狼爲虞人所窘。求救於我。我實生之。今反欲咥我。力求不免。我又當死之。欲少延於片時。誓定是於三老。初逢老杏。強我問之。草木無知。幾殺我。次逢老牸。強我問之。禽獸無知。又幾殺我。今逢丈人。豈天之未喪斯文也。敢乞一言而生。因頓首杖下。俯伏聽命。丈人聞之。欷歔再三。以杖叩狼曰。汝誤矣。夫人有恩而背之。不祥莫大焉。儒謂受人恩而不忍背者。其爲子必孝。又謂虎狼之父子。今汝背恩如是。則併父子亦無矣。乃厲聲曰。狼速去。不然。將杖殺汝。狼曰。丈人知其一。未知其二。請愬之。願丈人垂聽。初先生救我時。束縛我足。閉我囊中。壓以詩書。我鞠躬不敢息。又蔓詞以說簡子。其意蓋將死我於囊。而獨竊其利也。是安可不咥。丈人顧先生曰。果如是。羿亦有罪焉。先生不平。具狀其囊狼憐惜之意。狼亦巧辯不已以求勝。丈人曰。是皆不足以執信也。試再囊之。吾觀其狀果困苦否。狼欣然從之。信足先生。先生復縛寘囊中。肩舉驢上。而狼未之知也。丈人附耳謂先生曰。有匕首否。先生曰。有。於是出匕。丈人目先生使引匕刺狼。先生曰。不害狼乎。丈人笑曰。禽獸負恩如是。而猶不忍殺。子固仁者。然愚亦甚矣。從井以救人。解衣以活友。於彼計則得。其如就死地何。先生其此類乎。仁陷於愚。固君子之所不與也。言已大笑。先生亦笑。遂舉手助先生操刃。共殪狼。棄道上而去。

陸容　明崑山人。字文量。成化進士。歷官浙江參政。有菽園雜記。

阿留傳

阿留者。太倉周元素家僮也。性癡獃無狀。而元素終畜之。嘗使執洒掃。終朝運帚不能潔一廬。主怒之。則擲帚於地曰。汝善是。曷煩我爲。元素或他出。使之應門。賓客雖稔熟者。不能舉其名。問之。必曰短而肥者。瘦而髯者。美容姿者。龍鍾而曳杖者。後度不悉記。則闔門拒之。家蓄古尊彝鼎敦數物。客至。出陳之。留何客退。竊叩之。曰。是非銅乎。何黯黑若是也。走取沙石。就水磨滌之。矮榻缺一足。使留斷木之歧生者爲之。持斧鋸歷園中竟日。及其歸。出二指狀曰。木枝皆上生。無下向焉。家人爲之閧然。舍前植新柳數枝。元素恐爲鄰兒所撼。使留守焉。留將入飯。則收而藏之。其可笑事率類此。元素工楷書。尤善繪事。一日和粉墨戲語曰。汝能爲是乎。曰。何難乎是。遂使爲之。濃淡參亭。一若素能。屢試之。亦無不如意者。元素由是專任之。終其身不棄焉。傳者曰。樗櫟不材。薪者弗棄。砂石至惡。玉人賴焉。蓋天地間無棄物也。矧靈於物者。獨無可取乎。阿留癡獃無狀。固棄材耳。而卒以一長見試。實元素之能容也。今天下正直靜退之士。每不爲造命者所知。遲鈍疏闊者。又不爲所喜。能知而喜矣。用之不能當其材。則廢棄隨之。於戲。今之士。胡不幸而獨留之幸哉。

田汝成　明錢塘人。字叔禾。嘉靖進士。歷官西南各省。諳曉先朝遺事。著有炎徼紀聞西湖遊覽志。

阿寄傳

阿寄者。淳安徐氏僕也。徐氏昆弟別產而居。伯得一馬。仲得一牛。季寡婦得阿寄。阿寄年五十餘矣。寡婦泣曰。馬則乘。牛則耕。踉蹌老僕。迺費我藜羹。阿寄歎曰。噫。主謂我力不若牛馬耶。迺畫策營生。示可用狀。寡婦悉簪珥之屬。得銀一十二兩。畀寄。寄則入山販漆。朞年而三其息。謂寡婦曰。主無憂。富可立致矣。又二十年而致產數萬金。爲寡婦嫁三女。婚兩郎。齎聘皆千金。又延師教兩郎。既皆輸粟爲太學生。而寡婦則阜然財雄一邑矣。頃之阿寄病且死。謂寡婦曰。老奴馬牛之報盡矣。出枕中二楮。則家計鉅細悉均分之。曰此遺兩郎君。可世守也。言訖而終。徐氏諸孫或疑寄私蓄者。竊啟其篋。無寸絲粒粟之儲焉。一嫗一兒。僅敝縕掩體而已。嗚呼。阿寄之事。予蓋聞之俞鳴和云。夫臣之於君也。有爵祿之榮。子之於父也。有骨肉之愛。然垂纓曳綬者。或不諱爲盜臣。五都之豪。爲父行賈。匿良獻楛。否且德色也。迺阿寄村鄙之民。衰邁之叟。相嫠人撫髫穉而株守薄業。戶祚彫落。溝壑在念。非素聞詩禮之風。心激寵榮之慕也。迺肯畢心殫力。昌振鐡基。公爾忘私。斃而後已。是豈尋常所可及哉。嗚和又曰。阿寄老矣。見徐氏之族雖幼。必拜。騎而遇諸塗。必控勒將數百武以爲常。見主母不睇視。女使雖幼。非傳言不離立也。若然。卽縉紳讀書明理達義者。何以加此。移此心也以奉其君親。雖謂大忠純孝可也。

袁宏道　明公安人。字中郎。萬曆進士。爲詩文主妙悟。矯王李剽竊之弊。時稱公安體。有袁中郎集。

醉叟傳

醉叟者。不知何地人。亦不言其姓氏。以其常醉。呼曰醉叟。歲一遊荊澧間。冠七梁冠。衣繡衣。高顴闊輔。修髯便腹。望之如悍將軍。年可五十餘。無伴侶弟子。手提一黃竹籃。盡日酣沈。白晝如寐。百步之外。糟風逆鼻。徧巷陌索酒。頃刻飲十餘家。醉態如初。不穀食。惟啖蜈蚣蜘蛛癩蝦蟆。及一切蟲蟻之類。市兒驚駭爭握。諸毒以供。每遊行時。隨而觀者常百餘人。人有侮之者。漫作數語。多中其陰事。其人駭而返走。籃中嘗畜乾蜈蚣數十條。問之。則曰天寒酒可得此物不可得也。伯修予告時。初聞以爲傳言者過。召而飲之。童子覓毒蟲十餘種進。皆生噉之。諸小蟲浸漬盃中。如鷄在醯。與酒俱盡。蜈蚣長五六寸者。夾以柏葉。去其鉗。生置口中。赤爪獰獰。屈伸脣髭間。見者肌栗。叟方得意大嚼。如食熊白豚乳也。問諸味孰佳。叟曰。蝎味大佳。惜南中不可得。蜈蚣次之。蜘蛛小者勝。獨蟻不可多食。多食則悶。問食之有何益。曰無益。直戲耳。叟與余往來漸孰。每來踞坐砌間。呼酒痛飲。或以客禮禮之。卽不樂。信口浪譚。事多怪誕。每數十語。必中一二語。入微者詰之。不答。再詰之。卽佯以他辭對。一日偕諸舅出遊。談及金焦之勝。値叟。二舅言某年曾登金山。叟笑曰。得非某參戎置酒。某幕客相從乎。二舅驚愕。詰其故。不答。後有人竊窺其籃。見有若告身者。或云曾爲彼中萬戶。理亦有之。叟蹤跡怪異。居止無所。晚宿古廟或闤闠簷下。口中常提萬法歸一。一歸何處。凡行住坐眠。及對談之時。皆呼此二語。有詢其故者。叟終不對。往余赴部時。猶見之沙市。今不知在何所矣。

石公曰。余於市肆間。每見異人。恨不得其蹤跡。因歎山林巖壑。異人之所窟宅。見於市肆者十一耳。至於史冊所記。稗官所書。又不過市肆之十一。其人既無自見之心。所與遊又皆屠沽市販。遊僧乞食之輩。賢士大夫知而傳之者。幾何哉。往聞澧州有冠仙姑及一瓢道人。近日武漢之間。有數人行事亦怪。有一人類知道者。噫。豈所謂龍海而隱者哉。

江盈科　明桃源人。字進之。號綠蘿山人。萬曆進士。官至四川提學副使。有明十六種小傳。

雪濤小說　妄心

見卵求夜。莊周以爲早計。及觀恆人之情。更有早計於莊周者。一市人貧甚。朝不謀夕。偶一日拾得一雞卵。喜而告其妻曰。我有家當矣。妻問安在。持卵示之曰。此是。然須十年。家當乃就。因與妻計曰。我持此卵。借鄰人伏雞乳之。待彼雛成。就中取一雌者。歸而生卵。一月可得十五雞。兩年之內。雞又生雞。可得雞三百。堪易十金。我以十金易五牸。牸復生牸。三年可得二十五牛。牸所生者。又復生牸。三年可得百五十牛。堪易三百金矣。吾持此金擧責。三年間。半千金可得也。就中以三之二市田宅。以三之一市僮僕。買小妻。我與爾優游以終餘年。不亦快乎。妻聞欲買小妻。怫然大怒。以手擊雞卵碎之。曰。毋留禍種。夫怒。撻其妻。仍質於官曰。立敗我家者。此惡婦也。請誅之。官司問家何在。敗何狀。其人歷數自雞卵起。至小妻止。官司曰。如許大家當。壞於惡婦一拳。眞可誅。命烹之。妻號曰。夫所言皆未然事。奈何見烹。官司曰。你夫言買妾。亦未然事。奈何見妬。婦曰。固然。第除禍欲蚤耳。官笑而釋之。噫。茲人之計利。貪心也。其妻之毀卵。妬心也。總之皆妄心也。知其爲妄。泊然無嗜。頹然無起。卽見在者。且屬諸幻。況未來乎。噫。世之妄意早計。希圖非望者。獨一算雞卵之人乎。

魏學洢　明嘉善人。字子敬。父大中。以數劾魏忠賢。得罪下獄。𩥇學洢微服入都。營救無效。扶櫬歸。晨夕號泣以卒。崇禎初。詔旌爲孝子。有茅簷集。

核舟記

明有奇巧人曰王叔遠。能以徑寸之木。爲宮室器皿人物。以至鳥獸木石。罔不因勢象形。各具情態。嘗貽余核舟一。蓋大蘇泛赤壁云。舟首尾長約八分有奇。高可二黍許。中軒敞者爲艙。篛篷覆之。旁開小牕。左右各四。共八扇。啓牕而觀。雕欄相望焉。閉之則右刻山高月小。水落石出。左刻清風徐來。水波不興。石青糝之。船頭坐三人。中峨冠而多髯者爲東坡。佛印居右。魯直居左。蘇黃共閱一手卷。東坡右手執卷端。左手撫魯直背。魯直左手執卷末。右手指卷。如有所語。東坡現右足。魯直現左足。各微側。其兩膝相比者。各隱卷底衣褶中。佛印絕類彌勒。袒胸露乳。矯首昂視。神情與蘇黃不屬。臥右膝。詘右臂支船。而豎其左膝。左臂掛念珠倚之。珠可歷歷數也。舟尾橫臥一楫。楫左右舟子各一人。居右者椎髻仰面。左手倚一衡木。右手攀右趾。若嘯呼狀。居左者右手執蒲葵扇。左手撫爐。爐上有壺。其人視端容寂。若聽茶聲然。其船背稍夷。則題名其上。文曰天啓壬戌秋日。虞山王毅叔遠甫刻。細若蚊足。鉤畫了了。其色墨。又用篆章一。文曰初平山人。其色丹。通計一舟。爲人五。爲牕八。爲篛篷。爲楫。爲爐。爲壺。爲手卷。爲念珠各一。對聯題名并篆文。爲字共三十有四。而計其長曾不盈寸。蓋簡桃核修狹者爲之。魏子詳矚既畢。詫曰。嘻。技亦靈怪矣哉。莊列所載。稱驚猶鬼神者良多。然誰有游削於不寸之質。而須眉瞭然者。假有人焉。舉我言以復於我。亦必疑其誑。乃今親睹之。繇斯以觀。棘刺之端。未必不可爲母猴也。嘻。技亦靈怪矣哉。

義虎記

王猷定　清南昌人。字于一。明末拔貢生。少以豪俠稱。晚寓浙中西湖僧舍。工詩文。有四照堂文集。

辛丑春。余客會稽。集宋公荔裳之署齋。有客談虎。公因言其同鄉明經孫某。嘉靖時。爲山西孝義知縣。見義虎甚奇。屬余作記。縣郭外高唐孤岐諸山多虎。一樵者朝行叢箐中。忽失足墮虎穴。兩小虎臥穴內。穴如覆釜。三面石齒廉利。前壁稍平。高丈許。蘚落如溜。爲虎逕。樵踴而蹶者數。彷徨遶壁泣。待死。日落風生。虎嘯踰壁入。口銜生麋。分飼兩小虎。見樵蹲伏。張爪奮搏。俄巡視若有思者。反以殘肉食樵。入抱小虎臥。樵私度虎飽。朝必及。昧爽。虎躍而出。停午。復銜一麑來。飼其子。仍投餕與樵。樵餒甚。取啖。渴自飲其溺。如是者彌月。浸與虎狎。一日小虎漸壯。虎負之出。樵急。仰天大號。大王救我。須臾虎復入。拳雙足俛首就樵。樵騎虎騰壁上。虎置樵。攜子行。陰崖灌莽。禽鳥聲絕。風獵獵從黑林生。樵益急。呼大王。虎卻顧。樵跽告曰。蒙大王活我。今相失。懼不免他患。幸終活我。導我中衢。我死不忘報也。虎頷之。遂前至中衢。反立視樵。樵復告曰。小人西關窮民也。今去將不復見。歸當畜一豚。候大王西關三里外郵亭之下。某日時。過饗。無忘吾言。虎點頭。樵泣。虎亦泣。迨歸。家人驚訊。樵語故。共喜。至期。具豚。方事宰割。虎先期至。不見樵。竟入西關。居民見之。呼獵者閉關柵。矛梃銳弩畢集。約生擒以獻邑宰。樵奔救。告衆曰。虎與我有大恩。願公等勿傷。衆竟擒詣縣。樵擊鼓大呼。官怒詰。樵具告前事。不信。樵曰。請驗之。如謊。願受笞。官親至虎所。樵抱虎痛哭曰。救我者大王耶。虎點頭。大王以赴約入關耶。復點頭。我為大王請命。若不得。願以死從大王。言未訖。虎淚墮地如雨。觀者數千人。莫不歎息。官大駭。趨釋之。驅至亭下。投以豚。矯尾大嚼。顧樵而去。後名其亭曰義虎亭。

王子曰。余聞唐時有邑人鄭興者。以孝義聞。遂以名其縣。今亭復以虎名。然則山川之氣。固獨鍾於此邑歟。世往往以殺人之事歸獄猛獸。聞義虎之說。其亦知所愧哉。

魏禧　小傳見歷代論文名著類。

大鐵椎傳

大鐵椎。不知何許人。北平陳子燦省兄河南。與遇宋將軍家。宋懷慶青華鎮人。工技擊。七省好事者皆來學。人以其雄健。呼宋將軍云。宋弟子高信之。亦懷慶人。多力善射。長子燦七歲。少同學。故嘗與過宋將軍。時座上有健啖客。貌甚寢。右脅夾大鐵椎。重四五十斤。飲食拱揖。不暫去。柄鐵摺疊環復。如鎖上練。引之長丈許。與人罕言語。語類楚聲。扣其鄉及姓氏。皆不答。既同寢。夜半客曰吾去矣。言訖不見。子燦見窗戶皆閉。驚問信之。信之曰。客初至。不冠不韈。以藍手巾裹頭。足纏白布。大鐵椎外。一物無所持。而腰多白金。吾與將軍俱不敢問也。子燦寐而醒。客則鼾睡炕上矣。一日辭宋將軍曰。吾始聞汝名。以爲豪。然皆不足用。吾去矣。將軍强留之。乃曰。吾嘗奪取諸響馬物。不順者輒擊殺之。衆魁請長其羣。吾又不許。是以讎我久居此。禍必及汝。今夜半方期我決鬭某所。宋將軍欣然曰。吾騎馬挾矢以助戰。客曰。止。賊能且衆。吾欲護汝。則不快吾意。宋將軍故自負。且欲觀客所爲。力請客。客不得已。與偕行。將至鬭處。送將軍登空堡上。曰。但觀之。愼勿聲。令賊知汝也。時雞鳴月落。星光照曠野。百步見人。客馳下。吹觱篥數聲。頃之。賊二十餘騎。四面集。步行負弓矢從者百許人。一賊提刀縱馬奔客曰。奈何殺我兄。言未畢。客呼曰。椎。賊應聲落馬。人馬盡裂。衆賊環而進。客從容揮椎。人馬四面仆地下。殺三十許人。宋將軍屏息觀之。股栗欲墮。忽聞客大呼曰。吾去矣。但見地塵起。黑煙滾滾。東向馳去。後遂不復至。

魏禧論曰。子房得滄海君力士。椎秦皇帝博浪沙中。大鐵椎其人與。天生異人。必有所用之。予讀陳同甫中興遺傳。豪俊俠烈魁奇之士。泯泯然不見功名於世者。又何多也。豈天之生才不必爲人用與。抑用之自有時與。子燦遇大鐵椎。爲壬寅歲。視其貌當年三十。然則大鐵椎今四十耳。子燦又嘗見其寫市物帖子。甚工楷書也。

八大山人傳

陳鼎　清江陰人字定九有東林列傳留溪外紀滇黔紀遊。

八大山人。明寧藩宗室。號人屋。人屋者。廣廈萬間之意也。性孤介。穎異絕倫。八歲即能詩。善書法。工篆刻。尤精繪事。嘗寫菡萏一枝。半開池中。敗葉離披。橫斜水面。生意勃然。張堂中。如清風徐來。香氣常滿室。又畫龍丈幅間。蜿蜒升降。欲飛欲動。若使葉公見之。亦必大叫驚走也。善詼諧。喜議論。娓娓不倦。嘗傾倒四座。父某。亦工書畫。名噪江右。然喑啞不能言。甲申國亡。父隨卒。人屋承父志。亦喑啞。左右承事者。皆語以目。合則頷之。否則搖頭。對賓客寒暄以手。聽人言古今事。心會處。則啞然笑。如是十餘年。遂棄家爲僧。自號曰雪个。未幾病顚。初則伏地嗚咽。已而仰天大笑。笑已。忽跿跔踴躍。叫號痛哭。或鼓腹高歌。或混舞於市。一日之間。顚態百出。市人惡其擾。醉之酒。則顚止。歲餘病間。更號曰个山。旣而自摩其頂曰。吾爲僧矣。何不可以驢名。遂更號曰个山驢。數年妻子俱死。或謂之曰。斬先人祀。非所以爲人後也。子無畏乎。个山驢遂慨然蓄髮。謀妻子。號八大山人。其言曰。八大者。四方四隅。皆我爲大。而無大於我也。山人旣嗜酒。無他好。人愛其筆墨。多置酒招之。預設墨汁數升。紙若干幅於座右。醉後見之。則欣然潑墨廣幅間。或灑以敝帚。塗以敗冠。盈紙骯髒。不可以目。然後捉筆渲染。或成山林。或成邱壑。花鳥竹石。無不入妙。如愛書。則攘臂搦管。狂叫大呼。洋洋灑灑。數十幅立就醒。時欲求其片紙隻字不可得。雖陳黃金百鎰於前。勿顧也。其顚如此。

外史氏曰。山人果顚也乎哉。何其筆墨雄豪也。余嘗閱山人詩畫。大有唐宋人氣魄。至於書法。則胎骨於晉魏矣。問其鄉人。皆曰得之醉後。嗚呼。其醉可及也。其顚不可及也。

換心記

徐芳 字仲光。以下三篇皆錄自張潮之虞初新志。其里居事蹟俱未詳。

萬曆中。徽州進士某太翁。性卞急。家故饒貲。而不諧於族。其足兩腓瘦削無肉。或笑之曰。此相當乞翁。心恨之。生一子。卽進士。公教之讀書。性奇僿。咿唔十數載。尋常書卷都不能辨句讀。或益嘲笑之曰。是兒富貴行當逼人。翁聞益恚。有遠族姪某負文名。翁厚幣延致。使師之。曰。此子可教則教。必不可。當質語予。無爲久羈。姪受命訓牖百方。而懵如故。歲暮辭去。曰。某力竭矣。且叔產固豐。而弟卽魯。不失田舍翁。奈何以此相强。翁曰。然。退而嗔語婦曰。生不肖子。乃翁眞乞矣。趣治具餞師。而私覓大梃。靠壁間。若有所待。蓋公恨進士辱己。意且撲殺之。而以產施僧寺。作終老計。母知翁方怒。未可返。呼進士竊語。使他避。進士甫新娶。是夜闔戶籌議。欲留恐禍不測。欲去無所之。則夫婦相持大哭。不覺夜半。倦極假寐。見有金甲神擁巨斧。排闥入。捽其胸劈之。抉其心出。又別取一心納之。大驚而寤。次日。翁延姪飲爲別。翁先返。進士前送至數里。最後牽衣流涕曰。惻隱之心。人皆有之。師何忍某之歸而就死。師矍然曰。

安得此達者言。進士曰。此自某意。且某此時。頗覺胸次開朗。願更從師卒業。因述夜來夢。師叩以所授書。輒能記誦。乃大駭。亟與俱返。翁聞剝啄聲。掣梃門俟。已聞師返。則延入。師具以途中所聞告翁。以爲謬。試之良然。乃大喜。自是敏穎大著。不數歲補邑諸生。又數歲聯捷成進士。報至之日。翁坐胡牀大笑曰。乃公自是免於乞矣。因張口啞啞而逝。族子某爲郡從事。庚辰與予遇山左道中。縷述之。古未聞有換心者。有之自此世。精誠所激。人窮而神應之。進士之奇穎。進士之奇愚逼而出也。所謂德慧存乎疢疾者也。或曰。今天下之心可換者多矣。安得一一捽其胸剖之。易其殘者而使仁。易其汚者而使廉。易其姦回邪佞者而使忠厚正直。愚山子曰。若是神之斧日不暇給矣。且今天下之心皆是矣。又安所得仁者廉者若忠直者而納之而因易之哉。

趙希乾傳

甘表 字中素。

趙希乾。南豐東門人。幼喪父。以織布爲業。年十七。母抱病月餘。日夜祈禱身代。不少愈。往問吉凶於日者。日者推測素驗。言母命無生理。又往卜於市。占者復言不吉。希乾踟躕不去。曰。何以救母病。占者惡其煩數。曰。汝母病必不治。若欲求愈。無乃割心救之耶。希乾歸侍母左右。見病益危篤。時日光斜射牀席。形影孑立。寂寂旁無一人。希乾忽起去。筩中得薙髮小刀。

立於牕外。剖胸深寸許。以手入取其心不可得忽風聲震撼門戶胥動以爲有人至匹廳居章。急取得腸。抽出割數寸。蓋人驚則心上忡。腸盤旋滿胸腹云。希乾置腸於釜上。昏仆就室而臥。頃刻。母姑來視病。見釜上物。以爲希乾股肉也。烹而進之母。再視希乾。則血淋漓心腹間。不能出聲。始知希乾爲割心矣。城邑喧然傳其事。聞於令。令親往視之。命內外醫調治母子病。不數日。母病愈。旬日。希乾亦漸次進飲食。胸前腸出不得納。每日子午間。糞滴瀝下。月餘後。希乾起無恙。終身矣從胸上出。趙氏故宋裔。爲南豐巨族。宗黨以爲奇孝。供贍其母子。而更教之讀書。學使者侯峒曾聞其事。取充博士弟子員。崇禎壬午。以恩詔天下學。選一人貢於成均。學使者吳石渠。既考試畢。進諸生而告之曰。百行以孝爲先。趙希乾割心救母。不死。不可以尋常論。建武多才。校士衡文。希乾不應入選。今欲諸生讓貢希乾。以示獎勸。諸生咸頓首悅服。於是以希乾選補壬午恩貢。又三四年而有甲申乙酉之變。希乾避亂山中。將母不遑。遂賣卜。奔走於四方。以養其母。又十餘年。母壽八十餘而卒。予自幼時。常見希乾過先君談。飲食起居如常人。面黎黝。高準方耳。睛光滿眸子。頎然而長。多渾樸之風。與之立久。胸間時聞穢氣。予年十歲。先君請希乾入書室。命表肅揖再拜。求解衣開胸視之。兩乳正中間。腸突出寸許。色鮮紅如血。以絲帶繫竹筒。懸於頸。乘其腸糞出。洗換竹筒。日必再三換。常時滴黃水不絕。蓋已三十餘年。自是希乾少家居。母死未十年。而希乾亦卒。年六十一。

甘表曰。朝廷不旌毀傷愚孝。尙矣。然希乾一念之誠。若有以通天地格鬼神也。豈不可嘉哉。湯公惕菴最惡言希乾事。予則以爲應出特典。一加旌賞。蓋事不可法。而可傳。使知孝行所感。雖剖胸斷腸而不死。豈非天之所以旌之耶。天旌之。誰能不旌之。然旌而不傳。不若不旌而傳也。安得龍門之書以施於後世哉。嗚呼。古今忠孝之士。非愚不能成。而世之身沒而名不傳者。又何多也。悲夫。

黃履莊小傳

戴榕　字文昭。

黃子履莊。予姑表行也。少聰穎。讀書不數過。卽能背誦。尤喜出新意。作諸技巧。七八歲時。嘗背塾師。暗竊匠氏刀錐。鑿木人長寸許。置案上。能自行走。手足皆自動。觀者異以爲神。十歲外。先姑父棄世。來廣陵。與予同居。因聞泰西幾何比例輪捩機軸之學。而其巧因以益進。嘗作小物自怡。見者多競出重價求購。體素病。不耐人事。惡劇嬲。因竟不作。於是所製始不可多得。所製亦多。予不能悉記。猶記其作雙輪車一輛。長三尺餘。約可坐一人。不煩推挽。能自行。行住以手挽軸旁曲拐。則復行如初。隨住隨挽。日足行八十里。作木狗。置門側。卷臥如常。惟人入戶。觸機則立吠不止。吠之聲。與眞無二。雖黠者不能辨其爲眞與僞也。作木鳥。置竹籠中。能自跳舞飛鳴。鳴如畫眉。淒越可聽。作水器。以水置器中。水從下上射如線。高五六尺。

移時不斷。所作之奇俱如此。不能悉載。有怪其奇者。疑必有異書。或有異傳。而予與處者。最久且狎。絕不見其書。叩所從來。亦竟無師傳。但曰。予何足奇。天地人物。皆奇器也。動者如天。靜者如地。靈明者如人。賾者如萬物。何莫非奇。然皆不能自奇。必有一至奇而不自奇者以爲源。而且爲之主宰。如畫之有師土木之有匠民也。夫是之爲至奇。予驚其言之大。而因是亦具知黃子之奇。固自有其獨悟。非一物一事。求而學之者。所可及也。昔人云。天非自動。必有所以動者。地非自靜。必有所以靜者。黃子之奇。其得其奇之所以然乎。黃子性簡默。喜思。與予處。予嘗紛然談說。而黃子則獨坐靜思。觀其初思求入。亦戛戛似難。既而思得。則笑舞從之。如一思礙而不得。必擁衾達旦。務得而後已焉。黃子之奇。固亦由思而得之者也。而其喜思則性出也。黃子生丙申。於今二十八歲。其年月日時。與予生期。毫髮無異。亦奇也。因附書之。張潮曰、泰西人巧思、百倍中華、豈天地靈秀之氣、獨鍾厚彼方耶、予友梅子定九、吳子師邵、皆能通乎其術、今又有黃子履莊、可見華人之巧、未嘗或讓於彼、祇因不欲以技藝成名、且復竭其心思於富貴利達、不能旁及諸技、是以巧思遜泰西一籌耳、又曰、原本奇器目略頗詳、茲偶錄數條、以見一斑云、

附奇器目略

一驗器。冷熱燥溼。皆以膚驗。而不可以目驗者。今則以目驗之。

驗冷熱器　此器能診試虛實。分別氣候。證諸藥之性情。其用甚廣。另有專書。

驗燥溼器　內有一針。能左右旋。燥則左旋。溼則右旋。毫髮不爽。并可預證陰晴。

一諸鏡。德之崇卑。惟友見之。面之妍媸。惟鏡見之。鏡之用止於見己。而亦可以見物。故作諸鏡以廣之。

千里鏡。大小不等。

取火鏡。向太陽取火。

臨畫鏡。

取水鏡。向太陰取水。

顯微鏡。

多物鏡。

瑞光鏡。製法大小不等。大者徑五六尺。夜以燈照之。光射數里。其用甚巨。冬月人坐光中。則遍體生溫。如在太陽之下。

一諸畫。畫以飾觀。或平面而見爲深遠。或一面而見爲多面。皆畫之變也。

遠視畫。

旁視畫。

鏡中畫。

管窺鏡畫。全不似畫。以管窺之。則生動如眞。

上下畫。一畫上下觀之則成二畫。
三面畫。一畫三面觀之則成三畫。
一玩器。器雖玩而理則誠夫玩以理出君子亦無廢乎玩矣。
自動戲。內音樂俱備不煩人力而節奏自然。
眞畫。人物鳥獸皆能自動與眞無二。
燈衢。作小屋一間內懸燈數盞人入其中。如至通衢大市人煙稠雜。燈火連縣。一望數里。
自行驅暑扇。不煩人力而一室皆風。
木人掌扇。
一水法。農必藉水而成。水之用大矣。而亦可爲諸玩。作水器。
龍尾車。一人能轉多車灌田最便。
一線泉。製法不等。
柳枝泉。水上射復下。如柳枝然。
山鳥鳴。聲如山鳥。
鸞鳳鳴。聲如鸞鳳。

報時水。

瀑布水。

一造器之器　工欲善其事。必先利其器。況目中所列諸器。有非尋常斤斧所能造者。作

造器之器。

方圓規矩。

就小畫大規矩。

就大畫小規矩。

畫八角六角規矩。

造諸鏡規矩。

造法條器。

李漁　清錢塘人。字笠翁。康熙時流寓金陵。著一家言。能爲唐人小說。精譜曲。時稱李十郎。有風箏誤等傳奇十種。

秦淮健兒傳

嘉靖中。秦淮民間有一兒。貌魁梧。色黝異。生數月。便不乳。與大人同飲啖。周歲。怙恃交失。鞠於外氏。長有膂力。善拳擊。嘗以一掌斃一犬。人遂呼爲健兒。健兒與羣兒鬬。莫不辟易。羣兒結數十輩攻之。健兒縱拳四揮。或啼或號。各抱頭歸愬其父兄。父兄來叱曰。誰家豚犬。敢與

老子相觸耶。健兒曰。焉敢相觸。爲長者服步武之勞則可耳。乃至父兄前。以兩手擎父兄兩脛。去地二尺許。且行且止。或昂之使高。或抑之使下。父兄恐顛仆。莫敢如何。但咕咕笑。鄉人聞焉。健兒性善動。不喜讀書。外氏命就外傅。不率教。師夏楚之。則奪扑裂眦曰。功名應赤手致。焉用璅璅章句爲。師出。即與同塾諸兒鬭。諸兒無完膚。又時盜其外氏簪珥衣物向酒家飲。醉即猖狂生事。外氏苦之。逐於外。爲人牧羊。每竊羊換飲。詐言多歧亡。主人怒。復見擯。時已弱冠矣。聞倭入寇。乃大快曰。是我得意時也。即去海上從軍。從小校擢功至裨將。與僚友飲酒酣。鬭力斃之。罪當死。遂棄官逃之泗。易姓名。隱於庖丁。民家有犢。丙夜往盜之。牽出。必劇呼曰。君家牛我騎去矣。呼竟。倒騎牛背。以斧砍牛臀。牛畏痛。迅奔若風。追之莫及。次日。亡牛者適市物色之。健兒曰。昨過君家取牛者我也。告而後取。道也。奚其盜。索之。則牛已脯矣。無可憑。市中惡少推爲盟主。晝縱六博。夜遊狹斜。自恃日甚。嘗歎曰。世人皆不足敵。但恨生千載後。不得與拔山舉鼎之雄一較勝負耳。邑使者禁屠牛。健兒無所事事。取向所屠牛皮及骨角。往瓜揚間售之。得三十金。將歸。飲於館中。解金置案頭。酒家翁見之。謂曰。前途多豪客。此物宜善藏之。健兒擲杯砍案曰。吾縱橫天下三十年。未逢敵手。有能取得腰間物者。當叩首降之。時有少年數人。醵於左席。聞之錯愕。起問姓名里居。健兒曰。某姓名不傳。向嘗豎功於邊陲。今掛冠微服。牛耳於泗上。諸英雄少年。問能敵幾何輩。健兒曰。遇萬萬敵。遇千千敵。計人而敵斯下矣。諸少年益錯愕。健兒飲畢。束裝上馬。不二三里。一騎追之甚迅。健兒自度曰。殆所云豪客耶。比至。則一後生。健兒遂不介意。後生問何之。健兒曰。歸泗。後生曰。予小子亦泗人。歸途迷失。望長者指南之。於是健兒前驅。馬上談笑。頗相得。健兒謂後生曰。子服弓矢。善決拾乎。後生曰。習矣。而未閑。健兒援弓試之。力盡而弓不及彀。棄之曰。此物無用。佩之奚為。後生曰。物自有用。用物者無用耳。乃引自試。時有鷲唳空。後生一發。飲羽。鷲墜馬前。健兒異之。後生曰。君腰短刀。必善擊刺。健兒曰。然。我所長不在彼在此。脫以相示。後生視而劇曰。此割雞屠狗物。將焉用之。以兩手一折。刀曲如鉤。復以兩手伸之。刀直如故。健兒失色。籌腰間物非復我有矣。雖與偕行。而股栗之狀。漸不自持。後生轉以溫言慰之。復前數里。四顧無人。後生縱聲一喝。健兒墜車。後生先斬其馬。曰。今日之事。有不唯吾命者。如此馬。健兒匐伏請所欲。後生曰。無用物盡解腰纏來獻。健兒解囊輸之。頓首乞命。後生曰。吾得此一囊金。差可十日醉。子猶草萊。何足誅鋤。撥馬尋故道去。健兒神氣沮喪。足循循不前。自思三十金非長物。但半世英雄。敗於乳臭兒之手。何顏復見諸弟兄。遂不歸泗。向一邨墅結廬賣酒聊生。每思往事。輒悶悶欲死。一日春風淡蕩。有數少年索飲。裘馬甚都。似五陵公子。而意氣豪縱。又似長安遊俠兒。擊案狂歌。旁若無人。且曰。滌器翁似不俗。當偕之。遂拉健兒入座。健兒視九人皆弱冠。唯一總角者。貌白皙若處子。等閒不發一言。一言則九人頃聽。坐則右之。

飲則先之健兒不解其故。而末坐一冠者。似嘗謀面。睇視之。則向斬馬劫財之人也。謂健兒曰。東君尙識故人耶。健兒不敢應。後生曰。疇昔途中解囊纏贈我者。非子而誰。我儕豈攫攫者流。特於鄂旁肆中。聞子大言。恐世故來與子雌雄。不意竟輸我一籌。今來歸趙璧耳。遂出左袖三十金置案頭。曰。此母也。於今一年。子當肖之。又探右袖出三十金共予之。健兒不敢受。旁一後生投劍怒目曰。物爲人攫而不能復還之。又不敢取。安用此懦夫爲。健兒懼。急內袖中。乃治雞黍爲懽。諸後生不肯留。歸金者曰。翁亦可憐矣。峻拒之。則難堪。衆乃止。時爨下薪窮。健兒欲乞諸鄰。後生指屋旁枯株謂之曰。盍載斧斤。健兒曰。正苦無斧斤耳。後生躊躇久之曰。此事須讓十弟。我九人無能爲也。總角者。以兩手抱株。左右數繞。株已臥矣。遂拔劍斫旁柯。燃之。酒至無算。乃辭去。竟不知其何許人。健兒自是絕不與人較力。人毆之。則袖手不報。或曰。子曩日英雄安在。健兒則以衰朽謝之。後得以天年終。不可謂非後生力也。

陸次雲　清錢塘人。字雲士。康熙時試鴻博未遇。有八紘繹史湖壖雜記北墅緒言澄江集。

圓圓傳

圓圓。陳姓。玉峯歌妓也。聲甲天下之聲。色甲天下之色。崇禎癸未歲。總兵吳三桂慕其名。齎千金往聘之。已先爲田畹所得。時圓圓以不得事吳。怏怏也。而吳更甚。田畹者。懷宗妃之父也。年耄矣。圓圓度流水高山之曲以歌之。畹每擊節。不知其悼知音之希也。甲申春。流賊大熾。懷宗宵旰憂之。廢寢食。妃謀所以解帝憂者。於父畹。進圓圓。圓圓掃眉而入。冀邀一顧。帝穆然也。旋命之歸畹第。時闖師將迫畿輔矣。帝急召三桂對平臺。錫蟒玉。賜上方。託重寄。命守山海關。三桂亦慷慨受命。以忠貞自許也。而寇深矣。長安富貴家胥皇皇。畹憂甚。語圓圓。圓圓曰。當世亂而公無所依。禍必至。曷不締交於吳將軍。庶緩急有藉乎。畹曰。斯何時。吾欲與之繾綣。不暇也。圓圓曰。吳慕公家歌舞有時矣。公鑑於石尉。不借人看。設玉石焚時。能堅閉金谷耶。盍以此請。當必來。無卻顧。畹然之。遂躬迓吳。觀家樂。吳欲之而故卻也。強而可至。則戎服臨筵。儼然有不可犯之色。畹陳列益盛。禮益恭。酒甫行。吳即欲去。畹屢易席。至邃室。出羣姬。調絲竹。皆殊秀。一淡妝者。統諸美而先眾。音情豔意。嬌三桂不覺其神移心蕩也。遽命解戎服易輕裘。顧謂畹曰。此非所謂圓圓耶。洵足傾人城矣。公寧勿畏而擁此耶。畹不知所答。命圓圓行酒。圓圓至席。吳語曰。卿樂甚。圓圓小語曰。紅拂尚不樂越公。矧不逮越公者耶。吳頷之。酣飲間。警報踵至。吳似不欲行者。而不得不行。畹前席曰。設寇至將奈何。吳遽曰。能以圓圓見贈。吾當保公家。先於保國也。畹勉許之。吳即命圓圓拜辭。畹擇細馬馱之去。畹爽然無如何也。帝促三桂出關。三桂父督理御營。名驤者。恐帝聞其子載圓圓事。留府第。勿令往。三桂去。而闖賊旋拔城矣。懷宗死社稷。李自成據宮掖。宮人死者半。逸者半。自成詢內監曰。上苑三千。何無一國色耶。內監曰。先帝屏聲色。鮮佳麗。有一圓圓者。絕世所希。田畹進帝。而帝卻之。今聞畹贈三桂。三桂留之其父吳驤第中矣。是時驤方降闖。闖卽向驤索圓圓。且籍其家。而命其作書以招子也。驤俱從命。進圓圓。自成驚且喜。遽命歌。奏吳歈。自成蹙額曰。何貌甚佳而音殊不可耐也。卽命羣姬唱西調。操阮箏琥珀。己拍掌以和之。繁音激楚。熱耳酸心。顧圓圓曰。此樂何如。圓圓曰。此曲祇應天上有。非南鄙之人所能及也。自成甚嬖之。隨遣使以銀四萬兩犒三桂軍。三桂得父書。欣然受命矣。而一偵者至。詢之曰。吾家無恙耶。曰。爲闖籍矣。曰。吾至當自還也。又一偵者至。曰。吾父無恙耶。曰。爲闖拘繫矣。曰。吾至當卽釋也。又一偵者至。曰。陳夫人無恙耶。曰。爲闖得之矣。三桂拔劍砍案曰。果有是。吾從若耶。因作書答父。略曰。兒以父蔭。待罪戎行。以爲李賊猖狂。不久卽當撲滅。不意我國無人。望風而靡。側聞聖主晏駕。不勝眦裂。猶意吾父奮椎一擊。誓不俱生。不則刎頸以殉國難。何乃隱忍偷生。訓以非義。既無孝寬禦寇之才。復愧平原罵賊之勇。父既不能爲忠臣。兒安能爲孝子乎。兒與父決。不早圖賊。雖置父鼎俎旁以誘三桂。不顧也。隨效秦庭之泣。乞王師以剿巨寇。先敗之於一片石。自成怒。戮吳驤。併其家人三十餘口。欲殺圓圓。圓圓曰。聞吳將軍捲甲來歸矣。徒以妾故。又復興兵。殺妾何足惜。恐其爲王死敵。不利也。自成欲挈圓圓去。圓圓曰。妾既事大王矣。豈不欲從大王行。恐吳將軍以妾故而窮追不已也。王圖之。度能敵彼。妾卽褰裳跨征騎。自成乃凝思。圓圓曰。妾爲大王計。宜留妾緩敵。當說彼不追。以報王之恩遇也。自成然之。於是棄圓圓。載輜重。狼狽西行。是時也。闖膽已落。一鼓可滅。三桂復京師。急覓圓圓。既得。相與抱持。喜泣交集。不待圓圓爲闖致說。自以爲法戒。躬追聽其縱逸。而不復問矣。旋受王封。建蘇臺。營郿鄔。於滇南。而時命圓圓歌。圓圓每歌大風之章。以媚之。吳酒酣。恆拔劍起舞。作發揚蹈厲之容。圓圓卽捧觴爲壽。以爲其神武不可一世也。吳益愛之。故專房之寵。數十年如一日。其蓄異志。作謙恭。陰結天下士。相傳曰。多出於同夢之謀。而世之不知者。以三桂能學申胥。以復君父大讎。忠孝人也。曷知其乞師之故。蓋在此而不在彼哉。厥後尊榮南面。三十餘年。又復浪沸潢池。致勞撻伐。跛扈豔妻。同歸殲滅。何足以償不子不臣之罪也哉。陸次雲曰。語云。無徵不信。圓圓之說。有徵乎。曰。有徵。諸吳梅村祭酒偉業之詩矣。梅村效琵琶長恨體。作圓圓曲。以刺三桂。曰。衝冠一怒爲紅顏。蓋實錄也。三桂齎重幣。求去此詩。吳勿許。當其盛時。祭酒能顯斥其非。卻其賂遺。而不顧。於甲寅之亂。似早有以見其微者。嗚呼。梅村非詩史之董狐也哉。

戴名世　淸桐城人。字田有。號憂菴。康熙進士。官編修。以所著南山集用明永曆年號。坐大逆伏法。其姓名一作宋潛虛。宋出於戴。潛其名而虛擬之。故云。有南山文集。

畫網巾先生傳

順治二年。大兵既定江東。南明唐王自立於福州。其泉國公鄭芝龍。陰受督師洪承疇旨。棄關撤守備七閩皆沒。而新令薙髮更衣冠。不從者死。於是士民以違令死者不可勝數。而畫網巾先生事尤奇。先生者其姓名爵里皆不可得而知也。攜僕二人皆仍明衣冠。匿迹於邵武光澤山寺中。事頗聞於外。光澤守將吳鎭使人掩捕之。逮送邵武守將池鳳陽。鳳陽皆去其網巾。留於軍中。戒部卒謹守之。先生既失網巾。盥櫛畢。謂二僕曰。衣冠者歷代各有定制。至網巾則我太祖高皇帝創爲之也。今吾遭國破。卽死。詎可忘祖制乎。汝曹取筆墨來。爲我畫網巾額上。於是二僕爲先生畫網巾。畫已。乃加冠。二僕亦互相畫也。日以爲常。軍中皆譁笑之。而先生無姓名。人皆呼之曰畫網巾云。當是時。江西福建閒有四營之役。四營者。曰張自盛。曰洪國玉。曰曹大鎬。曰李安民。先是自盛隸明建武侯王得仁爲裨將。得仁既敗死。自盛亡入山。與洪國玉等收召散卒及羣盜。號曰恢復。衆且踰萬人。而明之遺臣如督師兵部右侍郎揭重熙。詹事府正詹事傅鼎銓等皆依之。歲庚寅夏。四營兵潰於邵武之禾坪。池鳳陽詭稱先生爲陣俘。獻之提督楊名高。名高視其所畫網巾。班班額上。笑而置之。名高軍至泰寧。從檻車中出先生。謂之曰。若及今降我。猶可以免死。先生曰。吾舊識王之綱。當就彼決之。王之綱者。福建總兵。破四營有功者也。名高壽。使往之綱所。之綱曰。吾固不識若也。先生曰。吾亦不識若也。今特就若死耳。之綱窮詰其姓名。先生曰。吾忠未能報國。留姓名則辱國。智未能保家。留姓名則辱家。危不卽致身。留姓名則辱身。軍中呼我爲畫網巾。卽以此爲吾姓名可矣。之綱曰天下事已大定。吾本明朝總兵。徒以識時變知天命。至今日不失富貴。若一匹夫倔彊死何益。且夫改制異服自前世已然。因指其髮而詬之曰此種種者而不肯去何也。先生曰吾於網巾且不忍去。況髮耶。之綱怒命卒先斬其二僕。羣卒前捽之。二僕瞋目叱曰吾兩人豈惜死者。顧死亦有禮。當一辭吾主人而死。於是向先生拜且辭曰奴等得事埽除泉下矣。乃欣然受刃。之綱復謂先生曰若豈有所負耶。義死雖亦佳。何執之堅也。先生曰吾何負。負吾君耳。一籌莫效而束手就擒。與婢妾何異。又以此易節烈名。吾笑夫古今之循例而赴義者。故恥不自述也。出袖中詩一卷擲於地。復出白金一封授行刑者曰此樵川范生所贈也。今與女。遂被戮於泰寧之杉津。泰寧諸生謝韓葬其骸於郭外杉窩。題曰畫網巾先生之墓。而歲時上冢致祭不輟。當四營之既潰也。楊名高王之綱復追破之。死逃略盡而敗將有願降者。率兵受招撫於邵武。行至朱口。一卒獨不肯前。伸項謂其伍曰殺我殺我其伍怪之。且問故。曰吾熟思之累日夜矣。終不能俯仰事降將。寧死汝手。其伍難之。乃奮袂裂眥抽刃相擬曰不我殺者。今當殺汝。其伍乃揮涕斬之。埋其骨而去。揭重熙傅鼎銓先後被獲。不屈死。張自盛曹大鎬等。後就縛於瀘溪山中。

贊曰自古守節之士。不肯以姓字落人間者。始於明永樂之世。當是時。一夫守義而禍及九族。故多匿跡而死。以全其宗黨。迨崇禎甲申而後。其令未有如是之酷也。而以余所聞或死或遁不以姓名里居示人者頗多有使弔古之士莫能詳焉豈不可惜也夫如畫網巾先生事甚奇聞當時軍中有馬耀圖者見而識之曰是爲馮生舜也至其他生平則又不能言焉余疑其出於附會故不著於篇

聊齋志異四則

蒲松齡　清淄川人字留仙號柳泉康熙歲貢所著聊齋志異雅俗共賞風行於世詩文曰聊齋集

勞山道士

邑有王生行七故家子少慕道聞勞山多仙人負笈往遊登一頂有觀宇甚幽一道士坐蒲團上素髮垂頸而神觀爽邁叩而與語理甚玄妙請師之道士曰恐嬌惰不能作苦答言能之其門人甚衆薄暮畢集王俱與稽首遂留觀中淩晨道士呼王去授以斧使隨衆採樵王謹受教過月餘手足重繭不堪其苦陰有歸志一夕歸見二人與師共酌日已暮尙無燈燭師乃翦紙如鏡黏壁間俄頃月明輝壁光鑑毫芒諸門人環聽奔走一客曰良宵勝樂不可不同乃於案上取壺酒分賚諸徒且囑盡醉王自思七八人壺酒何能徧給遂各覓盎盂競飲先釂惟恐樽盡而往復挹注竟不少減心奇之俄一客曰蒙賜月明之照乃爾寂飲何不呼嫦娥來乃以箸擲月中見一美人自光中出初不盈尺至地遂與人等纖腰秀項翩翩作霓裳舞已而歌曰仙仙乎而還乎而幽我於廣寒乎其聲清越烈如簫管歌畢盤旋而起躍

登几上。驚顧之間。已復爲箸。三人大笑。又一客曰。今宵最樂。然不勝酒力矣。其餞我於月宮。可乎。三人移席。漸入月中。衆視三人坐月中飲。鬚眉畢見。如影之在鏡中。移時月漸暗。門人燃燭來。則道士獨坐而客杳矣。几上肴核尚存。壁上月紙圓如鏡而已。道士問衆飲足乎。曰。足矣。足宜早寢。勿悞樵蘇。衆諾而退。王竊忻慕。歸念遂息。又一月。苦不可忍。而道士並不傳教一術。心不能待。辭曰。弟子數百里受業仙師。縱不能得長生術。或小有傳習。亦可慰求教之心。今閱兩三月。不過早樵而暮歸。弟子在家。未諳此苦。道士笑曰。我固謂不能作苦。今果然。明早當遣汝行。王曰。弟子操作多日。師略授小技。此來爲不負也。道士問何術之求。王曰。每見師行處。牆壁所不能隔。但得此法足矣。道士笑而允之。乃傳以訣。令自咒畢。呼曰。入之。王面牆不敢入。又曰。試入之。又果從容入。及牆而阻。道士曰。俛首驟入。勿逡巡。王果去牆數步。奔而入。及牆。虛若無物。回視果在牆外矣。大喜入謝。道士曰。歸宜潔持。否則不驗。遂資斧遣之歸。抵家自詡遇仙。堅壁所不能阻。妻不信。王傚其作爲。去牆數尺。奔而入。頭觸硬壁。驀然而踣。妻扶視之。額上墳起如巨卵焉。妻揶揄之。王慚忿。罵老道士無良而已。

異史氏曰。聞此事未有不大笑者。而不知世之爲王孫者。正復不少。今有傖父。喜疢毒而畏藥石。遂有舐癰吮痔者。進宣威逞暴之術。以迎其旨。紿之曰。執此術也。以往可以橫行而無礙。初試未嘗不少效。遂謂天下之大。舉可以如是行矣。勢不至觸硬壁而顛蹶不止也。

畫皮

太原王生早行。遇一女郎。抱襆獨奔甚艱。生急走趁之。乃二八麗姝。心相愛樂。問何夙夜踽踽獨行。女曰。行道之人。不能解愁憂。何勞相問。生曰。卿何愁憂。或可效力不辭也。女黯然曰。父母貪賂。鬻妾朱門。嫡妒甚。朝詈而夕楚辱之。所弗堪也。將遠遁耳。問何之。曰。在亡之人。烏有定所。生言。敝廬不遠。卽煩枉顧。女喜從之。生代攜襆物。導與同歸。女顧室無人。問君何無家口。答云。齋耳。女曰。此所良佳。如憐妾而活之。須祕密勿洩。生諾之。乃與寢合。使匿密室。過數日而人不知也。生微告妻。妻陳疑爲大家媵妾。勸遣之。生不聽。偶適市。遇一道士。顧生而愕。問何所遇。答言無之。道士曰。君身邪氣縈繞。何言無。生又力白。道士乃去。曰。惑哉。世固有死將臨而不悟者。生以其言異。頗疑女。轉思明明麗人。何至爲妖。意道士借厭禳以獵食者。無何。至齋門。門內杜。不得入。心疑所作。乃踰垝垣。則室門亦閉。躡跡而窗窺之。見一獰鬼。面翠色。齒巉巉如鋸。鋪人皮於榻上。執采筆而繪之。已而擲筆。舉皮。如振衣狀。披於身。遂化爲女子。睹此狀。大懼。獸伏而出。急追道士。不知所往。徧迹之。遇於野。長跪乞救。道士曰。請遣除之。此物亦良苦。甫能覓代者。予亦不忍傷其生。乃以蠅拂授生。令挂寢門。臨別約會於青帝廟。生歸。不敢入齋。乃寢內室。懸拂焉。一更許。聞門外戢戢有聲。自不敢窺也。使妻窺之。但見女子來。望拂子不敢進。立而切齒。良久乃去。少時復來。罵曰。道士嚇我。終不然。寧入口而吐之耶。取拂碎之。壞寢門而入。徑登生牀。裂生肚。掬生心而去。妻號。婢入燭之。生已死。腔血狼籍。陳駭涕不敢聲。明日使弟二郎奔告道士。道士怒曰。我固憐之。鬼子乃敢耳。即從生弟來。女子已失所在。既而仰首四望曰。幸遁未遠。問南院誰家。二郎曰。小生所舍也。道士曰。現在君舍。二郎愕然。以爲未有。道士問曰。曾否有不識者一人來。答曰。僕赴青帝廟。良不知。當歸問之。少頃而返。曰。晨間一嫗來。欲傭爲僕家操作。室人止之。尚在也。道士曰。即是物矣。遂與俱往。仗木劍立庭心。呼曰。業魅。償我拂子來。嫗在室。惶遽無色。出門欲遁。道士逐擊之。嫗仆。人皮劃然而脫。化爲厲鬼。臥嗥如豬。道士以木劍梟其首。身變作濃煙。匝地作堆。道士出一葫蘆。拔其塞。置煙中。飀飀然如口吸氣。瞬息煙盡。道士塞口入囊。共視人皮。眉目手足無不備具。道士卷之。如卷畫軸聲。亦囊之。乃別欲去。陳氏拜迎於門。哭求回生之法。道士謝不能。陳益悲。伏地不起。道士沈思曰。我術淺。誠不能起死。我指一人。或能之。往求必合有效。問何之。曰。市上有瘋者。時臥糞土中。試叩而哀之。倘狂辱夫人。夫人勿怒也。二郎亦習知之。乃別與嫂俱往。見乞人顛歌道上。鼻涕三尺。穢不可近。陳膝行而前。乞人笑曰。佳人愛我乎。陳告之故。又大笑曰。人盡夫也。活之何爲。陳固哀之。乃曰。異哉。人死而乞活於我。我閻摩耶。怒以杖擊陳。陳忍痛受之。市人漸集如堵。乞人咯痰唾盈把。舉向陳吻曰。食之。陳紅漲於面。有難色。既思道人之囑。遂強啖焉。覺入喉中。硬如團絮。格格而下。停結胸間。乞人大笑曰。佳人愛我哉。遂起行。已不顧。尾之。入於廟中。迫而求之。不知所在。前後冥搜。殊無端兆。慚恨而歸。旣悼夫亡之慘。又悔食唾之羞。俯仰哀啼。但願卽死。方欲展血斂尸。家人佇望。無敢近者。陳抱尸收腸。且理且哭。哭極聲嘶。頓欲嘔。覺鬲中結物。突奔而出。不及回首。已落腔中。驚而視之。乃人心也。在腔突突猶躍。熱氣騰蒸如煙焉。大異之。急以兩手合腔。極力抱擠。少懈。則氣氤氳自縫中出。乃裂繒帛急束之。以手撫尸。漸覆以衾裯。中夜啟視。有鼻息矣。天明竟活。爲言恍惚若夢。但覺心隱痛耳。視破處痂結如錢。尋愈。

異史氏曰。愚哉世人。明明妖也。而以爲美。迷哉愚人。明明忠也。而以爲妄。然愛人之色而漁之。妻亦將食人之唾而甘之矣。天道好還。但愚而迷者不悟耳。可哀也夫。

青梅

白下程生。性磊落。不爲畛畦。一日自外歸。緩其束帶。覺帶端沈沈若有物墮。視之。無所見。宛轉間。有女子從衣後出。掠髮微笑。麗絕。程疑其鬼。女曰。妾非鬼。狐也。程曰。倘得佳人。鬼且不懼。而況於狐。遂與狎。二年生一女。小字青梅。每謂程勿娶。我且爲君生男。程信之。遂不娶。戚友共笑姍之。程志奪。聘湖東王氏。狐聞之怒。就女乳之。委於程曰。此汝家賠錢貨。生之殺之。俱由爾。我何故代人作乳媼乎。出門逕去。青梅長而慧。貌韶秀。酷肖其母。旣而程病卒。王再醮去。青梅寄食於堂姑。姑蕩無行。欲鬻以自肥。適有王進士者。方候銓於家。聞其慧。購以重金。使從阿女喜服役。喜年十四。容華絕代。見梅忻悅。與同寢處。梅亦善候。能以目聽。以眉語。由是一家俱憐愛之。邑有張生。字介生。家窶貧。無恆產。稅居王第。性純孝。制行不苟。又篤於學。青梅偶至其家。見生據石啗糠粥。入室與生母絮語。見案上具豚蹄焉。時翁臥病。生入抱父而私。便液汚衣。翁覺之而自恨。生掩其蹟。急出自濯。恐翁知。梅以此大異之。歸述所見。謂女曰。吾家客非常人也。娘子不欲得良匹則已。欲得良匹。張生其人也。女恐父厭其貧。梅曰。不然。是在娘子。如以爲可。妾潛告使求伐焉。夫人必召商之。但應之曰諾也。則諧矣。女恐終貧。爲天下笑。梅曰。妾自謂相天下士。必無謬悞。明日往告張媼。媼大驚。謂其言不詳。梅曰。小姐聞公子而賢之也。妾故窺其意以爲言。冰人往。我兩人袒焉。計合允遂。縱其否也。於公子何辱乎。媼曰。諾。乃託侯氏賣花者往。夫人聞之而笑。以告王。王亦大笑。喚女至。述侯氏意。女未及答。青梅亟贊其賢。決其必貴。夫人又問曰。此汝百年事。如能啜糠覈也。卽爲汝允之。女俯首久之。顧壁而答曰。貧富命也。倘命之厚。則貧無幾時。而不貧者無窮期矣。或命之薄。彼錦繡王孫。其無立錐者豈少哉。是在父母。初王之商女也。將以博笑。及聞女言。心不樂。曰。汝所適張氏耶。女不答。再問。再不答。怒曰。賤骨了不長進。欲攜筐作乞人婦。寧不羞死。女漲紅氣結。含涕引去。媒亦遂奔。青梅見不諧。欲自媒。過數日。夜詣生。生方讀。驚問所來。詞涉吞吐。生正色卻之。梅泣曰。妾良家子。非淫奔者。徒以君賢。故願自託。生曰。卿愛我。謂我賢也。昏夜之行。自好者不爲。而謂賢者爲之乎。夫始亂之而終成之。君子猶曰不可。況不能成。彼此何以自處。梅曰。萬一能成。肯賜援拾否。生曰。得人如卿。又何求。但有不可如何者三。故不敢輕諾耳。曰。若何。曰。卿不能自主。則不可如何。卽能自主。我父母不樂。則不可如何。卽樂之。而卿之身直必重。我貧不能措。則尤不可如何。卿速退。瓜李之嫌可畏也。梅臨去又囑曰。君倘有意。乞共圖之。生諾。梅歸。女詰所往。遂跪而自投。女怒其淫奔。將施撲責。梅泣白無他。因而實告。女歎曰。不苟合。禮也。必告父母。孝也。不輕然諾。信也。有此三德。天必祐之。其無患貧也。已既而曰。子將若何。曰。嫁之。女笑曰。癡婢能自主耶。曰。不濟則以死繼之。女曰。我必如所願。梅稽首而拜之。又數日。謂女曰。曩而言戲乎。抑果然慈悲也。果爾。則尚有微情。並祈垂憐焉。女問之。答曰。張生不能致聘。婢子亦無力可以自贖。必取盈焉。嫁我猶不嫁也。女沈吟曰。是非我之能爲力矣。我曰嫁汝。且恐不得當。而曰必無取直焉。是大人所必不允。亦余所不敢言也。青梅聞之。泣數行下。但求憐拯。女思良久。曰。無已。我私蓄數金。當傾囊相助。梅拜謝。因潛告張。張母大喜。多方乞貸。共得如干數。藏待好音。會王授曲沃宰。喜乘間告母曰。青梅年已長。今將蒞任。不如遣之。夫人固以青梅太黠。恐導女不義。每欲嫁之。而恐女不樂也。聞女言。甚喜。逾兩日。有傭保婦白張氏意。王笑曰。是只合耦婢子。前此何妄也。然鬻媵高門。價當倍於曩日。女急進曰。青梅侍我久。賣爲妾良不忍。王乃傳語張氏。仍以原金署券。以青梅嬙於生入門孝翁姑曲折承順尤過於生而操作更勤饜糠秕不爲苦由是家中無不愛敬靑梅梅又以刺繡作業業且速賈人候門以購惟恐弗得得貲稍可御窮且勸勿以內顧誤讀經紀皆自任之因主人之任往別阿喜喜見之泣曰子得所矣我固不如梅曰是何人之賜而敢忘之然以爲不如婢子恐促婢子壽遂泣相別王如晉半載夫人卒停柩寺中又二年王坐行賕免罰贖萬計漸貧不能自給從者逃散是時疫大作王染疾亦卒惟一媼從女未幾媼亦卒女伶仃益苦有鄰嫗勸之嫁女曰能爲我葬雙親者從之嫗憐之贈以斗米而去半月復來曰我爲娘子極力事難合也貧者不能爲而葬富者又嫌子爲淩夷嗣奈何尙有一策但恐不能從也女曰若何曰此間有李郞欲覓側室倘見姿容卽遣厚葬必當不惜女大哭曰我縉紳裔而爲人妾也耶嫗無言遂去日僅一餐延息待價居半年益不可支一日嫗來女泣告曰困頓如此每欲自盡猶戀戀而苟活者徒以有兩柩在已輾轉溝壑誰收親骨者故思不如依汝所言也嫗於是導李來微窺女大悅卽出金營葬雙櫬具舉已乃迎女去入參冢室冢室故悍妒李初未敢言妾但託買婢及見女暴怒杖逐而去不聽入門女披髮零涕進退無所有老尼過邀與同居女喜從之至菴中拜求祝髮尼不可曰我視娘子非久臥風塵者菴中陶器脫粟粗可自支姑寄此以待之時至子自去居無何市中無賴窺女美輙打門游語爲戲尼不能制止女號泣欲自死尼往求吏部某公揭示嚴禁惡少始稍斂迹

後有夜穴寺壁者。尼驚呼始去。因復告吏部。捉得首惡者。送郡笞責。始漸安。又年餘。有貴公子過菴。見女驚絕。强尼通殷勤。又以厚賂啗尼。尼婉語之曰。渠簪纓冑。不甘媵御。公子且歸遲遲當有以報命。既去。女欲乳藥求死。夜夢父來。疾首曰。我不從汝志。致汝至此。悔之已晚但緩須臾勿死。夙願猶可復酬。女異之。天明盥已。尼望之而驚曰。睹子面濁氣盡消。橫逆不足憂也。福且與勿忘老身矣。語未已。聞叩戶聲。女失色。意必貴家奴。尼啟扉。果然。奴驟問所謀。尼甘語承認。但請緩以三日。奴述主言。事若無成。俾尼自復命。尼唯唯敬應。謝令去。女大悲。又欲自盡。尼止之。女慮三日復來。無詞可應。尼曰。有老身在。斬殺自當之。次日方晡。暴雨翻盆。忽聞數人撾戶大譁。女意變作。驚怯不知所爲。尼冒雨啟關。見有香輿停駐。女奴數輩捧一麗人出。僕從煊赫。冠蓋甚都。驚問之。云是司理內眷。暫避風雨。導入殿中。移榻肅坐。家人婦羣奔禪房。各尋休憩。入室見女。豔之。走告夫人。無何雨息。夫人起請窺禪舍。尼引睹女。駭絕。凝眸不瞬。女亦顧盼良久。夫人非他。蓋靑梅也。各失聲哭。因道行蹤。蓋張翁疾故。生起復後。連捷授司理。生奉母之任。後移諸眷口。女歎曰。今日相看。何啻霄壤。梅笑曰。幸娘子挫折無偶。天正欲我兩人完聚耳。倘非阻雨。何以有此邂逅。此中具有鬼神。非人力也。乃取珠冠錦衣。催女易妝。女俯首徘徊。尼從中贊勸之。女慮同居其名不順。梅曰。昔日自有定分。婢子敢忘大德。試思張郎豈負義者。强妝之。別尼而去。抵任。母子皆喜。女拜曰。今無顏見母。母笑慰之。因謀擇吉合巹。女曰。菴中但有一綫生路。亦不肯從夫人至此。倘念舊好。得受一廛。可容蒲團足矣。梅笑而不言。及期。抱豔妝來。女左右不知所可。俄聞鼓樂大作。女益無以自主。梅率婢媼強求衣之。挽扶而出。見生朝服而拜。遂不覺盈盈而亦拜也。梅曳入洞房。曰。虛此位以待君久矣。又顧生曰。今夜得報恩。可好爲之。返身欲去。女捉其裾。梅笑云。勿留我。此不能相代也。解指脫去。青梅事女謹。莫敢當夕。而女終慚沮不自安。於是毋命相呼以夫人。然梅終執婢妾禮。罔敢懈。三年。張行去入都。過尼菴。以五百金爲尼壽。尼不受。固強之。乃受二百金。起大士祠。建王夫人碑。後張仕至侍郎。程夫人舉二子一女。王夫人四子一女。張上書陳情。俱封夫人。

異史氏曰。天生佳麗。固將以報名賢。而世俗之王公。乃留以贈紈袴。此造物所必爭也。而離離奇奇。致作合者。費無限經營。化工亦良苦矣。獨是青夫人能識英雄於塵埃。誓嫁之志。期以必死。曾儼然而冠裳也者。顧棄德行而求膏粱。何智出婢子下哉。

王成

王成。平原故家子。性最懶。生涯日落。惟剩破屋數間。與妻臥牛衣中。交謫不堪。時盛夏燠熱。村中故有周氏園。牆宇盡傾。唯存一亭。村人多寄宿其所。王亦在焉。既曉。睡者盡去。紅日三竿。王始起。逡巡欲歸。見草際金釵一股。拾視之。鐫有細字云。儀賓府造。王祖爲衡府儀賓。家中故物多此款式。因把釵躊躇。欲一媼來尋釵。王雖故貧。然性介。遽出授之。媼喜。極贊盛德。曰。釵直幾何。先夫之遺澤也。問夫君伊誰。答云。故儀賓王柬之也。王驚曰。吾祖也。何以相遇。媼亦驚曰。汝即王柬之之孫耶。我乃狐仙。百年前與君祖繾綣。君祖殁。老身遂隱。過此遺釵。適入子手。非天數耶。王亦曾聞祖有狐妻。信其言。便邀臨顧。媼從之。王呼妻出見。敝衣蓬首。菜色黯焉。媼歎曰。嘻。王柬之孫子。乃一貧至此哉。又顧敗竈無煙。曰。家計若此。何以聊生。妻因細述貧狀。嗚咽飲泣。媼以釵授婦。使姑質錢市米。三日後請復相見。王挽留之。媼曰。汝一妻不能自存活。我在仰屋而居。復何裨益。遂徑去。王爲妻言其故。妻大怖。王誦其義。使姑事之。妻諾。踰三日果至。出數金。糴米麥各一石。夜與妻共短榻。婦初懼之。然察其意殊拳拳。遂不之疑。翌日謂王曰。孫勿惰。宜操小生業。坐食烏可長也。王告以無貲。曰。汝祖在時。金帛憑所取。我以世外人。無需是物。故未嘗多取。積花粉之金四十兩。至今猶存。久貯亦無所用。可將去。悉以市葛。刻日赴都。可得微息。王從之。購五十餘端以歸。媼命趣裝。計六七日可達燕都。囑曰。宜勤勿懶。宜急勿緩。遲之一日。悔之已晚。王敬諾。囊貨就路。中途遇雨。衣履浸濡。王生平未歷風霜。委頓不堪。因暫休旅舍。不意淙淙徹暮。簷雨如繩。過宿濘益甚。見往來行人。踐淖沒脛。心畏苦之。待至亭午。始漸燥。而陰雲復合。雨又大作。信宿乃行。將近京。傳聞葛價翔貴。心竊喜。入都解裝客店。主人深惜其晚。先是南道初通。葛至絕少。京中巨室購者頗多。

價甚昂。較常可三倍。前一日貨葛雲集。價頓貶。後來者皆失望。主人以故告王。王鬱鬱不得志。越日葛至愈多。價益下。王以無利不肯售。遲十日。計食耗繁多。倍益憂悶。主人勸令賤鬻。改而他圖。從之。虧貲十餘兩。悉脫去。早起將作歸計。啟視囊中。則金亡矣。驚告主人。主人無所爲計。或勸鳴官責主人償。王歎曰。此我數也。於主人何尤。主人聞而德之。贈金五兩。慰之使歸。自念無以見祖母。蹀躞內外。進退維谷。適見鬬鶉者。一賭輒數千。每市一鶉。恆百錢不止。意忽動。計囊中貲僅僅足販鶉。以商主人。主人亟慫惥之。且約假寓飲食。不取其直。王喜。遂行。購鶉盈擔。復入都。主人喜。賀其速售。至夜大雨徹曙。天明衢水如河。淋零猶未休也。居以待晴。連綿數日。更無休止。起視籠中。鶉漸死。王大懼。不知計之所出。越日死愈多。僅餘數頭。併一籠飼之。經宿往窺。則一鶉僅存。因告主人。不覺涕墮。主人亦爲扼腕。王自度金盡罔歸。但欲覓死。主人勸慰之。共往視鶉。審諦之曰。此似英物。諸鶉之死。未必非此鶉鬬殺之也。君暇亦無所事。請把之。如其良也。賭亦可以謀生。王如其敎。既馴。主人令持向街頭賭酒肉。鶉健甚。輒贏。主人喜。以金授王。使復與子弟決賭。三戰三勝。半年許。積二十金。心益慰。視鶉如命。先是有某王者。好鶉。每值上元。輒放民間把鶉者入邸相角。主人謂王曰。今大富宜可立致。所不可知者。在子之命矣。因告以故。導與俱往。囑曰。脫敗。則喪氣出耳。倘有萬分一鶉鬬勝。王必欲市之。君勿應。如固强之。惟予首是瞻。待首肯而後應之。王曰。諾。至邸。則鶉人肩摩於墀下。頃之王出御殿。左右宣言有願鬬者上。卽有一人把鶉趨而進。王命放鶉。客亦放。略一騰踔。客鶉已敗。王大笑。俄傾登而敗者數人。主人曰。可矣。相將俱登。王相之曰。睛有怒脈。此健羽也。不可輕敵。命取鐵喙者當之。一再騰躍。而王鶉鍛羽。再選其良。再易再敗。王急命取宮中玉鶉。片時把出。素羽如鷺。神駿不凡。王成意餒。跪而求罷。曰。大王之鶉。神物也。恐傷吾禽。喪我業矣。王笑曰。縱之。脫鬬而死。當厚爾償。成乃縱之。王鶉直奔之。而玉鶉方來。則伏如怒雞以待之。玉鶉健喙。則起如翔鶴以擊之。進退頡頏。相持約一伏時。玉鶉漸懈。而其怒益烈。其鬬益急。未幾雪毛摧落。垂翅而逃。觀者千人。罔不歎羨。王乃索取而親把之。自喙至爪。審周一過。問成曰。鶉可貨否。答云。小人無恆產。與相依爲命。不願售也。王曰。賜而重直。中人產可致。頗願之乎。成俯思良久。曰。本不樂置。顧大王既愛好之。苟使小人得衣食業。又何求。王請直。答以千金。王笑曰。癡男子。此何珍寶。而千金直也。成曰。大王不以爲寶。臣以爲連城之璧。不過也。王曰。如何。曰。小人把向市廛。日得數金。易升斗粟。一家十餘食指無凍餒憂。是何寶如之。王言。予不相虧。便與二百金。成搖首。又增百數。成目視主人。主人色不動。乃曰。承大王命。請減百價。王曰。休矣。誰肯以九百易一鶉者。成囊鶉欲行。王呼曰。鶉人來。鶉人來。實給六百。肯則售。否則已耳。成又目主人。主人仍自若。成心願盈溢。惟恐失時。曰。以此數售。心實怏怏。但交而不成。則獲戾滋大。無已。卽如王命。王喜。卽秤付之。成囊金拜賜而出。

主人懟曰。我言如何。子乃急自鬻也。再少靳之。八百金在掌中矣。成歸。擲金案上。請主人自取之。主人不受。又固讓之。乃盤計飯直而受之。王治裝歸。至家。歷述所爲。出金相慶。嫗命治良田三百畝。起屋作器。居然世家。嫗早起使成督耕。婦督織。稍惰輒訶之。夫婦相安。不敢有怨詞。過三年。家益富。嫗辭欲去。夫妻共挽之。至泣下。嫗亦遂止。旭日候之。已杳矣。

異史氏曰。富皆得於勤。此獨得於惰。亦創聞也。不知一貧徹骨。而至性不移。此天所以始棄之而終憐之也。懶中豈果有富貴乎哉。

東軒主人　清四庫書子部小說家存目。載有其所著述異記三卷。云不著名氏。所記者順康間之事。多陳神怪。亦間及奇器。

口技記

揚州郭貓兒。善口技。其子精戲術。揚之當事縉紳。無不愛近之。庚申。余在揚州。一友挾貓兒同至寓。比晚。酒酣。郭起請奏薄技。於席右設圍屏。不置燈燭。郭坐屏後。主客靜聽。久之。無聲。俄聞二人途中相遇。揖敘寒暄。其聲一老一少。老者拉少者至家飲酒。投瓊藏鉤。備極款洽。少者以醉辭。老者復力勸數甌。遂踉蹌出門。彼此謝別。主人閉門。少者履聲蹣跚。約可二里許。醉仆於塗。忽有一人過而蹴之。扶起。乃其相識也。遂掖之至家。而街柵已閉。遂呼司柵者。一犬迎吠。頃之。數犬羣吠。又頃。益多。犬之老者少者。遠者近者。嗥者。同聲而吠。一一可辨。久之。司柵者出啟柵。無何。至醉者之家。則又誤叩江西人之門。驚起。知其誤也。則江西人以鄉音詈之。羣犬又數吠。比至。則其妻應聲出送者。鄭重而別。妻扶之登床。醉者索茶。妻烹茶至。則已大鼾。鼻息如雷矣。妻遂詈其夫。唧唧不休。頃之。妻亦熟寢。兩人鼾聲如出二口。急聞夜半牛鳴矣。夫起大吐。呼妻索茶。妻作囈語。夫復睡。妻起便旋。納履。則夫已吐穢其中。妻怒罵。久之。遂易履而起。此時羣雞亂鳴。其聲之種種各別。亦如犬吠也。少之。其父來呼其子曰。天將明。可以宰豬矣。始知其爲屠門也。其子起。至豬圈中飼豬。則聞羣豬爭食聲。嗟食聲。其父燒湯聲。進火傾水聲。其子遂縛一豬。豬被縛聲。磨刀聲。殺豬聲。豬被殺聲。出血聲。燖剝聲。歷歷不爽也。父謂子天已明。可賣矣。聞肉上案聲。卽聞有賣買數錢聲。有買豬首者。有買腹臟者。有買肉者。正在紛紛爭鬧不已。砉然一聲。四座俱寂。

袁枚　小傳見歷代論文名著類。

書麻城獄

麻城涂如松娶楊氏。不相中。歸輒不返。如松嗛之而未發也。亡何。涂母病。楊又歸。如松復毆之。楊亡。不知所往。兩家訟於官。楊弟五榮疑如松殺之。訪於九口塘。有趙當兒者。素狡獪。謾曰。固聞之。蓋戲五榮也。五榮駭。卽拉當兒赴縣爲證。而訴如松與所狎陳文等共殺妻。知縣湯應求。訊無據。獄不能具。當兒父首其兒故無賴妄言。請無隨坐。湯訪唆五榮者。生員楊同範。虎而冠也。乃請褫同範。緝楊氏。先是楊氏爲王祖兒養媳。祖兒死。與其姪馮大姦。避如松毆。匿大家。月餘。大母慮禍。欲告官。大懼。告五榮。五榮告同範。同範利其色。曰。我生員也。藏之。誰敢篡取者。遂藏楊氏複壁中。而訟如松如故。逾年。鄉民王某。墐其僮河灘。淺。爲犬爬嚙。地保請應求往驗。會雨。雷電以風。中途還。同範聞之。大喜。循其衣衿笑曰。此物可保。與五榮謀。僞認楊氏。賄仵作李榮。使報女屍。李不可。越二日。湯往。屍朽不可辨。殮而置揭焉。同範五榮率其黨數十人。鬨於場。事聞總督邁柱。委廣濟令高仁傑重檢。高試用令也。覬覦湯缺。所用仵作薛某。又受同範金。竟報女屍。脅有重傷。五榮等遂誣如松殺妻。應求受賄。刑書李獻宗舞文。仵作李榮。妄報。總督信之。劾應求。專委高翰。高掠如松等。兩踝骨見。猶無辭。乃烙鐵索。使跽。肉煙起。焦灼有聲。雖應求不免。皆不勝其毒。皆誣服。李榮死杖下。然屍故男也。無髮。無腳指骨。無血裙袴。逼如松取呈。如松昏亂。妄指認抵攔。初掘一冢。得朽木數十片。再掘。拜木無有。或長髯巨靴。不知是何男子。最後得屍。足弓鞋。官吏大喜。再視。髑髏上鬖鬖白髮。又驚棄之。麻城無主之墓。發露者以百數。每不得。又炙如松。如松母許氏。哀其子之求死不得也。乃鬄己髮。摘去星星者。爲一束。李獻宗妻刓臂血。染一袴一裙。斧其亡兒棺。取腳指骨。湊聚諸色。自瘞河灘。而引役往掘。果得。獄具。署黃州府蔣嘉年廉其詐。不肯轉。召他縣仵作再檢。皆曰。男也。高仁傑大懼。詭詳屍骨被換。求再訊。俄而山水暴發。拼屍衝沒。不復檢。總督邁柱。

竟以如松殺妻。官吏受贓。擬斬絞奏。麻城民咸知其冤。道路洶洶然。卒不得楊氏。事無由明。居亡何。同範鄰嫗早起。見李榮血模糊奔同範家。方驚疑。同範婢突至曰。娘子未至期遽產。非嫗莫助舉兒者。嫗奮臂往。兒頸拗胞不得下。須多人招腰。乃下。妻窘呼三姑救我。楊氏闖然從壁間出。見嫗大悔。欲避而面已露。乃跪嫗前。戒勿洩。同範自外入。手十金納嫗袖。手搖不止。嫗出語其子曰。天乎。猶有鬼神。吾不可以不雪此冤矣。即屬其子持金訴縣。縣令陳鼎海寧孝廉也。久知此獄冤。苦不得間。聞即白巡撫吳應棻。吳命白總督。總督故邁柱。聞之以爲大愚。色忿然無所發怒。姑令拘楊氏。陳陰念拘楊氏稍緩。或漏洩。必匿他處。且殺之滅口。獄仍不具也。乃僞訪同範家畜娼。而身率快手直入。毀其壁。果得楊氏。麻城人數萬讙呼隨之至公堂。召如松認妻。妻不意其夫狀焦爛至此。直前抱如松頸大慟曰。吾累汝。吾累汝。堂下民皆雨泣。五榮同範等叩頭乞命。無一言。時雍正十七年七月二十四日也。吳應棻以狀奏。越十日而原奏勾決之旨下。邁柱不得已。奏案有他故。請緩決。楊同範揣知總督意護前。乃誘楊氏具狀稱身本娼。非如松妻。且自伏窩娼罪。邁復據情奏。天子召吳邁兩人俱內用。特簡戶部尙書史貽直督湖廣。委兩省官會訊。一切皆如陳鼎議。乃復應求官誅同範五榮等。

袁子曰。折獄之難也。三代而下。民之譎觚甚矣。居官者又氣矜之隆。刑何由平。彼枉濫者何辜焉。廨城一事與元人宋誠夫所書工獄相同。雖事久卒白。而轇轕變幻。危乎艱哉。慮天下之類是而竟無平反者正多也。然知其難而愼焉。其於折獄也庶矣。此吾所以書廨城獄之本意也夫。

紀昀 清河間人。字曉嵐。乾隆進士。官至協辦大學士。貫徹羣籍。旁通百家。嘗任四庫全書總纂官。校訂整理。每書悉作提要。冠諸簡首。稱大手筆。又奉詔撰簡明目錄。評騭精審。一生精力備注其中。性坦率。好滑稽。有陳亞子之稱。卒謚文達。有遺集及閱微草堂筆記五種。

閱微草堂筆記三則

老學究 粵東異僧 某甲婦

愛堂先生言。聞有老學究夜行。忽遇其亡友。學究素剛直。亦不怖畏。問君何往。曰吾爲冥吏。至南村有所勾攝。適同路耳。因並行至一破屋。鬼曰此文士廬也。問何以知之。曰凡人白晝營營。性靈汨沒。惟睡時一念不生。元神朗徹。胸中所讀之書。字字皆吐光芒。自百竅而出。其狀縹緲繽紛。爛如錦繡。學如鄭孔。文如屈宋班馬者。上燭霄漢。與星月爭輝。次者數丈。次者數尺。以漸而差。極下者亦熒熒如一燈。照映戶牖。人不能見。惟鬼神見之耳。此室上光芒高七八尺。以是而知。學究問我讀書一生。睡中光芒當幾許。鬼囁嚅良久曰。昨過君塾。君方晝寢。見君胸中高頭講章一部。墨卷五六百篇。經六七十篇。策略三四十篇。字字化爲黑烟。籠罩屋上。諸生誦讀之聲。如在濃雲密霧中。實未見光芒。不敢妄語。學究怒叱之。鬼大笑而去。

莆田林教授清標言。鄭成功據臺灣時。有粵東異僧泛海至。技擊絕倫。袒臂端坐。斫以刃。如中鐵石。又兼通壬遁風角。與論兵。亦娓娓有條理。成功方招延豪傑。甚敬禮之。稍久漸驕蹇。成功不能堪。且疑為間諜。欲殺之。而懼不克。其大將劉國軒曰。必欲除之。事在我。乃詣僧款洽。忽請曰。師是佛地位人。但不知遇摩登伽。還受攝否。僧曰。參寥和尚久心似沾泥絮矣。劉因戲曰。欲以劉王大體雙一驗道力。使衆彌信心。可乎。乃選孌童倡女姣麗善淫者十許人。布茵施枕。恣為媟狎於其側。柔情曼態。極天下之妖惑。僧談笑自若。似無見聞。久忽閉目不視。國軒拔劍一揮。首已欻然落矣。國軒曰。此術非有鬼神。特鍊氣自固耳。心定則氣聚。心一動則氣散矣。此僧心初不動。故敢縱觀。至閉目不窺。知其已動而強制。故刃一下而不能禦也。所論頗入微。但不知椎埋惡少。何以能見及此。其縱橫黥竄十餘年。蓋亦非偶矣。

司庖楊媼言。其鄉某甲將死。囑其婦曰。我生無餘貲。身後汝母子必凍餓。四世單傳。存此幼子。今與汝約。不拘何人。能為我撫孤則嫁之。亦不限服制。月日食盡則行。囑訖閉目不更言。惟呻吟待盡。越半日乃絕。有某乙聞其有色。遣媒妁請。如約。婦雖許婚。以尚足自活。不忍行。數月後。不能舉火。乃成禮。合巹之夜。已滅燭就枕。忽聞窗外歎息聲。婦識其聲欬。知為故夫之魂。隔窗嗚咽語之曰。君有遺言。非我私嫁。今夕之事。於勢不得不然。君何以為祟。魂亦嗚咽。曰吾自來視兒。非來祟汝。因聞汝啜泣卸妝。念貧故使汝至於此。心脾悽動。不覺喟然耳。某乙悸甚。急披衣起曰。自今以往。所不視君子如子者。有如日。靈語遂寂。後某乙耽玩豔妻。足不出戶。而婦恆憫憫如有失。某乙倍愛其子以媚之。乃稍稍笑語。七八載後。某乙病死。無子。亦別無親屬。婦據其貲延師教子。竟得遊泮。又爲納婦。生兩孫。至婦年四十餘。忽夢故夫曰。我自隨汝來。未曾離此。因吾子事事得所。汝雖日與彼狎暱。而念念不忘我。燈前月下。背人彈淚。我見之。故不欲稍露形聲。驚爾母子。今彼已轉輪。汝壽亦盡。餘情未斷。當隨我同歸也。數日果微疾。以夢告其子。不肯服藥。荏苒遂卒。其子奉棺合葬於故夫。從其志也。程子謂餓死事小。失節事大。是誠千古之正理。然爲一身言之耳。此婦甘辱一身。以延宗祀。所全者大。似又當別論矣。楊媼能舉其姓名里居。以碎璧歸趙。究非完美。隱而不書。閔其遇。悲其志。爲賢者諱也。又吾鄉有再醮故夫之三從表弟者。兩家所居。距一牛鳴地。嫁後仍以親串禮回視其姑。三數日必一來。問起居。且時有贍助。姑賴以活。歿後出貲斂葬。歲恆遣人祀其墓。又京師一婦。少寡。雖頗有姿首。而鍼黹烹飪。皆非所能。乃謀於翁姑。僞稱己女。鬻爲宦家妾。竟養翁姑終身。是皆墮節之婦。原不足稱。然不忘舊恩。亦足勵薄俗。君子與人爲善。固應不沒其寸長。講學家持論務嚴。遂使一時失足者。無路自贖。反甘心於自棄。非教人補過之道也。

梅曾亮　小傳見歷代論文名著類。

書楊氏婢

楊氏之寡妾以貧故不安於室。嫁有日矣。未嫁前一夕。呼其婢。不應者三。怒曰。汝我婢也。何敢如是。婢叱曰。我楊氏婢耳。汝今誰家婦者。曰我婢。我婢。妾方持翦刀落於地。起環走房中。至天曙。呼其婢曰。汝今竟何如。吾復爲爾主矣。婢叩頭泣。妾亦泣。竟謝媒妁不行。後將嫁其婢。婢曰。人以我一言故忍死至今。我亦終不去楊氏門。亦不嫁。妾之夫楊勤恪公錫紱子也。

吳敏樹　小傳見歷代論文名著類。

許孝子傳

許孝子。巴陵人。縣之學生。名伯泰。康熙間人也。歲大疫。伯泰之父聖行。客長沙而病。伯泰馳侍疾。父病已。而聞母在家病急。時官有施藥者。其藥良。急求得之。犯風下湘。溺死洞庭中。其夕。母見伯泰來。飮己以藥。頃而汗出。病大蘇。呼伯泰。家人告未至。始言夢。已乃知伯泰死也。吳敏樹曰。孝子之爲孝也。豈不悲哉。方其犯風泛舟。意急歸。誠不知擇。及溺以死。魂魄猶切切以母病爲急。何其孝也。世之人子。或父母病篤。漠然若無有。而許君獨至於此耶。夫死而猶孝。而孝安窮耶。夫許君之孝。不得生盡其孝。而以死。而不可悲耶。

書義猴事

邑子阮生。言其里有弄猴者。年老無子。以猴爲子。猴脫鎖。逃。弄猴者哭而追之。猴聞其呼。止蹲他道上。弄猴者向之曰。我用汝以活。我汝走。我必不活。不如遂死。將躍入水。猴啼來抱之。自是益愛猴。不復加鎖。弄之又十餘年。稍積錢。自辦棺斂物。餘錢數串。埋牀下。弄猴者有一女。早嫁。族人無近親。一夕。弄猴者暴疾死。人莫知。侵晨。猴掩戶出。走至其女家。伏地號。女覺其異。隨來。猴舉鑰奉女。開籠取衣。抓土出錢。女乃集族人斂埋其父。棺將蓋。猴躍入棺中。伏屍足旁。叱驅之不去。衆異之。卽謂猴曰。汝豈欲從汝主人死耶。果欲從者。可起向汝主靈位前作禮拜。猴如言起。三拜。號。復躍入棺。遂以殉。吳子聞而異其事。且論曰。聖賢言人之性善。異於禽獸。則禽獸之性。宜其不能善也。而時有善者。且有大善。雜書言諸物類以義名者不一。此何以然哉。有人而近禽獸者。有禽獸而近人者。禽獸而人。其能必專。獨以至如猴之殉其主。其與忠臣烈女之行何異。嗟夫。忠臣烈女之行。聞者皆爲之感泣也。況乎禽獸之於人而有若是者乎。書猴之事。將以感於人也。

俞樾　清德淸人。字蔭甫。號曲園。道光進士。官編修。督學河南。罷官後。潛心治經。兼及諸子。主講杭州詁經精舍三十年。爲一時樸學之宗。光緒末卒。年八十六。所著有春在堂全集數百卷。

右台仙館筆記二則　賈愼庵　童元發

紹興老儒王致虛言。乾隆之末。有賈愼庵者。亦老諸生也。嘗夢至一處。似大官牙署。重門盡掩閱其無人。正徘徊間。俄有數人擁一婦自遠來。至此門外。將婦人上下衣服盡去之。婦猶少艾。微有姿首。瑩然裸立。羞愧之狀。殆不可堪。賈素負氣。直前叱之曰。吾輩何人。敢肆無禮衆微笑曰。此何足異。言未畢。門忽啟。有數人扛一巨桶出。一吏執文書隨其後而去。衆即擁裸婦入。賈亦隨入。歷數門。至一廣庭。見男女數百。或坐或立或臥。而皆裸無寸縷。堂上坐一官。其前設大榨牀。健夫數輩。執大鐵叉。任意將男婦叉至槽內。用大石壓榨之。膏血淋漓。下承以盆。盆滿即挹注巨桶中。如是十餘次。巨桶乃滿。數人扛之出。官判文書。付一吏與同出。賈視吏。乃其已故鄰人周達夫也。因前呼之。周驚曰。子胡在此。此豈可久留邪。速從我出。賈問桶中何物。周曰。鴉片煙膏也。時鴉片煙未行。賈不知有此名目。因問鴉片煙何物。周曰。方今承平日久。生齒繁衍。宜有大劫銷除。而自來大劫。無過水火刀兵之類。遇此劫者。賢愚同盡。福善禍淫之說。往往至此而窮。是以上帝命諸神會議。特創鴉片煙劫。借世間罌粟花汁。熬鍊成膏。供人吸食。食此煙者在劫中。不食此煙者不在劫中。聽其人之自取。不得歸咎於造物之不仁。而有此劫以銷除繁衍之數。則水火刀兵諸劫。可以十減五六矣。然罌粟本屬草花。自古有之。其汁淡薄。不能熬膏。故又命九幽主者。於無間地獄中。擇取不忠不孝無禮義廉恥諸罪魂。錄送此間。榨取膏血。轉付地上山陵原隰墳衍之神。使將此膏血灌入罌粟花根內。自根而上達花苞。則其汁自然濃郁。一經熬鍊。光色黝然。子試識之。數十年後。此煙偏天下矣。賈欲更有所問。忽又有人驅數十男婦至。鞭策甚苦。齊聲呼號。賈悸而醒。以語人。人無信者。至道光中葉後。鴉片煙果盛行。而賈已前死矣。然其語猶在人耳。故其時皆言鴉片煙中有死人膏血。實由此語訛傳也。

童元發。嚴州淳安人。其地皆山也。山多猛獸。元發父自城晚歸。中途一熊突出攫之。仆焉。同伴者狂奔而免。糾衆還救之。熊始去。而元發父碎首剖腹死矣。奔告其家。時元發甫弱冠。日持匕首哭父死所。欲得熊而甘心焉。或數夕不歸。母匿其刃。禁不使出。元發哭愈哀。月餘。復竊刃而逃。村人徧尋之不得。自是蹤跡杳然矣。而數十里內山中居者。恆隱隱聞哭聲。或夜靜聞霍霍磨刀聲。去其鄉五十里。有地名葉家坂。居人以獵爲業。一日入山。見一獸人面而獸身。以槲衣蔽體。衆異焉。發火鎗擊之不中。獸奔。衆逐之。獸呼曰。吾童元發也。勿傷我。衆人素知其名。呼與俱歸。元發騰躍而去。捷於飛隼。俄頃不知所往。於是遠近皆知元發不死。且喧傳其異矣。元發母聞其事。思念甚切。一夕忽聞扣門聲。啟之。則元發闖然入。曰。兒今得報父讎矣。氣咻咻喘不止。汗淋漓如雨。肩一物擲地。腥臭不可近。燭之。熊也。母驚喜。鄰舍畢集。時元發去家已一年餘矣。問其所歷。曰。自入山後。日伏巖穴中。飢則采果實。或掘黃精白朮食之。寒則集槲葉松毛爲衣。數月後。覺身體輕捷。且生氄毛如猿猱然。踰坑越谷。無異平地。日夕禱於山神。願報父讎。昨宿枯廟中。夢神告曰。殺而父者去此不遠。東行十餘里。沿澗伺之。可得也。如其言。果見熊飲於澗。剸刃其腹。應手而斃。遂負之歸。聞者莫不歎異。翌日。熟而祭。於其父之墓。并具牲醴酬神於山。嗣後飲食衣服。仍復其舊。身亦重墜。與常人無異。惟徧體。之毛竟不脫落。余門下士王夢薇。曾於同治十一年。見之淳安市上。其人頎而長。年可三十許。肌理黧黑。兩顴毛毿毿然。人皆曰。此童孝子也。惟神識不甚慧。問之多不答。如聾聵者。識者謂積慘傷其心也。粵寇之難。近村多被焚掠。而童孝子一村獨無恙。

中華經典套書—語文類

國學治要 第五編 古文治要（全二冊）

作　　者／張文治　編
主　　編／劉郁君
美術編輯／中華書局編輯部

出 版 者／中華書局
發 行 人／張敏君
行銷經理／王新君
地　　址／11494 台北市內湖區舊宗路二段181巷8號5樓
客服專線／02-8797-8396　　傳　　真／02-8797-8909
網　　址／www.chunghwabook.com.tw
匯款帳號／華南商業銀行　西湖分行
179-10-002693-1　中華書局股份有限公司

法律顧問／安侯法律事務所
製版印刷／維中科技有限公司　海瑞印刷品有限公司
出版日期／2015年11月三版一刷
版本備註／據1971年12月二版復刻重製
定　　價／NTD 890（平裝：一套）

國家圖書館出版品預行編目（CIP）資料

國學治要：第五編 古文治要（全二冊）/張文治編.-- 三版.--臺北市：中華書局, 2015.11
冊；公分. --（中華語文叢書）
ISBN 978-957-43-2890-1(第5冊：平裝)

1.漢學

030　　104020474

NO.H1004-5(1) H1004-5(2)
ISBN 978-957-43-2890-1（平裝：一套）